Humbert Fink
Land der Deutschen

Humbert Fink

Land der Deutschen

Reportagen aus einem
sonderbaren Land

Pinguin-Verlag, Innsbruck
Umschau-Verlag, Frankfurt/Main

Schutzumschlag: Jochen Pabst, München
Druck- und Bindearbeiten: Salzer - Ueberreuter, Wien
Umschlagfoto: Bildarchiv Preußischer Kulturbesitz, Berlin
Printed in Austria
ISBN 3-7016-2197-7

Inhaltsverzeichnis

Zwischen Karl Marx und Karl dem Großen

Deutschland sei, las ich in einem Buch von Günter Gaus, das ich zuvor am Frankfurter Flughafen gekauft hatte, ein Treibhaus der Selbsttäuschungen. Mich hatte der Titel interessiert, „Wo Deutschland liegt – Eine Ortsbestimmung“. Und so las ich jetzt auf dem Abendflug nach Saarbrücken, während draußen eine rostrot, dunkelrot gefirnißte Dämmerung den Himmel überzog, Sätze wie diesen, daß „Deutschland wie ein Mensch“ wirke, „der keinen Gleichgewichtssinn mehr besitzt, weil er sich so lange Zeit schon anlehnen kann an fremde Gleichgewichte“. – Es war mir, während ich las, ein wenig unbehaglich zumute, weil ich sogleich wieder die alten Vorurteile in mir aufsteigen spürte, diese bequemen und hinterhältigen Vorurteile, mit denen man sich immer vor einer differenzierten Meinung drückt, wenn es um Deutschland geht, um die Deutschen und um die schlimmen Klischees, die man sich im Zusammenhang mit ihnen hartnäckig einbildet. Und hatte ich mir nicht beim Landeanflug auf den Rhein-Main-Flughafen und auch in diesen Augenblicken wieder, da wir nach Westen flogen, mit einer Zufriedenheit, die fast schon etwas Heimtückisches besaß, eingeredet, daß die Ordnung dort unten auf der Erde, wo Dörfer und Städte so akkurat und wie mit dem Lineal gezogen und in meiner Voreingenommenheit sogar etwas Militärisches zu besitzen schienen, eine typisch deutsche sei? Und war nicht jeder Blick, den ich bei meinen Flügen über Deutschland, auf meinen Reisen durch die Bundesrepublik auf dieses Land warf, von dem ich mir einbildete, daß es mir wie die deutsche Ordnung unheimlich sein mußte, ein ebenso prüfender wie bewußt skeptischer Blick, der nur darauf wartete, bestätigt zu erhalten, daß die Schlagsahne, über die sich so viele Deutsche voll zutraulicher und zugleich hemmungsloser Behaglichkeit beugen, sich in ihren Gesichtern zu Beton verwandle?

Anderntags in Trier dann: drei, vier Stunden unterwegs zwischen der unvermeidlichen Porta Nigra, an deren schwärzlich-grauem Gemäuer die frivol umhertanzenden weißen Samen von den umstehenden Kastanienbäumen, verdichtet zu kleinen Spinnwebbällchen, lautlos zerbrachen, und dem Rest der Stadt, auf die man, wenn man es sich bloß eindringlich genug einbildet, wie auf einen Bilderbogen deutscher Vergangenheit blicken kann; unterwegs auf dieser touristischen Promenade, welche die Simeonstraße, den Hauptmarkt mit dem Marktkreuz und dem St.-Petrus-Brunnen umfaßt, dann weiter die Fleischstraße, den Kornmarkt und den fast kitschig anmutenden St.-Georgs-Brunnen und schließlich auch noch die Brückenstraße entlang, wo sich freilich der Andrang der Besucher schon in Grenzen hält, weil lange zuvor die meisten von ihnen vom Hauptmarkt abweichen und durch die kurze Sternstraße zum Trierer Dom mit der Liebfrauenkirche wandern, den Sinn auf das sogenannte historische Trier ausgerichtet, Bildungslust im Blick und zielstrebig eintauchend in ein Gespinst aus römischen und mittelalterlichen Erinnerungen, was diese Pilger vielleicht vergessen läßt, daß in der Brückenstraße noch das Geburtshaus des Karl Marx steht, ein hübsches Barockhaus, rund zweihundertfünfzigjährig, das der Advokat Heinrich Marx im April des Jahres 1818 gemietet hatte und in dem sich heute eine etwas sterile, vielleicht sogar langweilige, wie hinter Glas verpackte Gedächtnisstätte befindet, durch die man beinahe auf Zehenspitzen wandert, eine intellektuelle Schaubühne, der irgendwann einmal der deftige Geruch des Lebens abhanden gekommen ist und die Karl Marx so zeigt, wie er im Fernsehen, Abteilung Nachtprogramm, oder im zeitgenössischen deutschen Feuilleton vorkommt: gründlich dokumentiert und so wenig aufregend, daß man das Unbehagen nicht versteht, das die Trierer immer noch überkommt, wenn vom „Kommunisten Marx“ die Rede ist, wie sie ihn voll bürgerlicher Reserviertheit bezeichnen.

Hat man also in Trier ein gespanntes Verhältnis zu Karl Marx, an dem man nur bemerkenswert findet, wie viele Besucher er alljährlich anlockt? Rührt die leise, behutsame und doch jederzeit feststellbare Ablehnung, die man in der ältesten Stadt Deutschlands gegen diesen bedeutenden Anreger und Unruhestifter empfindet, vielleicht vom Instinkt her, der den Trierern einredet, daß dieser Mann nicht recht ins farbenprächtige Bild dieser aufs hübscheste renovierten, adretten Altstadt passe, wo ein solides, wohl auch selbstgefälliges Bürgertum vor einer kleinstädtischen Kulisse sich produziert, der man nach den Zerstörungen von 1945 die Patina einer bedeutsamen Vergangenheit ins wiederhergestellte Antlitz geschminkt hat, ein Bürgertum, das nichts zu tun haben will mit sozialer Unruhe, mit Veränderung oder gar mit radikalem Umbruch? Ist also auch Trier in diesem Treibhaus der Selbsttäuschungen untergebracht, wo, um mit Günter Gaus zu reden, kein Gleichgewichtssinn mehr existiert, weil man sich so lange Zeit schon anlehnen kann an das vermeintlich bessere, weil immer noch wirksame historische Gleichgewicht, worunter man hier freilich nicht den beunruhigenden Marxismus, sondern ordentliche bürgerliche Tugenden versteht? Ruht Trier so gut wie ausschließlich in einer Geschichte, die vor allem auch mit Rom und dessen religiösen und ideologischen Verkleidungen zu tun hat?

Am Hauptmarkt dann sah ich einen Mann vor einer Toreinfahrt kauern, auf seiner Brust ein schmales Schild aus Pappe: „Ich habe Hunger." – Ein paar Schritte später eine Protestversammlung gegen die Auflassung eines Krankenhauses. Und wieder ein paar Schritte weiter, schon in der Fleischstraße, ein Informationsstand der Green-Peace-Bewegung, allerdings kaum beachtet und recht exotisch wirkend zwischen der Riesenfassade eines Großkaufhauses und den sorgfältig dekorierten Schaufenstern dieser Geschäftsstraße, darin ich mir einbildete, ein Trier zu sehen, das unnachsichtig gegen sich selbst ist, indem es einen Teil der eigenen Biographie verleugnet, nämlich jenen, darin Karl Marx vorkommt.

Aber meine Vorurteile sind wahrscheinlich unangebracht und auch unvernünftig. Trier ist ungeachtet seines gespannten Verhältnisses zu Marx und der geschäftstüchtigen Disziplin, mit der es seine Sehenswürdigkeiten herausputzt und vermarktet, eine bemerkenswerte und zudem bemerkenswert schöne Stadt. Und es ist überdies eine Stadt von besonderer Harmonie. Ein „Kommunistisches Manifest“, ein Hungernder, der die Passanten um Geld anbettelt, ein Informationsstand der Green-Peace-Bewegung und selbst ein Mann wie Friedrich von Spee, Poet, Moralprofessor und furchtloser Streiter wider den Hexenwahn, dessen Grabmal in der Jesuitenkirche vom Besucherstrom, der Trier überschwemmt, unbehelligt bleibt: das alles stört diese Harmonie nicht, der man sich hier mehrheitlich katholisch, biedersinnig und mit honetter, nicht unsympathischer Geschäftstüchtigkeit unterordnet. Auch die Farben explodieren nicht. Alles ist in einem unaufdringlichen Pastellton gehalten; selbst die Natur fügt sich dieser Ordnung, die alles Heftige, Unberechenbare oder auch bloß übertrieben Leidenschaftliche sorgfältig glättet. Die hoffnungslos verschmutzte Mosel, für die seit Jahren schon ein absolutes Badeverbot besteht, wird ohnedies nicht als Natur, sondern als Vehikel für den Fortschritt, für die Steigerung des Bruttosozialprodukts angesehen. Stolz notiert die Lokalzeitung die Zahl der Frachtkähne, die den Fluß befahren. Touristenbusse unterhalb der strengen Melancholie unzähliger Weingärten, die wie mathematische Gleichungen zu den längst begradigten Ufern der Mosel herabfallen, Touristenbusse und Reisegesellschaften, die zum großen, glatten, gewaltigen, kühlen und keinesfalls die Seele berührenden Dom streben, der Konstantinischen Basilika den selbstverständlichen Pflichtbesuch abstatten, an den restaurierten römischen Kaiserthermen vorbeiziehen und sich immer wieder rund um die mächtige Porta Nigra versammeln: das sind die eigentlichen Wahrzeichen einer Stadt, die immerhin im 4. Jahrhundert einmal für einige Jahre die Hauptstadt des römischen Imperiums gewesen ist. Und dann: Ambrosius, der erste der vier großen abendländischen Kirchenväter, wurde hier geboren. Und Hieronymus, eleganter Intellektueller, allerdings auch Unruhestifter der frühen christlichen Kirche, soll sich ausgerechnet hier dafür entschieden haben, „der Welt und ihren Freuden endgültig den Rücken zu kehren“. – Es gibt ferner, und zwar im Dom, einen sagenhaften heiligen Rock Christi, der seit Jahrhunderten für ständigen Zulauf frommer Pilger sorgt; und in der Krypta der Klosterkirche von St. Matthias einen imposanten Sarkophag, in dem angeblich das kostbare Gebein des heiligen Matthias, also des einzigen Apostels, ruht, der nördlich der Alpen tätig gewesen ist; und auch die ehrerbietige Erinnerung an den Einsiedler Simeon – er war ein Grieche aus Syrakus –, der sich „der schlimmen gesellschaftlichen Verhältnisse wegen" für sieben Jahre in eine Zelle in der Porta Nigra einmauern ließ; und endlich einen Nagel vom Kreuz Christi, heute attraktiver Bestandteil des öffentlich zugänglichen Domschatzes. Es finden sich überdies, und zwar durchaus besichtigenswert, ein römisches Amphitheater, ein „Kurfürstlicher Palast" und eine Reihe von Bürger- und Adelshäusern, die jedem bewundernden Blick standzuhalten und jeder auf sie gerichteten Kamera ein vortreffliches Motiv abzugeben vermögen. Außerdem gibt es noch im Dombezirk den Palast des Reichsgrafen von Kesselstadt, in dessen Weinkeller man preisgünstig verkosten kann, was auf den Rieden an Mosel und Ruwer mehr oder minder vorzüglich gedeiht. Und manchmal rauscht ein Gewitterregen, der mit unangebrachter und unvermuteter Heftigkeit herfällt über die Stadt, die dann etwas zerzaust und irritiert anmutet, weil sie nicht vorbereitet ist auf solch stürmische Äußerungen der Natur.

Wen erstaunt es da noch, daß man einem Karl Marx, Nachfahren jüdischer Rabbiner, er selbst freilich getauft und eingebunden ins christliche Element dieser zutiefst christlichen oder vielleicht auch bloß außerordentlich frommen Stadt, daß man ihm also in Trier mit Mißtrauen oder doch mit Reserviertheit begegnet! Man muß zufrieden sein damit, daß er, der seine Kindheit, seine Jugend nicht in seinem Geburtshaus in der Brückenstraße, sondern in der wesentlich vornehmeren Simeonstraße gleich hinter der Porta Nigra verbrachte, Besucher anlockt; aus China und der Sowjetunion genauso wie aus Nord- und Südamerika. Das zumindest wird in den diversen Heimatführern und Stadtbeschreibungen penibel vermerkt. Der Saarländer Ludwig Harig freilich schrieb einmal: „Linksknicke sind etwas Beunruhigendes, besonders in Trier, und von allen Linksknicken am beunruhigendsten

ist der Linksknick, der die Karl-Marx-Straße von der Brückenstraße trennt. Was hat den Trierer Stadtrat im Jahre 1947 bewogen, den größten Teil der Brückenstraße in Karl-Marx-Straße umzubenennen, und zwar den Teil, in dem das Geburtshaus von Karl Marx nicht liegt? Heilige transitorische Verdrängungslust der Trierer, du schöner trügerischer Schein!"
Dafür versammelten sich an dem Tag, an dem ich abreisen mußte nach Aachen, um dort vielleicht irgendeine einleuchtende Alternative zu Karl Marx zu begreifen, vielleicht auch die nationale Wurzel zu erfassen, an der die Deutschen hängen, diesen Mythos, der ihnen Kraft einflößt, ihre bürgerliche Existenz, ihre Tugenden, ihr Selbstbewußtsein gegen alle Veränderungsversuche von außen zu bewahren, dafür versammelten sich also an diesem letzten Tag, den ich in Trier zubringen durfte, zwischen Porta Nigra und Hauptmarkt die Naturfreunde Deutschlands. Sie fielen mir zuerst auf, weil sie, umringt von einer dichtgedrängten Menge, auf dem Hauptmarkt unentwegt und mit diesem fröhlichen Ernst, den Missionare bei ihren bedeutsamen Auftritten verströmen, Schunkellieder sangen, sogenannte Heimatlieder, in denen eine Natur beschrieben wird, die es in und um Trier schon lange nicht mehr gibt. Sie fielen mir auch auf, weil mir auch die organisierte, disziplinierte Heiterkeit des Publikums auffiel, das, während es mitsang und mitschunkelte und lachte und vergnügt in die Hände klatschte, einem unsichtbaren Zeremonienmeister zu gehorchen schien. Und sie fielen mir auf wie die Kegelbrüder vor der Porta Nigra, unterwegs auf ihrem obligatorischen Jahresausflug und jetzt an weißgestrichenen Tischen sitzend, aufgestellt am Rand der Simeonstraße, Männer, die gewiß nichts Naturfreundehaftes, Marxistisches oder überhaupt Ideologisches im Sinn hatten, Deutsche von der Stange sozusagen, gute und solide Konfektion, robust, brauchbar, sentimental mit Maßen, fromm genug, um im Trierer Dom, wo ich ihnen zuvor schon begegnet war, vor dem sonntäglichen Umtrunk noch ein paar aufmunternde katholische Phrasen mit auf den beschwerlichen Weg zu empfangen: Diese Männer gehorchten, während nun beinahe so etwas wie ein verklärter Abglanz ihre Gesichter verschönte, einem Ritual, das sie

immer wieder „Gut Holz“ brüllen und immer wieder nach Bier verlangen ließ, ohne daß sie sich deshalb wie Saufbrüder benommen hätten oder das vortrefflich Bürgerliche, das ihnen noch im Brüllen und Bierschlucken Solidität schenkte, abgelegt hätten. Und sie, die Naturfreunde, fielen mir auf wie die Frauen dieser gewiß herzensguten Handwerker, Beamten, kleinen Gewerbetreibenden, Handelsvertreter und Verkäufer, die jetzt, während sie sich immer nachhaltiger an die weißgestrichenen Tische klammerten, auf denen die Biergläser tanzten, rascher einander die Trinksprüche zuwarfen, die es ihnen erlaubten, ihre Gesichter in den duftenden Bierschaum zu tauchen; und sie, die Naturfreunde, fielen mir also auf wie die Frauen dieser Kegelbrüder und Biertrinker, weil diese Frauen ein wenig ratlos, ein wenig verunsichert zwischen der Porta Nigra und dem Dombezirk diesen mäßig sonnigen, von diffusem Regengewölk umschatteten, auch kühlen und leicht windigen Sonntagvormittag verbrachten, irgendwie ratlos, ziellos, orientierungslos, manchmal bei den Naturfreunden mitschunkelnd, manchmal Preis und Qualität der ausgestellten Ware in den Schaufenstern diskutierend und manchmal innehaltend im einfältigen Hin und Her, einen leeren Blick auf die vortrefflich restaurierten und renovierten Fassaden der Bürgerhäuser geheftet und immer ein Weilchen zuwartend, daß die Zeit vergehe: Karl Marx war ihnen gewiß gleichgültig; zu Karl Marx gingen sie nicht; auch Naturfreunde und Kegelbrüder fanden den Weg nicht hinüber in die Brückenstraße. Sie alle machten den Linksknick nicht mit. Sie hielten sich an den Dombezirk, an die evangelische Kirche, die in der Konstantinischen Palastaula untergebracht ist, an McDonald’s, Pommes frites und an den Geruch nach verschüttetem Bier. Die Naturfreunde versammelten sich am frühen Nachmittag zu einer Massenkundgebung, auf der Reden gehalten wurden gegen den Krieg und zugunsten einer sauberen, lebenswerten Umwelt.
Aber da schlugen schon wieder die Regenfahnen gegen die Dächer der Stadt. Und die Kneipen, die Konditoreien, die Kaffeerestaurants füllten sich, wie sie sich wohl in ganz Deutschland um diese Stunde füllen mochten. Und die letzte Erinnerung an Karl

Marx, dem die Trierer und die deutschen Sozialdemokraten in der Brückenstraße ein merkwürdig lebloses, gleichsam papiernes Denkmal errichtet haben, das nicht wirklich zu berühren vermag, das auch nichts verrät von irgendwelchen Fluchtwegen, Niederlagen, Hoffnungen, von Aufruhr und dumpfer Niedergeschlagenheit, von privatem Mißverständnis und beruflichem Mißerfolg, und die letzte Erinnerung an diesen Mann, der mithalf, die Deutschen aus ihrer Behaglichkeit aufzustören, ohne daß sie dessen bis heute gewahr geworden wären, erstickte jetzt unter sich häufenden Bierdeckeln und schmelzender Schlagsahne.

Einen Tag später: In Aachen am zugigen Hauptbahnhof lese ich, die „Aachener Volkszeitung" mühsam gegen den Wind haltend, heftige Angriffe, die Walter Jens und Günter Grass als notorische Querulanten aburteilen. Die Schlagzeilen erzählen von „Krawall und beschämenden Szenen" vor dem Aachener Rathaus, in dem Carstens, der Abschied nehmende Bundespräsident der Deutschen, den respektablen Karlspreis zugesprochen erhält. Doppelt peinlich sei dieser Krawall, so lese ich gegen den Wind, während Expreßzüge nach Ostende und nach Wien abgefertigt werden, weil Spaniens Königspaar an der feierlichen Zeremonie teilgenommen habe; und die sozialistischen Stadträte hätten sich einmal mehr demaskiert, weil sie dem Zeremoniell demonstrativ ferngeblieben wären. Dennoch sei die Feier würdevoll gewesen, habe der Bundeskanzler Bemerkenswertes gesagt, sei dem Ansehen Aachens genützt worden.
Und ich sah mich in Aachen um: einen ersten Vormittag lang und unter einer unsicheren Sonne, deren Schein bloß dürftig, unzureichend auf die behagliche Sauberkeit und die diskreten Farben in der sogenannten Altstadt fiel, wo wie in Trier und wie fast überall in der Bundesrepublik das Alte, das historisch Gewachsene, das Zeugnisablegende für die Geschichte der Deutschen in Schutt und Asche gesunken war und erst wieder mühsam nachempfunden, restauriert, auch verfälscht werden mußte, um einen Blick, getrübt durch architektonische Kunststücke und die Geschicklichkeit der Restauratoren, auf das Gemüt der Deutschen

werfen zu können. Ich sah mich um in Aachen: einen zweiten Vormittag lang und begleitet von einem Nordsee-Himmel, der tief herabhing in den Kessel, in dem diese biedersinnige Kleinstadt liegt, die das Großstädtische, Welthaltige oder eigentlich Abendländische, daran sie sich mit Karlspreis, Spielcasino und Reitturnier, mit fashionablen Gesten anklammert, die sich doch selber Lügen strafen, eine Kleinstadt, die das alles, was tatsächlich als großzügig, liberal, auch als weltoffen gelten könnte, womöglich nur vortäuscht. Das ist in Wahrheit eine engbrüstige Stadt mit den altgewohnten Tugenden der Deutschen, dazu Ordnungssinn, Pflichtbewußtsein, Gehorsam und Treue zählen, alles brauchbare Eigenschaften, die man zwischen Rathaus und Dom, zwischen Quellenhof und Marschiertor förmlich schmecken, riechen, genau nachempfinden kann. Das ist aber auch eine deutsche Stadt, deren Deutschtum auf eine absonderliche Weise gefährdet ist und die der begrünten Hügel bedarf, von denen herab schon Kelten und Römer das schöne Oval begutachtet haben, aus dem die heißesten Quellen Mitteleuropas aus der Erde strömen, denen Aachen seine Existenz und seine Bedeutung verdankt. Ich sah mich um in Aachen, drei Nachmittage und drei frustrierende Abende lang: Italienische Pizzaköche wetteiferten mit griechischen Kochkünstlern; im Spielcasino, dessen nüchterne, hellerleuchtete und schrecklich neumodische Eleganz jeden sittlichen Einwand gegen den Spieltrieb im Keim erstickte, beugten sich olivfarbene Levantiner und bleiche Belgier, Holländer, Franzosen über die grünbespannten Spieltische; in den Nachtbars entblößten sich Thaimädchen und verdrossene Negerinnen, und in den Restaurants, die gute alte deutsche Namen auf ihren Firmenschildern trugen, bedienten Türken, kassierten Jugoslawen. Und dennoch ist Aachen nicht polyglott, nicht wirklich aufgeschlossen diesem Internationalismus, den so viele Deutsche fürchten, weil sie darin auch etwas Politisches, etwas Bedrohliches, die bürgerlichen Tugenden Zersetzendes erkennen.

Irgendwann am späten Nachmittag des zweiten Tages, irgendwann am frühen Vormittag des dritten Tages in Aachen fragte ich mich, was ich eigentlich zu suchen hätte in dieser Stadt, in der die

Brunnen so anheimelnd rauschen – bürgerliche Idyllen benötigen wohl dieses altvertraute Geräusch –: Heimweh nach sicherer Bleibe überfällt einen, wenn man es ständig im Ohr hat; und allmählich gewöhnt man sich sogar daran, daß dieses Wasser schon lange nicht mehr trinkbar ist, daß das Rauschen der Brunnen nur eine Vortäuschung von Wirklichkeit ist. Was empfand ich also tatsächlich in dieser Stadt, wo bis vor zwei Jahrhunderten noch die honorigen Tuchmacher und Nadelfabrikanten das kommerzielle und wohl auch geistige Erbe jener deutschen Könige angetreten hatten, die hier bis zum Jahre 1531 feierlich gekrönt worden waren? An einem Ort, der, aus der Nähe betrachtet, völlig anders, befremdend auf mich wirkte und der anders, kleinmütiger, auch engbrüstiger zu sein schien, als sein weitum verbreiteter guter Ruf das ankündigt, ein europäischer Schauplatz, der mir vertraut war durch pompöse Metaphern, die alle dem Abendländischen verpflichtet schienen, was immer das auch sein mag, und natürlich durch diesen legendären Kaiser, der, auf den Spuren seines Vaters Pippin, den sie den Kurzen nannten, im Winter 794/95 sich hier für immer niedergelassen hatte. „Dem Fünfzigjährigen begannen die warmen Quellen unentbehrlich zu werden", notierte Wolfgang Braunfels in einem Aufsatz unter dem Titel „Was wäre Aachen ohne Karl?", was eine hypothetische Frage ist, auf die Ricarda Huch ein halbes Menschenalter zuvor bereits geantwortet hat: „Karl ist der eigentliche Patron und Heilige von Aachen. Wie weit sich auch die Stadt nach allen Seiten ausbreitet, ihr Herz ist der kleine Platz in der Mitte geblieben, den der Vater des heiligen Reichs sich zum Heim erkor, nicht unverändert, aber doch in seiner monumentalen Gestaltung ein würdiges Zeugnis des genialen Geistes, an dessen Schöpfung sich unvergängliche Folgen knüpften."
Karl der Große also: Ich sah mich um im Dom, der nicht gewaltig, protzig, einschüchternd wirkt wie sonst die deutschen Dome, sondern eher wie ein intimer Salon, wie ein anheimelndes katholisches Betzimmer, darin man gut Zwiesprache halten kann mit Gott. Das Zentrum ein byzantinisch anmutendes Oktogon von erstaunlicher Raumwirkung, die durch wuchtige Pfeiler, Gurtbö-

gen, antike Säulen und karolingische Bronzegitter noch gesteigert wird. Ein ruhiges, wohltuendes Halbdunkel verstärkt den Eindruck, daß „hier das Herz der deutschen Nation niemals zu schlagen aufgehört" habe, wie mir ein Priester, mit dem ich ins Gespräch gekommen war, mit ernstem, eindringlichem Blick erklärte. Eine Pilgerstätte sei das für jeden Deutschen, der noch guten Willens und heilen Mutes zu sein vermöchte. Und ich schwieg beeindruckt, senkte den Kopf und überließ mich dem Gefühl, an einem Ort zu sein, wo eine der vielen Geburtsstunden Deutschlands geschlagen hatte. Später, wieder auf meinem Hotelzimmer, las ich, daß der legendäre Thron Karls des Großen, der im Hochmünster des Doms aufgestellt ist, gar nichts mit Karl zu tun gehabt haben kann. Der Sitz des mit Marmorplatten verkleideten Throns ist aus dem Holz einer Eiche geschnitzt, die mindestens 120 Jahre nach Karls Tod gefällt wurde. Und auch das, was als des Kaisers Gebein in der Domgruft aufbewahrt wird, sind nicht wirklich seine sterblichen Überreste. Reliquien, die echt sind, dachte ich, sind Glückssache. Aber es ist der Geist, den sie verursachen, die Idee, die sie ins Leben rufen. Und wer wollte leugnen, daß Aachen tatsächlich ein Zentrum deutscher Innerlichkeit, deutschen Stolzes und deutscher Beharrlichkeit sei!
Widersprüche freilich auch hier. Schon Theodor Fontane schrieb 1852: „Im großen ganzen wird mit dem Kaiser hier ein lächerlicher Mißbrauch getrieben: in jedem alten Pfuhl oder Weiher soll er gebadet, auf jedem großen Feldstein gesessen, unter jeder verkrüppelten Eiche geschlafen haben." – Im sogenannten Grashaus, dem früheren Rathaus und Gefängnis der Stadt, wo heute das Stadtarchiv untergebracht ist, entdeckte ich in einem schmalen Hinterhof steinerne Wappenschilde, über die das Moos kroch, die allmählich zurücksanken ins schwarze, regenfeuchte Erdreich: Geschichte, die zurücktritt ins Vergessensein, in die Anonymität. Und in den Parkanlagen, für die Aachen berühmt ist seit Jahrhunderten, sah ich tote Vögel, bräunlich vergilbte, verdorrte Blätter im Frühling, leere Kinderspielplätze und die hurtig emporschießenden Fontänen der unvermeidlichen Brunnen, deren Wasser nicht trinkbar ist: Leben, das sich den Menschen ent-

fremdet. Und im Couven-Museum, einer sehenswerten kulturhistorischen Attraktion Aachens, wo gleich nach dem Eingang zur Linken eine alte Apotheke maßstabgetreu ausgestellt ist, was daran erinnert, daß es in Aachen verhältnismäßig mehr Apotheken – und übrigens auch Kneipen – gibt als in jeder anderen vergleichbaren deutschen Stadt, im Couven-Museum also, das eine Stiftung Aachener Bürger und im einzigen Barockhaus untergebracht ist, das den letzten Krieg unbeschädigt überstanden hat, beeindrucken zwar zahlreiche Exponate aus der Zeit des Aachener Rokoko sowie schöne Beispiele niederländischer Fliesenkunst aus dem 17. und 18. Jahrhundert: Aber dies alles hat keinen Bezug zur Gegenwart, ist nicht wie anderswo in Europa Teil einer Kontinuität. Und dann: zwischen Rathaus und Dom, im sogenannten Katschhof, ein riesiger Parkplatz; inmitten der Altstadt mit ihren vortrefflich restaurierten Fassaden die erschreckende Architektur der Großkaufhäuser; und im Blickfeld des Doms Pommes-frites-Buden und Spielhallen. Sind das die neuen Devotionalienläden deutscher Innerlichkeit?

Ein Apostel für die Deutschen

Ausgerechnet in Fulda bildete ich mir eines Tages plötzlich ein, das Wesen der deutschen Sentimentalität und damit auch des deutschen Nationalismus begriffen zu haben. Oder zu verstehen, weshalb Figuren wie Karl der Große oder der angelsächsische Missionar und päpstliche Legat für Germanien, Bonifatius, auf so machtvolle Weise Gemüt und Verstand der meisten Deutschen ansprechen, während sie sich durch Karl Marx höchstens in eine Erregung versetzt fühlen, die ihnen unbehaglich ist. Und ich glaubte auch, zum erstenmal wirklich durchschaut zu haben, was dieses vielzitierte Goethe-Wort bedeutet, das vom Charakter der Deutschen spricht und auch davon, „daß sie über allem schwer werden, daß alles über ihnen schwer wird".

Es war also in Fulda, in der Michaelskirche, in dieser wahrscheinlich ältesten Kirche Deutschlands, die sich oberhalb des Doms über einem uralten Mönchsfriedhof erhebt, daß sich unvermutet und ohne jeden sichtbaren Anlaß, geradeso als gehorchte ich einem Instinkt, mein Blick hinaufhob zu den Tor- und Fensterbögen im Inneren dieser Kirche und ich mir einige Augenblicke lang ernsthaft einredete, die bärtigen Gesichter merowingischer, fränkischer Mönche zu erkennen. Sie musterten, so meinte ich zu sehen, mit traurigen Augen die Touristen, die eher gleichgültig oder auch eingeschüchtert inmitten dieser dunklen Kirche standen, die ihre Existenz einer Anregung des berühmten Rabanus Maurus verdankt, des Praeceptor Germaniae, wie das Generationen von deutschen Professoren und patriotischen Autoren selbstbewußt festgestellt haben. Rabanus Maurus, um das Jahr 780 in Mainz geboren, also gerade ein Vierteljahrhundert nach der Ermordung des Bonifatius durch friesische Strandräuber in der Nähe des niederländischen Dokkum, dieses Apostels der Deutschen, den Theodor Schieffer „zu den Baumeistern unseres Kulturkreises" zählte und dessen Grabmal sich in der Krypta des Doms zu Fulda befindet, er also, Rabanus Maurus, war jener Mann, welcher das von Bonifatius begründete,

rasch berühmt gewordene Kloster zu Fulda mit jenem geistigen Leben erfüllte, das es zur bedeutendsten Kulturstätte der damaligen Zeit machte. Hier entstand, niedergeschrieben von einem unbekannten niedersächsischen Dichter, der „Heliand“, erklang erstmals Rabanus’ großartiger Hymnus „Veni Creator Spiritus“, verarbeitete er in seinen Bibelkommentaren das Wissen seiner Zeit und lehrte er seine Schüler nicht nur die Kunst der theologischen Interpretation, sondern auch den Umgang mit der Sprache. Otfried von Weißenburg schrieb gleichsam im Geiste des Rabanus Maurus, dessen Atem einbindend in seine Chronik, den „Krist“, das erste bedeutende Reimwerk der deutschen Sprache. Und es waren Benediktiner aus Fulda, die das Hildebrandslied, eines der ältesten Werke der deutschen Nationalliteratur, vor dem Vergessenwerden retteten, indem sie es aufschrieben.
Und jetzt also dieser gelassene, somnambule Blick auf die bärtigen Gesichter fränkischer Mönche in der Michaelskirche, die in den ersten Jahrzehnten des 9. Jahrhunderts unter dem vierten Fuldaer Abt – sein Name war Eigil – entstanden war, als Grabkirche für die Mönche aus der Klosterschule, darin einst „das Herz des christlichen Germanien schlug“, wie sich der Fuldaer Heimatdichter Anton Schmitt ausdrückte. Und ich betrachtete diese ernsten, strengen Benediktiner oben im schattenverhangenen Gewölbe der Kirche, erkannte über ihnen das bartumwallte Antlitz des Bonifatius, der, ein gebürtiger Angelsachse aus dem südenglischen Crediton in Wessex, zum unbarmherzigen und allerdings auch erfolgreichen Missionar der Hessen, Thüringer, Bayern und Friesen wurde, ein Pragmatiker des Glaubens, der das zukünftige Reich Karls des Großen überall dort, wo es heidnisch und damit anti-römisch, anti-christlich war, unter die Zuchtrute eines Glaubens zu zwingen verstand, dessen höchstes sittliches Prinzip die Lust an der Unterwerfung war. Die Mönche standen starr und stumm. Des Bonifatius verwittertes Antlitz – niemand weiß heute mehr, wie er wirklich ausgesehen hat – zerfloß allmählich zwischen ihren dunkelbraunen Kutten. Und das mürrische Gesicht Karls des Großen, der, gichtgeplagt und schmerzgekrümmt, gehorsam den Spuren folgte, die der angel-

sächsische Missionar ins heidnische Germanien gezogen hatte, zeichnete sich im Hintergrund auf den glatten Steinquadern ab. Es war keine Vision, die ich hatte. Es war gewiß auch nicht meine Phantasie, die mich auf eine so absonderliche Weise narrte. Es war wohl eher mein heftiger Wunsch, etwas von der Seele dieser Deutschen zu erhaschen, etwas von ihrem Wesen zu begreifen, das sie zum sentimentalen Nationalismus befähigt und ihnen überdies die Kraft gibt, ihrem eigenen Ordnungssinn standzuhalten, diesem unheilvollen Instinkt, der immer das Chaos braucht, um sich zu bewähren.

Vieles von dem, was ich in Fulda, der Stadt des Bonifatius, zu verstehen oder erstmals zu erkennen glaubte, war dennoch außerordentlich irritierend für mich. Ich sah grauen Nebel um die beiden mächtigen Türme des Doms wallen, verfolgte das scheinbar ziellose Flattern großer schwarzer Vögel, die sich manchmal in der atemberaubendsten Weise auf die Touristen herabzustürzen schienen, die, in dichten Gruppen durch die sogenannte Barockstadt Fulda ausschwärmend, vor dem Dom fast ausnahmslos in diese andachtsvolle Stimmung gerieten, die man angesichts eines nationalen Heiligtums wohl empfinden soll. Die Stadt selbst kam mir ungemein sauber, reinlich vor; das alte Fachwerk, im Krieg beinahe gänzlich zerstört, war kunstvoll wiederaufgebaut; und nicht einmal die vielen Pizzerias, griechischen Restaurants und Balkangrills vermochten am kultivierten oder auch langweiligen Eindruck etwas zu verändern, daß Fulda eine Stadt wie unter einem Glassturz sei. Das kurfürstliche Schloß, einst Sitz der mächtigen Äbte und Bischöfe, später dann der Fürsten von Oranien-Nassau, erhob sich wie eine schöne Bühnendekoration gegenüber dem etwas tiefer gelegenen Dom, an dem seit einigen Jahren mit Beharrlichkeit und viel Lärm Restaurierungsarbeiten vorgenommen werden. Eine Idylle, der man sich ruhigen Gewissens anvertrauen möchte. Ein gutbürgerliches Schauspiel, das eine Welt darstellt, die noch in Ordnung ist. Eine Geschichte, daraus man patriotische Konsequenzen ziehen darf. So betrachtete und empfand ich es. Und ahnte dabei doch, daß ich einer Einbildung erlag; daß ich mich auf unsicherem Terrain befand;

daß diese Idylle heimtückisch war, grausam sein konnte, auch unberechenbar und damit beunruhigend.
Vieles in Fulda war für mich irritierend, sagte ich. Vielleicht hatte es auch damit zu tun, daß ich dort, untergebracht in einem verschachtelten, gutbürgerlichen Hotel, dessen falsche Ritterromantik und vorgetäuschte bürgerliche Behaglichkeit mir Alpträume verursachten, auf meinem Zimmer immer wieder in dem Buch von Gordon A. Craig las, „Über die Deutschen", im Blick noch die bärtigen Gesichter und strengen Augen der toten Mönche von St. Michael, die Gedanken noch bedrängt von den widerspruchsvollen Bildern aus einer hessischen Kleinstadt, durch die einst – wenngleich in einem übertragenen Sinne – dieser leidenschaftliche Atem der ersten Missionare und Äbte geweht war, die den nachmaligen Deutschen ein Bewußtsein vermittelt haben für Gehorsam, Disziplin, Glaubenstreue, Untertanenfurcht, für alle diese zweifelhaften Tugenden, die dieses Volk auszeichnen wie kein anderes, während ich gleichzeitig bei Gordon A. Craig Sätze wie diesen las: „Es waren die deutschen Stämme, die die Tradition des römischen Reichs und das Vermächtnis Karls des Großen erbten und hochhielten ..." – Und bei alledem war mir durchaus bewußt, daß ich mich inmitten des Schauplatzes befand, auf den diese Bemerkung zutraf. Und daß ich dennoch große Mühe hatte, eine Verbindung herzustellen zwischen diesen historischen Ereignissen, die mit dem Zustandekommen Deutschlands untrennbar verbunden sind, und der erschreckend flachen, banalen Gegenwart, in der ich heroische Jünglinge einherschreiten sah auf Marmorsockeln in Schulhöfen, die wie Kasernenhöfe aussahen, und während meiner Mahlzeiten auf ein Essen blickte, das gewaltig und schwerverdaulich nur darauf zu warten schien, hastig verschlungen zu werden, geradeso, wie man das einem Volk zutraut, das immerzu bereit sein muß für irgendeinen Kampf, weshalb es seine Nahrung, die eine Kraftnahrung ist, hastig und ohne Genuß hinabwürgt, um sogleich nach den Waffen zu greifen, um sogleich wieder bereit und willens zu sein für irgendeinen Heldentod, der aus Schülern dann Jünglinge macht, die, heroisch in Bronze gegossen, über einen kahlen Schulhof schreiten.

Ich bin wahrscheinlich ungerecht. „Tatsache ist", schreibt Craig, „daß die Deutschen nicht wie andere sind, sondern eben Deutsche, und angesichts ihrer Geschichte ist das auch kaum anders zu erwarten." – Erwartete ich mir ausgerechnet in Fulda das, was ich in Trier, in Aachen nicht gefunden hatte? Ich erinnere mich an eine demütigende oder eigentlich einschüchternde und dennoch ungemein lehrreiche Stunde oberhalb der Krypta im Dom, angesichts des Domschatzes mit seinen erbärmlich verunzierten, hoffnungslos verkitschten Reliquien, mit diesen aschgrauen Knöchelchen, die wie angesengtes oder auch leicht verkohltes, allzu lange gelagertes Holz aussehen, umrahmt und geschmückt von Tüchern in grellen Farben, die an das päpstliche Rom erinnern, an orgiastische Mysterien und pompöse Zeremonien. Auch hier empfand ich diese ernüchternde Skepsis, nachdem ich schon im Trierer Marxhaus, im Aachener Dom keine brauchbare Verbindung hatte herstellen können zwischen dem, was ich mir über die Deutschen einredete und einbildete, und dem, was an historischem Anschauungsmaterial vorlag.

An ein ganz bestimmtes Bild erinnere ich mich genau. Oder eigentlich an eine Abfolge von Bildern, die mich immer wieder, wenn ich nach Fulda kam, von neuem faszinierten und zugleich abstießen oder verärgerten, wie man durch eine obszöne Aufdringlichkeit verärgert wird, der man sich nicht gewachsen fühlt, obgleich sie einen auf häßliche, abstoßende Weise anzieht. Es sind das dieses gewaltige und gewalttätig wirkende Bonifatiusgrab in der Krypta des Doms und die Kopie der Bibel, die der „Apostel der Deutschen" angeblich in Händen hielt, als ihn die Schwerthiebe der friesischen Strandräuber trafen. Und ist es beim Grabmal die fatale edle Pose, die Bonifatius als Kriegsmann zeigt, als rüstigen Streiter Gottes, der sich, in Marmor geschlagen, gerade einmal für ein Weilchen ausruht, der sozusagen, während er, lang hingestreckt und das bärtige Antlitz gleichgültig dem Besucher zugewandt, wie ein Römer beim Festmahl posiert, noch einmal Atem holt, bevor er wieder aufspringt, sich gürtend und wappnend für den nächsten Kampf, bereit zur nächsten Heldentat: ein deutscher Held, nicht nur ein naiver Missionar; einer, der zugunsten Roms germanische Eichen umschlägt, um das Heidentum an der Wurzel zu packen; und der dennoch, weil er so tapfer ist, germanisch wirkt; der unterm Kreuz, das er gebieterisch den Heiden entgegenhält, das Schwert verbirgt, das Zeichen der Macht, die er bewußt einzusetzen versteht; und der weiß – und dieses Wissen weitergibt –, was Zucht und Ordnung heißen in einer Welt, die stets von neuem erobert und diszipliniert werden muß ... und ist es bei diesem Grabmal das Gewalttätige, Herausfordernde, Arrogante, was auffällt, abstößt, beeindruckt, verwirrt, Widerspruch herausfordert, so ergänzt die Bibel diesen Eindruck, diese Summe von Eindrücken auf nachhaltige Weise. Denn an dieser Bibel, an der künstlich nachgegilbten Kopie oben im Domschatz, hat man auch die Spuren der Schwerthiebe, die Bonifatius am Strand von Dokkum trafen, säuberlich nachvollzogen, den flüchtigen Augenblick eines Dramas gleichsam für die Ewigkeit bannend. Derlei gefällt, das hat mit Mut und Tapferkeit zu tun, das zeigt, während man die kunstvoll zerrissenen, zerschnittenen Seiten dieser Bibel betrachtet, wie ein braver Mann noch in der Sekunde seines Todes unbeugsam bleibt zugunsten seiner Ideale. Pflichterfüllung bis in den Tod wird suggeriert. Und die Besucher drängen sich vor diesem Bild, sind ergriffen und auch auf stille, nachdrückliche Art begeistert wie vom Marmormann unten in der Krypta; und sie nehmen, ohne daß sie es wahrhaben würden, die Erinnerung mit an diesen schönen Dualismus von sentimentalem Heldentum und stolzer Unbeugsamkeit.

Ist es also wirklich nur ein Zufall, daß man in Fulda – ähnlich wie in Trier mit Karl Marx – auch mit Rabanus Maurus, den der Schatten des Bonifatius erdrückt, eher kokett umgeht, vorsichtig, auf Distanz bedacht, ihm die intellektuelle Leistung, die er vollbrachte, zwar nicht absprechend, doch stets darauf bedacht, das Nationale, das für das Zustandekommen der Nation Bedeutsame zu unterstreichen? Ist es ein Zufall, daß die Deutschen immer dann mit verständnislosem Blick antworten, wenn man die Ursachen dafür sucht, daß „sie nicht wie andere sind, sondern eben Deutsche“ und daß dies „angesichts ihrer Geschichte auch kaum anders zu erwarten“ sei? Muß man wirklich, um ihnen und ihrem Verhältnis zur Religion, zur Geschichte, zu dem, was sie unter Seele verstehen, unter Charakter und auch unter nationaler Tugend, vollauf gerecht zu werden, muß man wirklich, frage ich mich, Heinrich Heine zitieren, daran erinnernd, was er über Martin Luther schrieb, der „nicht bloß die Zunge, sondern auch das Schwert seiner Zeit“ gewesen sei, „zugleich ein kalter scholastischer Wortklauber und ein begeisterter, gottberauschter Prophet“, der, „wenn er des Tags über mit seinen dogmatischen Distinktionen sich mühsam abgearbeitet, des Abends zu seiner Flöte“ griff; und dann, so Heinrich Heine, der deutsche Jude, der heute noch Verwirrung stiftet in den Köpfen deutscher Bürger, obgleich er sie besser, schärfer, mitleidloser, wahrheitsgetreuer porträtierte als jeder andere deutsche Dichter, und dann habe Luther die Sterne betrachtet und sei in Melodie und Andacht zerflossen.

Ist es also dieses Bild, das ich mir von den Deutschen machen muß, um sie endlich zu verstehen? Leier und Schwert. Musenkuß und wortgewaltiges Gewitter von erhöhten Kanzeln herab. Grimmige Pragmatiker der Macht wie Bonifatius und, als subtile Ergänzung, das intellektuelle Genie eines Rabanus Maurus. Aber niemals das eine oder das andere. Und noch weniger dieses ohne jenes. Das melodiöse Rauschen der Aachener Brunnen; aber ihr Wasser ist ungenießbar. Die adrette Genauigkeit, das bürgerlichen Wohlbehagen in Fulda zwischen Schloßhauptwache und Orangerie; aber selbst die Kastanienbäume, so bildete ich es mir ein, mit einem Hang zum Militärischen. Das Haus in der Trierer Brückenstraße, in dem einem ein Karl Marx vorgeführt wird, den man nicht mehr mit dem Gefühl, sondern nur noch mit dem Verstand begreifen und erfassen kann. Und selbst das Kurkonzert in Bad Kissingen, wohin ich mich eines Abends von Fulda aus geflüchtet hatte, um der martialischen Pose des Bonifatius zu entgehen, erinnerte an militärisches Zeremoniell: die Kurgäste streng aufgefädelt auf ihren Sitzen, stumm und ungemein diszipliniert einem Genuß hingegeben, der ein verordneter war. Hätte jemand gelacht, seine Freude gezeigt, sich einer Emotion hingegeben ...

hundert entrüstete Augenpaare würden ihn unnachsichtig abgeurteilt haben. Und ich war wie elektrisiert, als spätnachts vor dem Hotel am Rande des Kurparks eine sichtlich angetrunkene Frau zu schreien anfing. Das war endlich etwas, das gegen die Norm verstieß und lebendig war auf eine respektlose Weise. Aber als ich mich neugierig aus dem Fenster beugte, sah ich im Licht einer Straßenlaterne, daß die schreiende Frau eine Negerin war.
Die Autobahn von Fulda, wo ich ein letztes Mal in den dünnen hessischen Nebel blickte, der trübselig über diese tief eingedrückte Mulde zog, darin der Dom mit seinem Marmormann und fahlfarbenen Reliquienknochen lag, während die Michaelskirche auf eine seltsam entrückte und zugleich feierliche Art am Rande dieser Mulde ihr rostbraunes Gemäuer spreizte, als ob es mich verhöhnen wollte, weil ich an einen Spuk geglaubt, weil ich meiner Phantasie gehorcht hatte, die Autobahn von Fulda in Richtung Süden war wie ein Fluchtweg, den ich aufatmend benützte. Wurde ich mit Deutschland, wie ich es mir einbildete, wie ich es zu sehen und zu begreifen glaubte, nicht fertig? War die Furcht vor den Bildern, die ich in Trier, Aachen oder Fulda aufsteigen sah und die mir ein Land zeigten, das mir immer wie hinter beschlagenem Glas vorkam, ein Land, das Befehlen, die wie Phrasen klangen, zu gehorchen schien, Befehlen und Phrasen, die mir vollkommen fremd waren ... war die Furcht also doch größer als meine bewundernde und vielleicht auch ratlose Neugier, die mich dazu drängte, erfahren zu wollen, weshalb mir Deutschland, weshalb mir die Deutschen zugleich unheimlich und sympathisch waren?
Und dann Eichstätt. Alles war anders, war beinahe vertraut, war überschaubar auf diese besondere Weise, die mich endlich wieder einen vernünftigen Umgang haben ließ mit Widersprüchen, aus denen man sich ein brauchbares Urteil bilden kann. Da war die Idylle des Altmühltals und ein Himmel, der wie ein blaugefärbtes Tuch über den grünen Hügeln Bayerns hing. Und ich begriff, daß hier in Süddeutschland, wo ich die Worte, die man an mich richtete, nicht mehr als Befehle, sondern als freundschaftliche Aufforderungen verstand, wo ich in schattigen Gastgärten das Bier in

den Maßkrügen schäumen sah und die Sentimentalität, die mir in Trier, Aachen und Fulda stets ein wenig unwirklich oder auch verschlagen erschienen und immer wie etwas Heimtückisches und zugleich Bedrohliches vorgekommen war, daß dies alles also nun einen festen, einen fast derben Charakter annahm, daß es sozusagen augenzwinkernd und sogar ein wenig komödiantisch war, wie es mir vom Österreichischen her geläufig ist ... und ich begriff, daß hier in Süddeutschland die Dinge klarer, die Fragen einfacher, die Antworten unmißverständlicher sein würden.

Bonifatius, den sie in Deutschland meist mit einem Beil darstellen, daran erinnernd, daß er die heilige Eiche der Germanen in Fritzlar gefällt hatte, Patron aber auch der Bierbrauer und Schneider, was ihn, wenn man erst einmal in Süddeutschland angelangt ist, fast zum Vertrauten macht, ihn beinahe gemütvoll erscheinen und vergessen läßt, daß er ein wütender Eiferer und pragmatischer Charakter war, Bonifatius war der eigentliche Begründer von Eichstätt. Es verdanken ihm neben Fulda und Eichstätt freilich auch Amöneburg, Fritzlar und Passau, aber auch Freising, Würzburg, Tauberbischofsheim und Erfurt gleichsam ihre nachmalig hochberühmte christliche Existenz als Wirkungsstätten des deutschen Katholizismus. Denn er, der ebenso gebildete wie unbeugsame Angelsachse, begriff als einer der ersten in einer langen Reihe bedeutender Männer und Frauen des Christentums, „daß sich die Kirche nur dann erfolgreich behaupten konnte, wenn sie der nachdrücklichen Unterstützung durch die weltliche Obrigkeit sicher sein durfte". – Er war jedenfalls kompromißlos und in allen strategischen Konzepten wohlbewandert; und er tat den ersten, den entscheidenden Schritt „in Richtung jenes später so perfekt funktionierenden Systems der Gewaltenteilung zwischen kirchlicher und weltlicher Macht". („Die Botschafter Gottes") – Hätten sich die Deutschen einen brauchbareren, ihnen adäquateren Missionar und Heiligen überhaupt wünschen können?

Eichstätt also. Eine Stadt wie eine Bühnendekoration für ein romantisches Singspiel. Schöne Kulissen, an denen sich freilich schon Staub angesetzt hat. Das Rostrot, das Karminrosa, das

dünne, ausgebleichte Gelb der Fassaden, von denen das Blauweiß der bayerischen Landesfarben, das Gelb-Rot-Schwarz der deutschen Nationalfarben und das gelblich Lilafarbene der römischen Kirche in trauter Gemeinschaft herabhängen und sich an diesen dünnen Seidenfahnen blähen, die wie riesige Zungen den Häusern aus dem alten Mauerwerk wachsen. Das sind Fassaden, an denen noch die morbide Schönheit, aber auch das ungebrochene Selbstbewußtsein vergangener Jahrhunderte sichtbar wird. Am Residenzplatz, den an diesem Tag, da ich wie ein trunkener Voyeur auf seiner großen und leeren Bühne umhertaumelte, die Sonne gnadenlos ausleuchtete, am Residenzplatz immer noch die pompösen Gebärden ehemals katholischer und damit auch politischer Herrlichkeit. Und immer noch die steinernen Schildwachhäuser vor mächtigen Portalen, darüber kauernde Marmorlöwen. Die Gebärden sind dramatisch; aber sie ersticken im Faltenwurf einer Architektur, der eine gewisse mediterrane Beschwingtheit, eine graziöse Leichtigkeit des Ausdruckes viel von ihrem feierlichen Pathos nimmt. Die Deutschen werden über allem schwer; und alles wird über ihnen schwer, hat Goethe gesagt. Hier in Eichstätt wäre noch einmal die Probe aufs Exempel zu machen, ob diese Meinung tatsächlich auch überall zutrifft.
Ich erinnere mich: Eine Art Schläfrigkeit überkam mich, die auf eine gefährliche Weise angenehm war, weil sie das Nachdenken, die Zweifel, die Auseinandersetzung mit Widersprüchen unversehens überflüssig machte. Der Blick war nur noch für Farben empfänglich. Das Bräunliche, Verwitternde, Abbröckelnde dieser Dekoration; und was dahinter abgestorben, verödet, verwahrlost war, schien nicht mehr interessant, weil der schläfrige Blick lediglich die Konturen dieses Schauspiels wahrnahm. Hundegebell von irgendwoher. Das zitternde Grün vereinzelter Bäume. Und die herausfordernde Gebärde des Doms – eine Metapher, die so gut wie keine Bedeutung mehr hatte. Ein paar Namen von angelsächsischen Missionaren, die hier in Eichstätt begraben sind; und ein paar Anekdoten, die davon berichten, wie diese Männer und Frauen, die wie Schemen im Schatten des allgegenwärtigen und übermächtigen Bonifatius auftauchen, den heidnischen Barbaren

das Christentum beibringen. Es sind die nämlichen Anekdoten, wie man sie sich überall in Europa erzählt, wenn man das Gewahrwerden des Christentums, das allmähliche Entstehen einer christlich-abendländischen Kultur beschreiben will. Und immer spielen Heimtücke, List, gewalttätiges Auftreten eine besondere Rolle dabei. Also Leier und Schwert, Musenkuß und wortgewaltiges Gewitter von erhöhten Kanzeln herab, hier freilich gemildert durch einen südlicheren Himmel, durch eine charmante Nachlässigkeit, die alles Scharfe, Pathetische, Kompromißlose mildert oder auch verwischt. Der Katholizismus – in Fulda, Trier und Aachen noch etwas Strenges und Gebieterisches, etwas, das als ideologisches Korsett dienen muß – verliert in Eichstätt ein wenig von seiner angestrengten nationalen Bedeutung. Er wird selbstverständlicher; er setzt sich zwar in Szene; aber gerade dadurch wird er, weil er dabei eine Spur zu überdreht und manchmal sogar lächerlich anmutet, auch menschlicher. Bonifatius hat als unbarmherziger Zuchtmeister Gottes die Deutschen unwiderruflich geprägt. Aber in Eichstätt ist aus der frommen Ekstase, aus der finsteren Entschlossenheit, mit der dieses Volk zum Christentum gebracht wurde, eine heiteres, mitunter sogar etwas komisches und insgesamt zutiefst menschliches Schauspiel geworden.

Die Augsburger Konfession

Mit Karl Marx sollte man in der Fuggerstadt Augsburg nichts im Sinn haben. Da ist schon eher die Vita Karls des Großen, niedergeschrieben von seinem „Kunstintendanten und Biographen“ Einhard als geistige Bereicherung fürs Reisegepäck angebracht. Oder ein Hinweis auf jene entscheidenden Augusttage im Jahre 955, als es den Magyaren zuerst nicht gelungen war, die von Bischof Ulrich gehaltene Stadt zu erobern und die sich dann dem Heerbann Kaiser Ottos I., der in strapaziösen Eilmärschen von Sachsen herbeigeeilt war, geschlagen geben mußten, und zwar auf eine so endgültige Weise, daß sie danach „nie wieder einen Versuch unternehmen würden, in das Innere von Deutschland vorzudringen“ (Hermann Proebst). – Und wichtiger als jede Erinnerung an Marx ist in Augsburg selbstverständlich auch die Darstellung von Luthers kategorischem Auftritt im prachtvollen Fuggerhaus vor dem päpstlichen Legaten Kajetan, dem er Unterwerfung und Widerruf seiner Thesen verweigerte, oder die Geschichte seiner heimlichen Flucht im Jahre 1518, als er, weil er nicht widerrufen hatte, um sein Leben fürchten mußte. Das alles hat wie der Ehrgeiz ehrsamer Handwerker, die sich zu Geschäftsleuten und Bankiers entwickelten und in die Politik, in die Glaubenskämpfe, in die sozialen und gesellschaftspolitischen Strukturen ihrer Zeit entscheidend eingriffen, mit Augsburgs Ruhm zu tun, der immer schon darin bestanden hat, „aus den vielen Stockwerken seines Unterbaus zu leben, aus den Gewölben, die mit Geschichte gefüllt sind und deren Kraft allezeit anwesend war“, wie das Erhart Kästner einmal ausgedrückt hat. Bert Brechts hingegen sollte man, unterwegs zwischen Maximilianstraße und Hohem Weg, Fuggerei und Heilig-Geist-Hospital, nur auf zurückhaltende, distanzierte Weise gedenken, respektvoll vielleicht dem kunstsinnigen Verein gegenüber, der neuerdings, während Schauspieler Brechtsche Gedichte rezitieren, dessen ehemalige Augsburger Freundin auftreten läßt, die einst dem jungen Dichter hier in der Stadt an Wertach und Lech, wo er als Sohn eines gewissen-

haften und ernsten Mannes mit schöner bürgerlicher Reputation geboren wurde, einen recht nachhaltigen Beweis ihrer Gunst schenkte. Im übrigen hält es Augsburg heute noch mit Brecht, wie es Trier mit Karl Marx zu halten pflegt: Man ist reserviert und läßt sich durch den Ruhm, den diese unruhigen Söhne ihren Städten eingebracht haben, nicht sonderlich beeindrucken. Dennoch darf man Thomas Bernhards böses Wort vom „fürchterlichen Augsburg", das ohnedies nicht der Realität entspricht, nicht überbewerten, auch wenn es auf vielen Bühnen Deutschlands für Aufsehen sorgte.
Ich war – als wäre ich einer dieser fahrenden Gesellen, die sich ein Leben lang auf die Suche nach dem Glück begeben und immer nur Bruchstücke einer Wirklichkeit entdecken, die dann widerspruchsvoll und sonderbar ist –, ich war einige Tage lang, bevor es mich nach Augsburg zog, durch Bayern gewandert, eher ziellos, dem Zufall ausgeliefert, Heugeruch im Haar und das sanfte Erlöschen eines entflammten Sommerhimmels über den Dächern Landshuts im Blick, während ich abwechselnd durch sterbende, schrecklich gekennzeichnete Wälder fuhr, in denen die Bäume wie riesige Holzkreuze auf einem Friedhof standen, oder mich zwischen den herausfordernden Karrees der Hopfenplantagen verirrte, grüne Zwiebeltürme am Horizont suchte und das strahlende Weiß sorgfältig herausgeputzter Wallfahrtskirchen bewunderte. Ganz Süddeutschland, dachte ich gelegentlich zerstreut, müßte eigentlich ein ungemein frommes Land sein; mit frommen Menschen, die nichts anderes im Sinn haben, als diesem schönen Ritual zu gehorchen, das sie in die Pflicht des Glaubens und der Vaterlandsliebe nimmt.
In den Ruinen eines römischen Grenzkastells oberhalb der Donau bei einem Ort namens Eining überraschte mich heftiges Vogelgezwitscher. Hatte ich erwartet, daß die Vögel jetzt, da die Wälder starben, tot vom weißblauen bayerischen Himmel fielen? In der Befreiungshalle von Kelheim, hoch oberhalb des Zusammenflusses von Altmühl und Donau, umgeben von den goldenen Lettern einer ebenso heroischen wie verlogenen Geschichte, darin nur Fürsten und Generalfeldmarschälle überleben, ahnte

ich einen der Gründe, warum Karl Marx den deutschen Bürgern so unheimlich ist: Er wollte die goldenen Lettern auch für diejenigen, die für die Fürsten gearbeitet und für die Feldmarschälle gestorben sind. Und es roch in dieser gewaltigen Kuppelhalle, die auf einem grünbewaldeten Hügel steht, der natürlich Michaelsberg heißt, ein wenig nach Moder und ein wenig nach Eisen, was aber wohl nichts mit der Erinnerung an die Befreiungskriege gegen Napoleon zu tun hatte – dem hier der Bayernkönig Ludwig I. diese Befreiungshalle mit ihren 34 bayerischen oder germanischen Siegesgöttinnen, geschaffen von Ludwig von Schwanthaler, als Denkmal setzen wollte –, sondern einfach Abgase waren, die aus dem Tal emporstiegen. Der Himmel, erinnere ich mich, war diesig und die Luft erfüllt von chemischen Gerüchen. Und man konnte, erinnere ich mich, während man sich in dieser Kuppelhalle verwirrt im Kreise drehte, ein paar groteske Augenblicke daran glauben, einem der Ursprünge des sogenannten Deutschtums auf die Spur gekommen zu sein: Bonifatius, dem Mann in Marmor, dem Mann mit dem Beil, dem Mann am Anfang eines Lehrprozesses, der einem Volk beibringt, daß Leben etwas ist, daran man sich messen, darin man sich unentwegt bewähren muß; und nur wer sich mißt und bewährt, bekommt Rundbauten, Kuppelhallen, goldene Lettern und pathetische Sprüche in den Lesebüchern.

Vielleicht ersparte ich mir deshalb – und weil ich immer noch den langsam erlöschenden Sommerhimmel über den Dächern von Landshut im Blick hatte – ein paar Stunden später den Aufstieg zur Walhalla, diesem Denkmal nationaler Eitelkeit, das elfenbeinfarben aus den verstaubten Laubwäldern oberhalb der Donau östlich von Regensburg wie eine herausfordernde Wunde in der Landschaft liegt; Raritätenkabinette nationaler Selbstdarstellung sind in jedem Land der Welt etwas unfreiwillig Komisches; in Deutschland sind sie zudem auch noch furchteinflößend. Ich vertrödelte dafür meine Zeit in einem schattigen Gastgarten unterhalb der Walhalla, in einem Ort namens Donaustauf, das satte Schaben und Schnalzen der Donau im Ohr, einen Teller voll wippender Bratensülze und eine gut gefüllte bayerische Maß vor mir auf dem Tisch, den ein rotkariertes Tuch bedeckte, und mit einer klugen, lebenserfahrenen Kellnerin Gedanken austauschend über die Unvernunft der Menschen, sich in Häusern, die wie griechische Tempel aussehen, die Büsten sogenannter Persönlichkeiten zu betrachten, über deren Bedeutung man geteilter Meinung sein kann. Diese Frau, entdeckte ich bald, war gleichfalls keine Anhängerin des Kults, der in der Walhalla mit den vermeintlich oder tatsächlich berühmten Deutschen getrieben wird.

Und so kam ich über manchen seltsamen Umweg nach Augsburg. In Eisenbahnzügen, die fast lautlos durch Bayern glitten; immer wieder einmal Rehe am Waldrand, hellbraune Striche im saftigen Grün einer bäuerlichen Landschaft, die ungefährdet, unzerstört schien, solange man nicht mehr als einen flüchtigen Blick auf sie warf; einmal, unterwegs zwischen München und Augsburg, im Abteil einige eifrig tratschende Frauen, die am Katholikentag in München teilgenommen hatten und jetzt zurück nach Nürnberg wollten; sie stellten, während sie zwischen Entrüstung und glucksender Heiterkeit schwankten, darüber Mutmaßungen an, weshalb es, wenn man bloß die Bundesrepublik verließ, überall in Europa so schmutzig und desolat sei; Belgien, Frankreich, Italien wurden namentlich genannt; ich zitterte, daß auch Österreich an die Reihe käme, aber der Name Österreichs fiel nicht. Und die Rehe verschwanden mit den Wäldern, die zurücktraten, am Horizont verschwanden, untergingen in einem diesigen Gespinst aus Violett und Samtbraun, je näher die Fuggerstadt kam, in der ich zu einer Stunde eintraf, als der Himmel nur noch ein zerschlissenes Tuch war, aus dem sich etwas diffuses Licht auf die sommerlich erhitzte, dampfende Stadt herabsenkte.

Es gefiel mir vom ersten Augenblick an in Augsburg. Es hatte mir stets gefallen, in Augsburg zu sein. Und daß ich, oberflächlich betrachtet, mit Karl Marx und in gewisser Hinsicht auch mit Bert Brecht nichts würde anfangen können auf der schönsten Renaissancestraße Süddeutschlands, auf der Maximilianstraße, oder in den ehemaligen Klöstern und Fuggerpalästen, in St. Ulrich oder im Dom – es störte mich nicht. Ich nahm auch plötzlich meine Pflicht nicht mehr so ernst, die Deutschen begreifen zu wollen.

Ich war bereit für Stadtrundfahrt und historische Erklärungen; und was die Zusammenhänge betraf, die zwischen dem unerbittlichen Katholizismus eines Jakob Fugger und dessen ausgeprägtem Instinkt für eine ertragreiche Zinspolitik bestanden haben mochten; und daß ich vielleicht auch und gerade in Augsburg würde annehmen müssen, daß die tiefverwurzelte Neigung der Deutschen, stets zuerst ihrer Pflicht und dann erst ihren Instinkten zu gehorchen, eine der Ursachen sein könnte für ihre erbarmungswürdige, von chaotischen Verhältnissen durchwachsene Biographie: Es sollte mich, so nahm ich mir das ernsthaft vor, nicht mehr und nicht weniger interessieren als der verträumte Blick aufs Augsburger Rathaus, das als ein „gewaltiger, wohlgegliederter, steinerner Würfel" an jener „festlich breiten Straße" liegt, die „Augsburg wie vor bald zweitausend Jahren mit dem Ewigen Rom verbindet" (Götz von Pölnitz). – Und nicht einmal die „unblutige und geräuschlose Austreibung der Juden" (G. v. Pölnitz), die um die Mitte des 15. Jahrhunderts den Augsburger Finanzleuten jener Jahrzehnte namhafte Gewinne zugespielt hatte, sollte mich über Gebühr beschäftigen. Schließlich hat jedes Volk in Europa seinen besonderen Umgang mit dem Antisemitismus; warum, so dachte ich, sollte man den braven Augsburgern einen Strick daraus drehen, daß sie nicht anders gehandelt haben als die Habsburger in Österreich, die Romanows in Rußland oder Spaniens katholische Majestäten. Und stand dem nicht das Genie der Fugger gegenüber, deren erster, von dem wir genaue Daten wissen, Hans Fugger, im Jahre 1367 als Zuwanderer aus einem kleinen Dorf im Lechfeld, das Graben hieß, nach Augsburg gekommen war? Ich wollte mich aufführen wie ein Tourist. Ich wollte an Deutschland nicht Schaden nehmen, indem ich zuviel an die Deutschen und an ihre Komplexe dachte.
Anderntags schon stand ich im Palais Schaezler, in dem die städtische Galerie untergebracht ist. Ein Palais, das den aristokratischen Geschmack des vermögenden Augsburger Bürgertums dokumentiert. Hier und im daran anschließenden ehemaligen Kloster der Dominikanerinnen, das heute die Staatliche Gemäldegalerie beherbergt, betrachtete ich die Porträts dieser bedeutsamen

Augsburger Bürger, deren Karrieren manchmal märchenhaft anmuteten inmitten dieser schwäbischen Provinz. Es waren Porträts, die mir eine Vorstellung vom Charakter, vom Wesen, von den Eigenarten dieser Frauen und Männer geben sollten, die nicht nur aus sich selbst, sondern auch aus der Stadt, in der sie lebten und gleichsam wie aus einer gut abgesicherten Kulisse heraus wirkten, etwas gemacht hatten. Ich wollte erfahren, ob man von Gesichtern alles das ablesen kann, was das Außerordentliche bewirkt, das aus einer eher durchschnittlichen, biederen schwäbischen Gemeinde für ein paar Generationen ein Zentrum der Macht und des Reichtums werden läßt. Natürlich war es da vor allem und zuerst einmal das Bildnis Jakobs des Reichen, des wohl tüchtigsten, vom Glück am meisten begünstigten und den eigenen Fähigkeiten die größten Erfolge abringenden Fugger, gemalt von Albrecht Dürer, das einen „Kaufmann neuen Typs" zeigt, der nicht mehr mit seiner Ware von Stadt zu Stadt zieht, sondern seßhaft ist und „von seinem Kontor aus seine Handelsniederlassungen im In- und Ausland" lenkt (Eduard Dietl). – Man hat dieses Porträt, das Jakob Fugger als alt gewordenen, aber immer noch lebenstüchtigen und ungemein wachen, disziplinierten und wohl auch rücksichtslosen oder eigentlich seinen ideologischen und kapitalistischen Plänen aufs unnachsichtigste verpflichteten Mann zeigt, eine lebensechte, sozusagen den Charakter maßstabgetreu und insgesamt den Menschen entlarvende Darstellung genannt. Das Zynische, Gnadenlose, Skrupellose sei hier deutlich spürbar, das einen der hauptsächlichen Drahtzieher abendländischer Politik im 16. Jahrhundert geprägt habe, einen Kaufmann und Bankier, der nicht nur die Geldgeschäfte der römischen Päpste besorgte, sondern auch die finanziellen und mitunter sogar die politischen Nöte der Habsburger diskret beseitigen oder zumindest lindern durfte, was stets mit größtmöglichem Gewinn für das Haus Fugger verbunden war.
Ich stand lange vor diesem Porträt, das einen Mann zeigt, der mir nicht unsympathisch vorkam. Ein Kapitalist, ein Ausbeuter, ein Protagonist der Macht, aber einer, der durchaus honett wirkte; ein wohlgelittener Nachbar, dem man ansah, daß er eines festen

Standpunktes fähig war. Das war ein schwäbisches Gesicht, das Vertrauen einflößte. Schmallippig der Mund, die Nase fest, ein wenig derb, der Blick das, was man beiläufig als zielstrebig bezeichnet. Aber ich konnte nichts Dämonisches oder Niederträchtiges in diesem Gesicht erkennen, das mir, vergaß man erst einmal den berühmten Namen seines Trägers, von landläufiger Durchschnittlichkeit zu sein schien. In manchem schwäbischen Laden, in manchem gutbürgerlichen Restaurant mag man ein solches Antlitz auch heute noch erkennen; oder, durch die großen Scheiben des legendären Augsburger Kaffeehauses Bertele hinaus auf den Augustusbrunnen und diesen schönen weiten Platz blickend, auf den der Schatten des wuchtigen Rathauses fällt, begegnete ich solchen Gesichtern immer wieder: Menschen, die wissen, wie man sich umtut in der Welt; und wann man sich dukken muß vor der Macht; und wie man sich ihrer bedienen kann ... Er, Jakob Fugger, den sie den Reichen genannt haben, sei vermögender gewesen als die Medici, habe auch mehr Einfluß besessen, sei ein meisterhafter Regisseur der europäischen Politik gewesen, der sich der römischen Kurie genauso wie der habsburgischen Fürsten beinahe nach Belieben bedient hätte, flüsterte neben mir die Reiseführerin vom Augsburger Verkehrsamt, die mir zwei Tage lang manche Anregung, manchen nützlichen Hinweis gab, damit ich den sonderbaren Zwiespalt in dieser Stadt besser begriff – in der einst Namen wie Welser, Fugger, Paumgartner, Höchstetter, Gossembrot für einen Glanz garantiert hatten, der die Zeitgenossen im übrigen Deutschland blendete, ohne daß dabei irgendwelche luxuriöse Neigungen, irgendeine besondere, das heißt übermäßige, Prunkentfaltung oder die beeindruckende Geste eines Mäzenatentums ähnlich wie im Florenz der Medici spürbar gewesen wäre –, diesen Zwiespalt, der eigentlich gar keiner war, der hauptsächlich darin bestand, daß man, während man Handel trieb mit der Welt und märchenhaften Gewinn daraus zog, die Wurzeln der eigenen Existenz nie vergaß, bescheiden blieb inmitten dieses Reigens der Superlative, sozusagen schwäbisch-provinziell war angesichts der Welthaltigkeit, die man in Augsburg ansiedelte. Es wären, was wenig bekannt sei, die

Frauen der Fugger gewesen, erzählte mir die Dame vom Verkehrsamt, diese eher unauffällig im Hintergrund wirkenden Frauen, die für ein brauchbares Mäzenatentum und damit für die Förderung der Künstler und ihrer Leistungen gesorgt hätten. Die Männer seien, wenn sie gefördert hätten, immer nur aufs Praktische, aufs Politische oder eigentlich Ideologische bedacht gewesen. Die Bewahrung des katholischen Glaubens, den Luther angegriffen und aufs äußerste gefährdet hatte, sei ihr Hauptanliegen gewesen. Und auch das habe, wenn man es genau bedenke, einen durchaus praktischen Grund gehabt. Denn einen aufrührerischen Mann wie Luther, der dem sogenannten Wucher einen erbarmungslosen Kampf angesagt hatte, habe man ganz einfach in die Schranken weisen müssen. Das sei nicht bloß eine Frage des katholischen Glaubens, sondern auch eine des Selbsterhaltungstriebes gewesen. Im übrigen aber müsse man bedenken, daß man sich hier zu Augsburg immer der Tradition altschwäbischer Schlichtheit verpflichtet gefühlt habe.

Banal, töricht, ins Lächerliche, Unglaubhafte geschönt andere Gesichter, denen man in diesen Galerien begegnet. Es sind vor allem die Frauen, denen die devoten Maler übel mitgespielt haben, indem sie ihren bürgerlichen Modellen alles Solide, Bodenständige, auf eine anheimelnde Weise Durchschnittliche und damit ihren schwäbischen Biographien Entsprechende vorenthielten. Mit erzwungener, grotesk erstarrter Würde blicken sie, die manchmal – wenn auch unauffällig und fast wie beiläufig – viel geleistet hatten für den Ruhm ihrer Männer, auf den Betrachter, der sich unbehaglich fühlt angesichts dieser Verfremdung. Aber vielleicht ist es auch bloß eine fixe Idee, daß man in dieser Stadt, wenn von der Augsburgerin die Rede ist, unvermeidlich an Philippine Welser denkt, die, wie ihre Biographen das beschwören, eine feurige Lilie gewesen sein soll, wohl imstande, einen Erzherzog und Kaisersohn, dessen Potenz unglaublich gewesen sein soll, nicht bloß für ein lockeres Verhältnis, sondern sogar für eine honorige und, wenn man der Überlieferung glauben darf, durchaus glückliche Ehe zu gewinnen. Auch eine andere bürgerliche Schönheit aus Augsburg, Agnes Bernauer, Tochter eines simplen

Baders, wurde nach einem leidenschaftlichen Intermezzo während der Faschingszeit im Jahre 1428 von einem Aristokraten, dem Herzog Albrecht von Bayern, in aller Heimlichkeit geheiratet. Sieben Jahre später freilich ertränkten sie die Büttel ihres Schwiegervaters in der Donau bei Straubing.

Den Frauen der vermögenden Augsburger Kaufleute und Bankiers also war es vorbehalten, wohltätig zu sein zugunsten der Kunst, indem sie, einwirkend mit sanfter Beharrlichkeit auf den Sinn ihrer Männer, der mehr aufs Praktische ausgerichtet war, immer wieder Aufträge vermittelten an Maler, Architekten, Dekorateure, Musiker, Literaten, Medailleure ... und vielleicht glaubten sie instinktiv – und damit die machtvolle Bewegung der Gegenreformation gleichsam im Privaten vorwegnehmend – an die These eines Ignatius von Loyola, daß man die verirrten Gläubigen am besten dadurch wieder in den Schoß der römisch-katholischen Kirche zurückführen könne, indem man nicht so sehr an ihren Verstand, sondern an ihre Sinne appelliere. Jakob Fugger dem Reichen mochten solche Überlegungen fremd gewesen sein. Er, der unter anderem auch den einträglichen Ablaßhandel in Deutschland verwaltete, mußte natürlich mit außerordentlichem Unbehagen die lutheranische Rebellion „gegen den Wucher" verfolgen, sie als eine persönliche Herausforderung betrachten, auf die es scharf zu reagieren galt. Luthers „Großer Sermon gegen den Wucher", Ulrich von Huttens fiebrige, haßerfüllte Angriffe gegen Jakob Fugger verdeutlichten einen Zeitgeist, waren Teil einer antikapitalistischen Propaganda, deren Hauptangriffsziel natürlich Augsburg sein mußte. Karl Marx würde, wäre er ein Zeitgenosse Fuggers und Luthers gewesen, nicht anders gedacht, geschrieben und gehandelt haben als ein Luther, ein Hutten. „Man müßte wirklich Fugger und dergleichen Gesellschaft einen Zaum ins Maul legen", donnerte Luther aus Wittenberg. Die Antwort bestand unter anderem in vermehrtem Geldfluß ins Lager der reformationsfeindlichen Kräfte. Und einer von Fuggers Günstlingen, ein in allen ideologischen Fragen wohlbewanderter Mann namens Dr. Eck, dem Bankhaus durch aktive Mitarbeit seit Jahren verpflichtet, sollte anläßlich einer theologi-

schen Disputation in Leipzig im Jahre 1519 zu Luthers unangenehmsten Gegnern aufsteigen.
Was man in allen diesen Zusammenhängen, die uns die Fugger und mit ihnen die anderen Augsburger Kapitalisten jenes unruhigen, jedoch für die Stadt so ungemein bedeutungsvollen Zeitalters lediglich als ebenso bigotte wie ausbeuterische Pfeffersäcke zeigen, als reaktionäre Charaktere, die sich jedem Fortschritt, jeder Art von sozialer Gerechtigkeit wütend in den Weg stellen, was freilich, wenn überhaupt, stets nur in Detailbereichen zutraf, was man also in allen diesen ebenso verwirrenden wie widerspruchsvollen Zusammenhängen übersieht oder nicht in eine richtige Verbindung zu bringen weiß mit dem Charakter eines Jakob Fugger, ist dessen Stiftung eines Sozialhilfewerks, das für die damalige Zeit beispiellos war und im übrigen heute noch existiert und funktioniert. Denn „spätestens im Frühjahr 1514 gedieh ein für Deutschland bahnbrechender Plan Jakob Fuggers zu fester Gestalt: Gott zum Lobe und zum Dank für den Handelserfolg des Fuggerschen Hauses eine Wohnsiedlung zu stiften, in der arme Bürger und Einwohner von Augsburg, die nicht betteln wollten, würdig und billig Unterkunft finden könnten" (Wolfgang Zorn). – Die Fuggerei nannte und nennt man diese erste Sozialsiedlung der Welt, in der heute noch Bedürftige praktisch umsonst Unterkunft finden, in kleinen, jedoch durchaus behaglichen Zweifamilienhäusern, umschlossen und abgeschirmt von der lärmenden Welt durch eine Mauer, die das Besondere oder sogar Einmalige dieser Stiftung noch betont, und deren Tore bis auf eines pünktlich um zehn Uhr abends geschlossen werden. Und auch heute noch, da die Fuggerei nach wie vor im Privatbesitz der Familie Fugger ist und keinerlei Subventionen aus der öffentlichen Hand empfängt, auch heute noch werden ausschließlich Ehepaare aufgenommen, die aus Augsburg stammen, das fünfundfünfzigste Lebensjahr überschritten haben, katholisch, selbstverständlich bedürftig und ebenso selbstverständlich gut beleumundet sein müssen. Dafür bezahlt man in der Fuggerei so gut wie keine Miete, sondern ist lediglich dazu verpflichtet, alltäglich ein Vaterunser, ein Credo und ein Ave Maria für das Fuggersche

Seelenheil zu beten. Auch Wohltun müsse Zinsen bringen, mag sich der reiche Jakob Fugger gedacht haben, als er ein paar Jahrhunderte vor Karl Marx eine praktikable Antithese zu den Inhalten und Forderungen des Kommunistischen Manifestes schuf, die sich bislang als dauerhafter erwiesen hat und besser funktioniert als die schöne Theorie von der Gleichheit aller Menschen.
Bilder, die man aus Augsburg mitbringt, Erinnerungen, die einem auf sanfte, beharrliche Weise beizubringen versuchen, daß auch in Deutschland die Geschichte manchmal eine Voraussetzung sein kann für das Zustandekommen einer Wirklichkeit, darin das Idyllische, Behagliche, Schöne, Romantische einen brauchbaren Stellenwert hat: Im römischen Museum der Stadt, einer ehemaligen Dominikanerkirche, die intensive Leuchtkraft schwäbischer Barockfresken über archäologischen Funden aus der Römerzeit. Die rostbraune, dicke Schnur der Mauer rings um die Stadt, eingehüllt vom überquellenden Grün sorgsam gepflegter Ziersträucher und Parkanlagen. In der Ulrichskirche, dem Stadtpatron gewidmet, dem man in der Krypta ein bemerkenswertes Denkmal geschaffen hat, an einem Montagvormittag die dichtgedrängte Masse der Gläubigen; zuvor schon das lärmende Spiel der Glokken, deren Klang über die prachtvolle Maximilianstraße hinweg und in einen Himmel wehte, dessen bläulich schimmernde Oberfläche fast opalisierend wirkte und an südlichere, mediterrane Landschaften denken ließ. Und in der Annakirche, die heute evangelisch ist, die imposante Grablege der Fugger, die man bei flüchtiger Betrachtung ohne weiteres mit der Florentiner Medicikapelle vergleichen könnte; für zwei der vier Bogenreliefs der Grabmäler hat Dürer die Entwürfe geschaffen; und eine der pausbäckigen Putten am Gitter, das den katholischen Altar – daran heute noch zweimal jährlich eine Gedenkmesse für die Fugger zelebriert wird – von der evangelischen Kirche trennt, hat eine überraschende Ähnlichkeit mit Martin Luther. Die schlichte Gedenktafel in der Fuggerei, die an den Großvater Mozarts erinnert, der hier als Baumeister tätig und von den Fuggern genauso abhängig gewesen ist wie sein Sohn Leopold, der im sogenannten

Mozarthaus in der Frauentorstraße zur Welt gekommen war; dessen Sohn wiederum, also Wolfgang Amadeus, sollte später einmal in diesem Haus erstmals auf einem Flügel des berühmten Augsburger Klavierbauers Stein spielen. Erinnerungen auch an den ehemaligen Stadtschreiber Augsburgs, den Gelehrten und Humanisten Conrad Peutinger, der im Geistesleben nicht nur seiner Heimatstadt eine bedeutende Rolle spielte; und an Elias Holl, den genialsten und fruchtbarsten Baumeister Augsburgs, der, als er zum lutheranischen Glauben übertrat, über Nacht keine Aufträge mehr erhielt; und an die Augsburger Puppenkiste im ehemaligen Judenviertel; an den wassergefüllten Stadtgraben mit den sachte schaukelnden Kähnen; an Holbeins grimmigen Zorn auf die Bayern, für die Nachwelt verdeutlicht durch die Kostümierung, die er einem der Henkersknechte Christi auf dem berühmtesten Ablaßbild für San Paolo in der Staatlichen Galerie angedeihen ließ. Und dann auch noch Erinnerungen an die legendäre Cotta'sche Allgemeine Zeitung, deren Verlagssitz für mehr als sieben Jahrzehnte in Augsburg war; und an den Religionsfrieden von 1555 oder an den Augsburger Reichstag von 1530, dessen Höhepunkt zweifellos die Verlesung der „Confessio Augustana“, also der Augsburger Konfession, war; aber auch Erinnerungen an Augsburger Barchent, an diese Voraussetzung für manchen Reichtum und manchen Höhenflug ehrbarer schwäbischer Handwerker und Kaufleute; schließlich die Erinnerung an Napoleon III., der hier seine Gymnasialzeit verbrachte, und an einen Mann namens Rudolf Diesel, der im Jahre 1897 in Augsburg der Öffentlichkeit eine Maschine vorstellte, die der Urtyp des heutigen Dieselmotors war.

Bilder, aus denen Geschichten entstehen; und Geschichten, die eine unverwechselbare Biographie ergeben. Und Erinnerungen, die es einem, solange man bloß an der Oberfläche bleibt, verhältnismäßig einfach machen, am überlieferten Porträt von den Deutschen als einem schwerfälligen, zwar charakterstarken, jedoch unaufhörlich zwischen Leier und Schwert, Musenkuß und Wortgewitter schwankenden Volk festzuhalten.

Die Ballade vom Magdeburgisieren

Über Deutschland hinweg tobte der Dreißigjährige Krieg. Im dreizehnten Kriegsjahr und nachdem der junge König von Schweden, Gustav Adolf, mit sechzehn Schwadronen seiner gefürchteten Reiterei, zudem aber auch mit neunzig Kompanien Fußsoldaten und etlichen Dutzend Kanonen bei Usedom in Pommern gelandet und dann sogleich weit nach Süden vorgestoßen war, begann auf der Gegenseite Tilly, des katholischen Kaisers berühmter Feldherr, den man damals ob seiner asketischen Lebensführung einen Mönch in Waffen nannte, mit der Belagerung Magdeburgs, der starken und wichtigen Festung an der Elbe, die längst protestantisch geworden und nun – man schrieb das Jahr 1631 – nahe daran war, ihre Tore den heranrückenden Schweden zu öffnen, was diesen einen außerordentlichen Vorteil gegenüber den Kaiserlichen verschafft hätte.
Es war dies, was natürlich nur ein Ausschnitt sein kann aus dem Riesengemälde, das uns diesen Dreißigjährigen Krieg in seiner ganzen grellen Farbigkeit zeigt, der Beginn eines Unternehmens, wie es nicht unüblich oder gar außergewöhnlich ist in der Biographie der Deutschen, die eine von Pflichterfüllung und ausgeprägter Neigung zum Heldentum durchsetzte Biographie ist, darin auch Opfermut und die Fähigkeit zur Selbstkasteiung vorkommen. Man wird gelegentlich gegen seinen Willen, manchmal sogar erschrocken oder verunsichert an diese Biographie erinnert, und das buchstäblich auf jedem Fußbreit deutscher Erde, am Brandenburger Tor in Berlin zum Beispiel, wenn man, den kaum wahrnehmbaren und leicht süßlichen Duft der Linden im Rükken, von Deutschland hinüberblickt nach Deutschland und sich vorzustellen versucht, wie dieses leere Gelände vor einem knappen Menschenalter ausgesehen haben mag, dicht verbaut wohl und zugleich strotzend vor architektonischem Übermut damals, genußvoll oder auch herausfordernd eine gewalttätige Pracht entfaltend, die Konsequenzen haben sollte, darunter jene, daß hier jetzt die Kaninchen jeden Abend hoppeln, wo einst die Deut-

schen zwischen Hotel Adlon und Reichstag das Gefühl haben durften, am Mittelpunkt Europas oder, wie sie das mitunter auch heute noch zu formulieren versuchen, des christlichen Abendlandes zu stehen. Eine Biographie ist das, in der neben Magdeburg, Augsburg, Trier oder Aachen auch Potsdam eine gewichtige Rolle spielt, und zwar nicht nur das Potsdam von Sanssouci und der unter Friedrich Wilhelm I. und Friedrich II. bei den hilflosen Handwerkern zwangsweise einquartierten Soldaten – als zwischen Jungfernsee und Heiligersee an die hundertvierzig Kasernen nicht ausreichten, Preußens Soldaten aufzunehmen –, sondern auch jenes Potsdam, das im Gegensatz zum Potsdam der Kasernen und Exerzierfelder, der Schlösser und weitläufigen Parkanlagen längst verschwunden ist, das weder das Stadtschloß der Hohenzollern noch die legendäre Garnisonkirche vorzuweisen hat, weil über beide nicht bloß Bombenhagel und Artilleriefeuer, sondern auch die Zeit und mit ihr eine völlig neue Architektur hinweggegangen sind. Und in dieser Biographie muß auch Platz sein für alle zerstörten Altstädte Deutschlands zwischen Hamburg und München, für das rekonstruierte Fachwerk und die kunstvoll restaurierten Fassaden in Aachen, Trier, Augsburg oder Münster, um in diesen schlimmen Zusammenhängen nicht immer nur von Dresden oder Berlin reden zu müssen. Es ist das in jedem Fall eine Biographie, in der also auch die böse Ballade vom Magdeburgisieren eine gewichtige und dabei zeitlose Bedeutung hat.
Damals im April 1631 wäre man übrigens in Magdeburg zur Übergabe von Stadt und Festung an den kaiserlichen Feldherrn durchaus bereit gewesen, das heißt, der Magistrat war es, die Bürger vor allem waren es, die nicht einzusehen vermochten, die in Deutschland nie einzusehen vermögen, weshalb man zugunsten einer tragischen Geschichte, an deren Ausgang letztlich nichts zu ändern ist, kollektiven Selbstmord begehen soll. Aber wie so oft in dieser deutschen Geschichte, die auch eine Geschichte des Hochmutes ist, besiegte ideologischer Fanatismus, besiegte unglaublicher Standesdünkel die ängstliche Vernunft der Bürger. Denn der evangelische Pastor der Ulrichskirche und der Stadt-

kommandant, ein Herr Dietrich von Falkenberg, ein hessischer Adeliger und dem Geist nach einer jener Charaktere, die den nachmaligen Soldatenkönigen bis herauf zu Hitler ebenso gehorsame wie diensteifrige Untertanen waren und ihnen das siegreiche Wüten auf allen Schlachtfeldern erleichterten, diese beiden pflichteifrigen, ihrem unseligen Schicksal blindwütig ergebenen Männer also verhinderten die Übergabe der Stadt an Tilly: der lutheranische Pastor, indem er, was in der Biographie der Deutschen gleichfalls nicht selten vorkommt, von der Schändlichkeit redete, den wahren Geist Gottes zu verraten; und der adelige Stadtkommandant, indem er von Ehre und Pflicht sprach, was später bis Stalingrad und in gewisser Hinsicht sogar bis auf den heutigen Tag die Deutschen als brauchbare und mustergültige Soldaten auszeichnet, die freilich an ihren bürgerlichen Tugenden scheitern. Und wer die Deutschen an diese Dinge, die ein frommer Selbstbetrug sind, zu erinnern versteht, wem es gelingt, an ihre Ehre zu appellieren und ihre durchaus solide Vernunft in dieser gefährlichen Sentimentalität zu ertränken, die aus devoten Charakteren zumindest vorübergehend Helden macht, der hat schon gewonnenes Spiel, auch wenn das, was zu neuen Ufern führen sollte, in Wahrheit bloß zum nächsten Abgrund treibt.

Es siegte also hier in Magdeburg das lutheranische Element über die Neigung der Bürger, sich den Papisten zu ergeben, mit den Katholiken sich auf eine praktikable Weise zu arrangieren. In diesem Zusammenhang – und weil man auf der Suche nach prägnanten Schauplätzen der deutschen Biographie unter anderem auch Münster und die Geschichte der Wiedertäufer wird nennen müssen – sei daran erinnert, daß viele deutsche Professoren, Theologen und Autoren die protestantische Reformation eine große Revolution genannt haben, und zwar vor allem auch eine des Geistes, was sich freilich seltsam anhört bei einem Volk, das sich des Geistes immer wieder zu entledigen versuchte. In Magdeburg jedenfalls, wo sich diese geistige Revolution wie anderswo auch in Deutschland mit der altgewohnten Selbstverständlichkeit zum Gehorsam verbündet hatte, wo man ideologischen und militärischen Starrsinn als Pflicht begriff, in Magdeburg, das sich we-

der der Vernunft noch der militärischen Übermacht ergeben wollte, erstürmten Tillys Soldaten, allen voran der heftige, unberechenbare Graf von Pappenheim, bereits am 19. Mai 1631 die Bastionen, drangen in die Stadt ein, sie brandschatzend und verheerend auf eine Weise, wie sie bis dahin noch nicht erlebt worden war, wobei von den rund dreißigtausend Einwohnern, welche die Stadt damals zählte, nur knapp fünftausend das Massaker überlebten. Magdeburg selbst wurde gänzlich zerstört. Und alles, was dann in späterer Zeit von den Deutschen verursacht wurde oder was ihnen, die ständig über ihre eigene lebensbedrohliche Sentimentalität stolperten, angetan wurde, weil sie es herausgefordert hatten, alles hatte schon seinen Ursprung in diesem Magdeburgisieren, wie man alsbald derlei Geschäft der vollkommenen Vernichtung und Ausrottung zu nennen pflegte. Es war also wieder einmal und wie so oft in der Geschichte dieses Volkes eine große Revolution des Geistes zu einem umfassenden Gemetzel entartet. Und an die Stelle eines neuen und besseren Selbstbewußtseins deutscher Bürger war die Vorstellung einer völlig zerstörten Stadt getreten, darin sich die Leichen jener häuften, die nicht ihren durchschnittlichen Instinkten, sondern den Befehlen der Obrigkeit gehorcht hatten. Und vor dem Weg ins Glück steht den Deutschen, so darf man sich einbilden, allemal eine Obrigkeit, an der sie, seit sie sich in der Geschichte behaupten müssen, mit schrecklicher Regelmäßigkeit zugrunde gehen.
Das Magdeburgisieren hat dann natürlich vielfache Nachahmung gefunden. Und es hatte selbstverständlich Wurzeln, die gewiß auch etwas mit dieser vermeintlichen Revolution des Geistes zu tun haben, nach der die Deutschen süchtig zu sein scheinen, weil sie sich stets von neuem einzureden versuchen, nicht nur die tüchtigsten Soldaten, die fähigsten Handwerker, die gehorsamsten Bürger, sondern auch die gründlichsten Denker zu sein. Sie sind nämlich, so scheint es, immer dann von furchteinflößender Radikalität, wenn es darum geht, das Gewöhnliche, Alltägliche, das ihre vertraute Welt ausmacht, in eine neue Form zu fassen. Und sie, die sich nie wirklich von ihrer totalen Autoritätsgläubigkeit zu befreien vermochten, die, wenn es ihnen bloß befohlen

wird, jede Art der Selbstzerstörung akzeptieren, waren gleichzeitig stets davon durchdrungen, eine allgemeine Änderung der Dinge zu bewirken. Die theoretisch bestvorbereiteten, bestausgerüsteten Revolutionen finden zweifellos in Deutschland statt. Aber ebenso gewiß ist, daß sie hier wie nirgendwo sonst auf die allerkläglichste Weise scheitern. Schauplätze, an denen dieser Widerspruch, der zum Wesen der Deutschen gehört, nachzuprüfen ist, gibt es zur Genüge. Magdeburg wurde schon erwähnt. Und auch das westfälische Münster ist einer davon.

Ich hatte am Stadtrand von Münster Quartier genommen, am sogenannten Aasee, in einem Hotel, das ausgerechnet einem Friedhof genau gegenüber lag. Wenn ich aus dem Fenster meines Zimmers sah, erblickte ich geordnete Grabreihen, viel freundliches Rot dazwischen, Blumen, die den ins Erdreich eingelassenen Steinplatten ein fast angenehmes Aussehen schenkten; auch viel flauschiges, buschiges Grün, durch das der kühle Sommerwind fuhr; und im Hintergrund die Stadt mit dem abgeflachten Turm der Überwasserkirche, den die Wiedertäufer zum Teil abgetragen hatten, um darauf ihre Kanonen zu postieren; daneben das Hellgrün der Domkuppel und der schwarze, bedrohlich anmutende Stummel des Kirchturms von St. Lamberti, wo heute noch in luftiger Höhe die Käfige hängen, in denen man im Jänner des Jahres 1536 die gräßlich entstellten, von den bischöflichen Folterknechten zerrissenen Leiber der drei Anführer der Wiedertäufer ausgestellt hatte, „als Warnung und Mahnung und Abschreckung künftiger Generationen", aufgehängt am Turm der Marktkirche. Ein knappes Jahrhundert vor der Ausrottung Magdeburgs hatte hier also eine andere, freilich nicht minder grausame Form des Magdeburgisierens stattgefunden, die man sich heute kaum vorzustellen vermag, während man durch die adrette, mit der gewohnten deutschen Perfektion wiederaufgebaute und gleichsam so gut wie unbeschadet in ihr historisches Kostüm zurückgeschlüpfte Stadt flaniert, wo am 15. Mai 1648 im Friedenssaal des gotischen Rathauses am Prinzipalmarkt die Gesandten der europäischen Großmächte vor zwei hölzernen Truhen, darin sich

Friedensverträge und Ratifikationsurkunden stapelten, einen Teil jenes Friedens beschworen, der als Westfälischer Friede – ausgehandelt hier und im benachbarten Osnabrück – zwar den Dreißigjährigen Krieg, aber keinesfalls das Magdeburgisieren beendete. Man kann sich, beeindruckt von deutscher Tüchtigkeit und Akkuratheit, ja auch die anderen Katastrophen nicht vorstellen, in die dieses Volk, das so gern an seine Begabung fürs geistige Revoltieren glaubt, immer wieder gestolpert ist; zumindest dort nicht, wo neuer Wohlstand die alten Narben verdeckt. Im übrigen standen von dem feierlichen Augenblick an, da hier in Münster und in Osnabrück der Friede von allen Großmächten akzeptiert wurde, die Mündungen aller großen deutschen Flüsse unter fremder Herrschaft, was aber den Überlebenden des völlig verarmten, geschundenen Landes damals ziemlich gleichgültig gewesen sein mochte.
Aber dieser Abschnitt der deutschen Geschichte hatte nur bedingt mit dem düsteren Kapitel zu tun, das die Wiedertäufer 1534/35 in Münster geschrieben haben. Allerdings kann man, unterwegs zwischen den gotischen Imitationen des Prinzipalmarktes, durchaus Vermutungen darüber anstellen, daß diese Episode, die uns ein ebenso unbarmherziges wie in vielen Details zutreffendes Charakterbild der Deutschen liefert, nicht bloß Materialien zum besseren Verständnis des Dreißigjährigen Krieges, sondern auch darüber, wie es im 20. Jahrhundert noch einmal zu einer – jetzt freilich totalen – Katastrophe kommen konnte. Denn zweimal habe Deutschland in seiner langen Geschichte den Versuch gesehen, schreibt Hermann Rothert in seiner Einleitung zur Geschichte der Wiedertäufer, „das in der Apokalypse prophezeite Tausendjährige Reich Wirklichkeit werden zu lassen". – Und auch Friedrich Reck-Malleczewen sah in seiner Darstellung des Wiedertäufer-Dramas, das man auch als eine Revolution des Geistes bezeichnen muß, die dann wie alle nachfolgenden in einem entsetzlichen Chaos endete, eine Vorwegnahme dessen, was unter Hitler mit den Deutschen passierte; oder was die Deutschen diesem Manne erlaubten, es ihnen anzutun. Immerhin: „Das Tausendjährige Reich der Deutschen, das Adolf Hitler 1933

errichten wollte, bestand nur zwölf Jahre. Das Tausendjährige Reich des Neuen Jerusalem zu Münster 1534/35, die große religiöse Idee, das Reich Gottes auf Erden zu verwirklichen, endete schon in der Vorbereitungszeit nach 16 Monaten in einer Katastrophe.“ (H. Rothert)

Münster: Das ist eine merkwürdig blasse, fast nichtssagende Landschaft, die sich vor den Betonkuben und symmetrisch geordneten Ziegelhäufen der Vorstädte dehnt, während das Zentrum der Stadt selbst, die ihre Existenz der rund dreißigjährigen Auseinandersetzung zwischen Karl dem Großen und den aufsässigen, auf halsstarrige Weise heidnischen Sachsen verdankt, als ein bleiches, leicht verwischtes Spiegelbild des blassen, leicht verwischten Himmels im großen Rund der ehemaligen Festungswälle eingebettet liegt, mit Farben, die das Zufällige, Zerbrechliche, beinah Unnatürliche dieser Stadt noch zu betonen scheinen, was natürlich eine unzumutbare Behauptung ist, die nur einem südländischen Menschen in den Sinn kommen kann, der sich ans Hellgraue, Schmutzigweiße, Elfenbeinfarbene, das gelegentlich von derbem, staubbedecktem Ziegelrot durchbrochen wird, nur schwer gewöhnen kann. Man übersieht, während man aus einer scheinbar leeren Ebene, darüber ein verhängter, grauer und niedriger Himmel sich ausbreitet, in diese flache, von gedämpftem Licht umhüllte Stadt kommt, man übersieht, daß hier an den Ufern der Aa einst eine der wesentlichen Entscheidungen darüber gefallen ist, auf welche Weise das heidnische Sachsen dem christlichen Bereich eingebunden werden sollte; und daß tatsächlich, wie das Josef Bergenthal, ein Chronist Münsters, einmal ausgedrückt hat, immer noch „dunkle Stimmen psalmodierender Mönche“ hier nachhallen, wenngleich es schwerfällt, sich einzubilden, inmitten dieser korrekten Menschen, deren augenscheinlichste Begabung darin besteht, stets in der unauffälligsten Art zu leben und so zurückhaltend und vorsichtig und wortkarg aufzutreten, als ob sie sich hinter ihrer eigenen Beiläufigkeit verbergen wollten, wenngleich es also schwerfällt, sich einzubilden, das kraftvolle Antlitz des friesischen Missionars Liudger zu erblikken, der im Auftrag Karls des Großen von hier aus das westliche Sachsenland dem Christentum gewann. Münster: Das ist ein latenter Widerspruch zwischen dem, was an Geschichtlichem dieser Stadt entwachsen ist seit ihren Anfängen als Zentrum des norddeutschen Christentums, und der Art, wie sich die Stadt heute dem Besucher anbietet; das ist eine Bischofsburg, die dennoch nichts Herausragendes oder Herausforderndes mehr vermittelt; das sind Paukenschläge der Geschichte, ohne daß einem am adretten, besichtigenswerten und dennoch bläßlichen, gleichsam landläufigen Stadtbild oder aus den verschlossenen, vorsichtigen Physiognomien der Menschen und ihrer Art, sich zu geben, zu leben vor dieser eher landläufigen Kulisse, geläufig oder gar einsichtig werden könnte, weshalb diese Paukenschläge ausgerechnet hier passiert sind; das sind dünne, ein wenig trostlose oder doch traurige Pastelltöne, Striche in der Landschaft, große erdfarbene oder blaßgrüne Flächen, durch die schmale Kanäle laufen oder über die windzerzauste Laubbäume einen strähnigen Schatten werfen, der kaum wahrnehmbar ist. Und das ist vor allem anderen die Erinnerung an das Drama der Wiedertäufer, das eine Eruption der widerstreitendsten Leidenschaften, eine dieser „kollektiven Euphorien“ gewesen war, „die weder durch Entbehrungen noch durch Erschütterungen zu dämpfen waren und bis zur gänzlichen Negierung des Selbsterhaltungstriebes reichten“ (Joachim C. Fest). Und man erschrickt ein wenig vor soviel Leidenschaftlichkeit, die man in diesem Menschenschlag und vor solch betulicher Kulisse nicht vermuten würde. Aber, so Joachim C. Fest, „in manipulierten Rauschzuständen vermeinten die Bürger von Münster wunderbare Erscheinungen zu erblicken: feurige Wolken, die die Stadt einhüllten, einen goldglänzenden Christus mit Schwert und Zuchtrute, apokalyptische Reiter, die Faust voll herauströpfelnden Blutes“, so daß die Gesichter der Christen, wie es in einem zeitgenössischen Bericht heißt, selbst angesichts der äußersten Hoffnungslosigkeit „schön von Farbe“ wurden. Und das alles, weil im Gefolge der protestantischen Reformation eine zweite, ungestümere Woge nachkam, weil skrupellose Abenteurer und fromme Fanatiker sich der aufgewühlten

Seelen bemächtigten, weil der alte deutsche Traum von der Abschaffung der Obrigkeit – ohne die man doch nicht zu existieren vermag, und von der grundlegenden Neuverteilung der Güter, die man in diesem Land doch stets als lebensvernichtende Anarchie begreift – für eine kurze Zeitspanne blutvolle Wirklichkeit zu werden versprach.
Man könnte auch sagen: Nichts anderes als eine religiöse Sekte sei es gewesen, die in Münster ein barbarisches Modell dessen schuf, was dann im Dreißigjährigen Krieg und mehr noch, umfassender und unvorstellbar grauenhafter noch unter Hitler den Deutschen zugemutet werden sollte. Man könnte sich auch fragen: Warum war derlei ausgerechnet in Münster möglich, in einer eher durchschnittlichen, der braven Frömmigkeit und dem biederen Erwerbssinn ganz und gar ergebenen Stadt, daß sich Bürger und Handwerker mit zugelaufenen Predigern, mit fragwürdigen Naturen, mit Komödianten und zwielichtigem Volk eingelassen haben und sich von ihnen, die das „Neue Jerusalem" verkündeten, zuerst die Wiedertaufe, dann die Gütergemeinschaft und zuletzt sogar die Vielweiberei gefallen ließen?
Ich fühlte mich durch die Stadt, durch die Menschen darin verwirrt, verunsichert und ratlos gemacht. Hier hatte ein Mann wie Johann von Leiden, der eigentlich Jan Bockelson geheißen hatte, hemmungslos gewütet. Er war der Sohn einer aus dem Münsteranischen nach Holland ausgewanderten Bauernmagd, gelernter Schneider, aber auch als Wirt einer Hafenschenke, als Poet und Komödiant mäßig erfolgreich, ehe er sich den Wiedertäufern anschloß, die allem Gesetz, allem Staatlichen den Rücken kehrten, Kriegsdienst und Steuern verweigerten und die Gesellschaft im Sinne der Bibel, die sie wörtlich, also dem Buchstaben nach, nahmen, einem neuen Jerusalem zuführen wollten, einer neuen Gerechtigkeit, einer neuen Fähigkeit zum Glauben. Er, Jan Bockelson, soll ein hübsches Gesicht gehabt haben, insgesamt von gefälligem Äußeren gewesen sein, auch klug, temperamentvoll und willensstark. Als er nach Münster kam und hier, wo diese neue Revolution des Geistes alle religiösen und gesellschaftlichen Bedenken hinweggeschwemmt hatte, innerhalb weniger Monate

eine Karriere machte, die – reduziert auf den Bereich Münsters – wohl mit jener Hitlers vergleichbar ist, da waren alle wesentlichen Entscheidungen schon getroffen, da hatte schon ein Magdeburgisieren eingesetzt, wie es ähnlich subtil – denn auch das Perverse kann subtil geschehen – und zugleich doch auch grauenhafter, unmenschlicher erst wieder im Dreißigjährigen Krieg und dann vor allem im Tausendjährigen Reich Hitlers möglich sein sollte. Denn die Geschichte des Täuferaufstandes von Münster, schrieb Joachim C. Fest, erscheine bis in manche Einzelheiten wie ein Schema vom Ablauf moderner Machtergreifungsprozesse. „Das beginnt mit der allmählichen, von innen her angesetzten Überwältigung der Stadt durch die aus Holland stammenden Prädikanten, die auf jenen bürgerlichen Modepöbel stoßen, der seine Mitläuferei stets und bis in die Gegenwart als Aufgeschlossenheit gegenüber allem Neuen auszugeben pflegt; der stufenweisen, durch zunächst vereinzelte Gewalteinsätze geschürten Volksstimmung; es setzt sich fort mit der unter dem Druck der Straße manipulierten Wahl; wir begegnen der Mechanik von Gleichschaltung und Selbstgleichschaltung; dem schwindenden Behauptungswillen der etablierten Autoritäten, die sich, zwischen Verständnis und Widerstand schwankend, zu halbherzigen Abwehraktionen entschließen und damit den Machtverfall eher fördern als aufhalten, sowie am Ende schließlich den berechnenden Akten einer konservativen Kollaboration."
Das alles ist unbestreitbar, läßt einen fröstelnd auf die Gegenwart blicken, läßt Vergleiche zu mit dem, was in diesem Jahrhundert in Deutschland geschehen war, ist belegbar durch vielfaches Zeugnis, kann auch durch einen Gruselblick auf den eingeschwärzten Kirchturm von St. Lamberti, wo immer noch die drei Käfige hängen, darin 1536 die zu Tode geschundenen Leiber Jan Bockelsons und seiner beiden wichtigsten Mitstreiter und Paladine zur Schau gestellt wurden, aus der Theorie historischer Nacherzählung in die Wirklichkeit transponiert werden. Aber ich war dennoch verwirrt, verunsichert und ratlos. Da sah ich Männer von zugleich fader und liebenswerter Korrektheit durch die sauberen Straßen gehen oder begegnete ihnen in den Kneipen

des sogenannten Kuhviertels, beim legendären „Pinkus Müller" etwa, wo sie, die solide aussahen und so bürgerlich, so gefestigt in ihrer brauchbaren Moral wirkten, bedächtig am Bier nippten, dabei wortkarg auf eine angemessene Weise, nicht unfreundlich, nicht unhöflich, aber stets auf Distanz bedacht, die sie sich selbst schufen, weil sie zu schwerfällig oder zu erschöpft oder auch bloß zu gleichgültig waren, um aus sich selbst mit dieser Heftigkeit hervorzutreten, wie sie in Süddeutschland, in Österreich oder gar im mediterranen Raum ganz selbstverständlich ist. Und diese korrekten Menschen, so fragte ich mich, sollten fähig sein, Dinge zu tun, wie sie den Wiedertäufern geläufig und den Bürgern des Dritten Reiches zur Pflicht gemacht waren? Sie sollten ehrgeizige Visionen gehabt haben, Denunzianten gewesen sein und aus Gründen, die man sich heute kaum noch vorzustellen vermag, durchaus auch des Totschlages fähig gewesen sein, der Anarchie, des Wütens gegen sich selbst und gegen alles, was ihre Gemeinschaft ausmachte? Und dann die Frauen von Münster: viel schütteres Blond, viel Teigiges in den Gesichtern, aber auch manchmal ein fleckiges Hellrosa auf den gut gepolsterten Wangen, das Gutmütigkeit bezeugte, Toleranz versprach, daneben freilich viel Puritanismus und dieses schwerfällige In-sich-versunken-Sein, das einen schläfrig macht, wenn man bloß lange genug damit zu tun hat ... und diese ordentlichen Mütter, brauchbaren Nachbarinnen, geduldigen Arbeitstiere sollen tatsächlich dazu imstande gewesen sein, Jan Bockelsons kategorischer Aufforderung zur offiziell praktizierten Vielweiberei zu gehorchen, überdies von dieser hysterischen Mordgier besessen, die sie beinahe gefährlicher als die Männer gemacht haben soll? Diese braven, friedlichen, vielleicht ein wenig schläfrigen Menschen sollen tatsächlich gegen alles Menschliche gewütet haben, Psalmen auf den Lippen, die Bibel unterm frommen Blick und das Herz erfüllt von Parolen, die auf Vernichtung abzielten, auch auf Selbstzerstörung, Parolen, die alles radikal in Frage stellten, was eine Gesellschaft moralisch intakt hält?

Widersprüche, mit denen man nicht fertig wird. Gegensätzliches, das irritiert. Es hatten die Anführer der Wiedertäufer prophezeit,

Münster werde die einzige Stadt sein, die den kommenden Weltuntergang unbeschadet überstehen werde. Es hatten die Wiedertäufer dann in den wenigen Monaten, in denen sie zu Münster auf diktatorische Weise regierten, die Stadt alsbald in einen Zustand der vollkommenen Auflösung gebracht. Das Tausendjährige Reich des „Neuen Jerusalem" ging in einer Orgie aus Blut und Tränen unter. Das Magdeburgisieren, in Münster erstmals praktiziert, wurde in Deutschland zur schlimmen Gewohnheit. Und die Verführbarkeit der Deutschen war endgültig offenkundig geworden.

Notwendige Erinnerung an den Westfälischen Frieden

Genrebilder, Momentaufnahmen, Erinnerungen aus Münster: Da ist – man schreibt Juli und ein kalter, böiger Wind fegt über Niedersachsen hinweg – das schwärzlich glänzende Pflaster vor der Marktkirche, deren Turm sich im verdichtenden Nebel verliert. Dann die beeindruckende Dekoration des Prinzipalmarktes, wo einst Jan Bockelson, der sich selbst zum König des Wiedertäuferstaates gekrönt hatte, unter freiem Himmel prunkvoll Hof hielt, umringt von seinen Frauen, sechzehn wohl an der Zahl, von denen er eine, weil sie ihm vorhielt, zu prassen, während sein Volk hungerte, eigenhändig enthauptete; umringt aber auch von den Bürgern und Handwerkern der Stadt, die sich zuerst der neuen Lehre, dann den neuen Gesetzen und schließlich sogar der Vielehe gebeugt hatten und von denen manche nunmehr – indes draußen vor den Toren der Stadt die katholische Gegenoffensive Fortschritte machte und der Ring der Belagerer sich immer dichter schloß – als Herzöge und Statthalter Jan Bockelsons auftreten durften. Die Welt schien aus den Fugen. Und der Hunger wütete in Münster, was diesen sonderbaren König, seine liederlichen Weiber und den zerlumpten Hofstaat nicht davon abhalten konnte, auf dem Domplatz, den man in Berg Sion umgetauft hatte, die neue Ehe zu predigen, Unbotmäßige zu foltern oder gar zu töten und üppige Auftritte zu inszenieren, bei denen Jan Bokkelson und die Favoritin unter seinen Ehefrauen oder Königinnen – wie sie genannt werden mußten, wie sie sich wohl selbst hoffärtig und töricht bezeichneten – Brot und Wein an die hungernden Wiedertäufer verteilten. Wenige Tage später war „das Volk genötigt, sich an Hunden und Katzen, Ratten und Mäusen zu vergreifen, schließlich blieb ihnen nichts zur Nahrung übrig als Kräuter und Gras“ (H. Rothert). Und dazu der schaurige Chor, wenn die Wiedertäufer ihre Hymne sangen, „Allein Gott in der Höh' sei Ehr“; und dazu die Zeichen von Verrat und Unter-

gang und Wahnsinn, denn selbst dem gutgläubigsten oder bedenkenlosesten unter diesen Wiedertäufern mußte einsichtig sein, daß dieses Tausendjährige Reich in einem blutigen Gemetzel würde enden müssen.
Erinnert man sich heute noch in Münster daran, wenn beispielsweise am Sonnabend die Hausfrauen den gut bestückten Bauernmarkt auf dem Domplatz frequentieren? Wenn sie die fetten Kaninchen, Gänse, Hühner kritisch gustieren, das rosafarbene, sorgfältig von den Knochen gelöste, zarte und preiswerte Fleisch mit spitzen Blicken und Fingern prüfen oder die hochaufbeladenen Gemüse- und Obstkarren bedrängen, während ihnen Bratwurstduft und Biergeruch um die Nasen weht? Einige Drehorgelspieler sorgen für die Hintergrundmusik; ein paar Bettler kauern am Rand des weiten Platzes, den sich einst – und das war lange vor Jan Bockelson und seiner wahnsinnigen Schar – die Mönche für ihr erstes Kloster ausgesucht hatten, weil das Gelände hier fünf oder sechs Meter höher als das schmale Rinnsal der Aa lag. Manchmal wischt jetzt etwas sommerlicher Sprühregen über das Schauspiel hinweg. Und die Gruppen der Touristen, vergattert zur obligatorischen Stadtführung, verlieren sich im weitläufigen Dom, wo sie sich, einigermaßen verwirrt das hellfarbene Gemäuer betrachtend, wieder einmal wie so oft in Deutschland erklären lassen müssen, daß die Originalarchitektur faszinierend gewesen sei. Auf Bildtafeln kann man das ganze Ausmaß der kriegsbedingten Verwüstungen erkennen; und es hört sich heute einigermaßen merkwürdig an, wenn man bei Werner Burmeister nachlesen muß, daß „das Bekenntnis einer Stadt und eines Volkes zur Kunst“ aus diesem Bauwerk klinge, das als das künstlerisch wertvollste ganz Westfalens gepriesen wird. „Wenn mir schon in dieser Verfassung der Restauration Münster als einzigartig schön erschien“, schrieb Gerhard Nebel 1965, „wie herrlich muß die Stadt vor den Luftangriffen gewesen sein!“ – Es ist die alte tragikomische Geschichte, mit der man sich in Deutschland zurechtfinden muß: zuerst die Verwüstung, das bis zur schrecklichen Perfektion gesteigerte Magdeburgisieren; und dann die beredten Klagen über die verlorene Schönheit. Von allen Städten

Deutschlands sei Münster die vornehmste, schrieb Ricarda Huch 1927, denn „in ganz Deutschland gibt es keine, die ihr darin gleichkommt". – Und ein knappes Jahrhundert zuvor Levin Schückings verhaltener Jubel, mit dem er seinen Freunden Münster anpreist: „Endlich zeig' ich euch voll vaterländischen Stolzes die ragenden blauen Türme von Münster ..." – Und wieder ein Menschenalter zuvor Goethes Auftritt in Münster, wo er 1792 und geradenwegs von der „Kampagne in Frankreich" kommend „seine Reisekutsche über Münster lenkte, um die damals wohlbekannte Fürstin von Gallitzin aufzusuchen, die hier im Geiste christlicher Lebensgestaltung und christlicher Humanität einen Kreis von gleichgesinnten, schöngeistigen Seelen um sich versammelt hatte", den die Zeitgenossen nicht zufällig „Familia sacra" nannten. Auch Johann Georg Hamann, der Königsberger Packhofverwalter und Philosoph, schon zu Lebzeiten als „nordischer Magus" gefeiert, wurde von diesem Kreis angezogen und übersiedelte, angelockt durch verehrungsvolle Briefe und großzügige Geldspenden, von Ostpreußen nach Münster, wo er sogleich ins Schwärmen geriet: „Die Straßen schienen mir lauter Hallen eines vom Altare erleuchteten großen Tempels zu sein." – Die fromme Fürstin wiederum verehrte den Philosophen, den manche als einen protestantischen Sokrates der Neuzeit feierten, mit großen Worten und mehr noch mit Hilfeleistungen, die ihm die kurze Zeit, die Hamann in Münster verbrachte, mehr als angenehm machten. Und als er 1788 starb, sorgte sie für ein würdevolles Begräbnis, wobei das Grabmal von einem holländischen Philosophen namens Hemsterhuis entworfen wurde.

Das also sind einige Namen und Ereignisse, derer man sich heute noch in Münster mit einer gewissen patriotischen Erleichterung und wohl auch mit Genugtuung entsinnt. Denn mit den Wiedertäufern, deren Schatten nach wie vor schwer auf der Stadt lastet, hat man im Grunde nicht viel im Sinn. Da ist zu oft die peinliche Parallelität zu Hitlers Tausendjährigem Reich erwähnt worden. Das beeinträchtigt, verdüstert das anheimelnde Bild, das man sich einbilden und der Welt gegenüber zeigen kann. Und selbst die Geschichte jenes aufrechten Mannes namens Möllenhecke,

der ein Schmied und zudem ein überzeugter Gegner der wiedertäuferischen Mode der Vielehe gewesen war, die er wie einige andere Münsteraner Bürger und Handwerker gar nicht als gottgewollt oder dem Buchstaben der Bibel entsprechend, sondern schlicht und einfach als unzumutbare, weil gegen alle christliche Moral gerichtete Vielweiberei bezeichnete, selbst diese Geschichte, die den nüchternen Verstand und die moralische Standfestigkeit der Münsteraner doch so überzeugend bestätigt, erfährt man gleichsam wie nebenbei. Die Menschen hier tragen ihr Herz wahrlich nicht auf der Zunge; sie sind fast ängstlich darum bemüht, die wenigen Gefühle, die nicht einmal sie zu unterdrücken vermögen, vor dem Fremden zu verbergen. Und daß dieser Schmied Möllenhecke sich mit Dutzenden von gleichgesinnten Bürgern 1535 im Rathaus verbarrikadierte, das heute, längst wiederhergestellt nach seiner Zerstörung durch amerikanische Bomben im Oktober 1944, wie eine schlanke gotische Fregatte den Prinzipalmarkt beherrscht, und daß Möllenhecke hier also gegen Jan Bockelson und überhaupt gegen die Sache der Wiedertäufer revoltierte, die damals auf dem gegenüberliegenden Michaelisplatz schweres Geschütz in Stellung brachten, um das Rathaus im Sturm zu nehmen: das sind Anekdoten, die man als gar nicht wesentlich erachtet für die Biographie der Stadt. Münsteraner gegen Münsteraner, Elend, Totschlag, Mord, Unzucht und über allem die unheimliche Raserei eines Menschenschlags, dem man das alles gar nicht zutraut, den man eher für schwerfällig und auch schwerblütig hält als begabt für Umsturz und Überschwang ... Es setzt sich Münster in der Tat aus vielen Gegensätzen zusammen, die man wohl nur begreift, wenn man dickes westfälisches Blut in sich spürt und ein Kind dieser langhinrollenden, nebelverhangenen Ebene ist.
Münster: Das ist aber auch die Erinnerung an Annette von Droste-Hülshoff, an „diese wie ganz durchgeistigte, leicht dahinschwebende, bis zur Unkörperlichkeit zarte Gestalt“ (L. Schükking), die heute noch von den Münsteranern als Deutschlands größte Dichterin gefeiert wird; und das ist nach Hermann Löns, der etliche Jahre hier studierte, „die Stadt der reinen Gemütlich-

keit“, denn „nirgendwo lebte man ein gemütlicheres Familienleben“, was Josef Bergenthal, ein liebevoller Biograph der Stadt, noch durch die Feststellung ergänzte, daß die Münsteraner „an dem alten, liebgewordenen Brauch“ hängen, „über einsame und romantische Wanderwege durch Feld und Wiese, Busch und Wald nach den vielen gastlichen Kaffeewirtschaften rund um Münster zu wandern, mit sich und dem Münsterland vollauf zufrieden . . .“ – Und wer auch diese Idylle als Widerspruch empfindet zum Drama der Wiedertäufer und ihrem Tausendjährigen Reich, das, wenn man das Ende der Geschichte vor Augen haben will, in den drei Käfigen am Turm zu St. Lamberti zu existieren aufhörte, der wird sich schwertun nicht bloß mit der Mentalität der Münsteraner, sondern mit jener der Deutschen überhaupt. Ich jedenfalls habe fast nichts verstanden, habe alle diese Widersprüche nicht unter einen Hut gebracht, bin meiner Verwirrung nicht Herr geworden, in diesen schönen, stattlichen, nahezu luxuriös wiederhergestellten Straßen und auf diesen bezaubernd altmodischen Plätzen immerzu an eine blutige Generalprobe für den Untergang Deutschlands denken zu müssen; nicht unterscheiden zu können zwischen der frommen, hochbegabten und ungemein gebildeten Frau von Gallitzin mit ihrer „Familia sacra“ und den kreischenden Weibern Jan Bockelsons, die als Königinnen auftreten durften und doch nichts anderes waren als ebenso primitive wie blutdürstige Megären; und Annäherungen oder gar Übereinstimmungen herstellen zu müssen zwischen der unbeugsamen Furchtlosigkeit eines Kardinal von Galen – dessen Grabmal sich im Dom zu Münster befindet und der sich dem nationalsozialistischen Terror mutig widersetzte und von den Münsteranern dafür fast heiligmäßig verehrt wurde – und der duckmäuserischen Grausamkeit oder dem verbrecherischen Biedersinn jener Münsteraner, welche die Blutherrschaft der Wiedertäufer nicht nur duldeten, sondern sie auch bis zur bitteren Neige unterstützten, willfährige Diener eines Systems, an dem sie letztlich zugrunde gingen. Und das, was mich gleichfalls ein wenig ratlos machte, ist vor allem auch der Ruhm dieser Stadt, den Schauplatz geliefert zu haben für das langjährige Spektakel, das dem Westfä-

lischen Frieden vorangegangen war, nachdem Münster im Jahre 1643 zur sogenannten Friedensstadt erklärt und zum Zentrum gemacht worden war für die Friedensverhandlungen, die dem Wüten des Dreißigjährigen Krieges ein Ende setzen sollten und an denen mehr als hundert Gesandte aus ganz Europa teilnahmen. „Die Hölle muß leer sein, denn die Teufel sind alle in Münster", schrieb damals der Vertreter des Herzogtums Mantua, was vermuten läßt, daß die Beschäftigung mit dem Frieden auch in jener Zeit schon eine überaus diffizile Sache war.
Ein gewisser Stolz liegt in der Art, wie man in Münster einem neugierigen Publikum den Friedenssaal vorführt, der im Rathaus etabliert ist, ein Saal von mittlerer Größe, der von viel altersdunklem Holz umfaßt wird, wie sich das wohl gehört für eine Ratskammer, darin einst Weltgeschichte stattgefunden hat. Denn hier beschworen am 15. Mai 1648 der holländische Gesandte und der Vertreter Spaniens im Beisein der Münsteraner Bürgermeister und Ratsherren sowie unterm beifälligen Gemurmel einiger Dutzend Diplomaten jenen umständlichen Vertrag, der den ausgeplünderten Niederlanden den Frieden bescherte und zugleich der Auftakt war für den allgemeinen Friedensschluß, der im benachbarten Osnabrück ratifiziert wurde. Die Stadt ließ später sogar die Porträts aller Gesandten und ihrer Souveräne malen, um damit diesen Friedenssaal zu schmücken, der freilich dennoch ein wenig bescheiden anmutet und von einer beinah bürgerlichen Behaglichkeit ist, so daß die Verse Levin Schückings, die dieser dem Friedenssaal widmete, nach meinem Dafürhalten nicht ganz der Wirklichkeit entsprechen. Denn Schücking spricht von einem düsteren, feierlichen Ort, „durch den verstorbener Tage Schatten schwanken", und gerade dieser melancholischen oder gar tragischen Meinung mag man sich nur zögernd anschließen, wenn man, den Rücken ans warme Holzgebälk gelehnt, sich die lebhafte Komödie vorzustellen versucht, die in dieser Ratskammer, der ein großer offener Kamin etwas Anheimelndes verleiht, volle fünf Jahre lang immer wieder von neuem gespielt wurde. Es waren in der Hauptsache gesellschaftliche Präliminarien, Fragen des Standesdünkels, der sogenannten Etikette, die es sorgfältig zu be-

rücksichtigen galt, bevor man überhaupt darangehen konnte, sich über den Frieden Gedanken zu machen. Die Rangordnung der einzelnen Gesandten war wichtiger als die rasche Entscheidung darüber, wie das Elend in Europa zu beenden wäre. Neue Streitigkeiten und neue Feindschaften brachen aus und auf in der verhältnismäßigen Enge dieses Raumes, der gar nicht genügend Platz bot, um alle Gesandten gemeinsam aufzunehmen. Ebenso war man in Münster selbst, das damals eine beengte, eher ärmliche, unansehnliche Stadt mit einigen wenigen stattlichen Bürgerhäusern war, nicht im mindesten in der Lage, allen Botschaftern und ihrem Troß ein ansprechendes Quartier zu liefern.

Dennoch: Am 24. Oktober 1648 trat der Friede in Kraft. Zwei formell aufeinander abgestimmte Verträge waren dazu vonnöten, das in Münster und in französischer Sprache abgefaßte Abkommen und dann das Dokument von Osnabrück, bei welchem man sich des Lateinischen bedient hatte. Das Ergebnis dieser Abschlüsse war die vollkommene Zerstückelung Deutschlands in mehr als dreihundert selbständige Staaten, was später einmal Frankreichs großen Kardinal Richelieu zur Feststellung animieren sollte, daß er den Westfälischen Frieden als eines der kostbaren Geschmeide in der französischen Krone betrachten müsse, denn nach Münster war Deutschland weder für die protestantischen Schweden noch für die katholischen Franzosen ein ernstzunehmender Gegner.

Von Brandenburg nach Potsdam

Leopold von Ranke, von dem ein vorwiegend national gesinntes Bürgertum überzeugt ist, daß er Deutschlands bedeutendster Historiker des 19. Jahrhunderts sei, bescheinigte einst den Preußen, Meister des Schlachtfeldes und Repräsentanten einer hochentwickelten militärischen Kultur zu sein. Und immer, wenn ich von Berlin (Ost) nach Potsdam fuhr – zuerst entlang der Spree, die hier den Stadtteil Friedrichshain von West-Berlin trennt, was durch eine hellfarbene Mauer noch betont wird, dann quer durch Treptow und vorbei am Flughafen Schönefeld, um schließlich über Teltow nach Potsdam zu kommen, in dieses Herzstück Preußens, wo den alliierten Bomberpiloten des Zweiten Weltkrieges das Kunststück gelungen war, keine der zahllosen Kasernen zu treffen, obgleich sie in der Nacht vom 14. auf den 15. April 1945 Tausende von Tonnen Sprengstoff über der Stadt abluden, wo damals das Oberkommando der Deutschen Wehrmacht sich niedergelassen hatte, um, wie man es nannte, die Verteidigung Zentraldeutschlands zu organisieren –, und immer, wenn ich also von Berlin (Ost) nach Potsdam fuhr, fiel mir zuerst Rankes hochgemute Feststellung und dann Köpenick ein, das gleich hinter Treptow liegt, fiel mir die zerfallende, trostlose Altstadt von Köpenick ein, der Schutt, der aus den vielen leeren Häusern quillt, aber auch das Gras auf den durchlöcherten Dächern, das dunkle, verstaubte Ziegelrot des Rathauses, das einmal der bedeutsame Schauplatz gewesen war für das, was dann als Köpenickiade zweifelhaften Ruhm gewinnen sollte, fiel mir der schale Geruch nach Moder und Vergeblichkeit und auch nach Eisen ein, den man überall in Berlin (Ost) riechen, schmecken kann und der in Köpenick doch stärker, aufdringlicher ist als in Pankow, Lichtenberg oder Marzahn, von Potsdam ganz zu schweigen, wo es wohl überhaupt vermessen wäre, an Köpenick und an diesen Schuster Voigt zu denken, der die Repräsentanten einer hochentwickelten militärischen Kultur und mit ihnen ein ganzes Zeitalter – das man das wilhelminische genannt hat – aufs unbarmherzigste bloßgestellt und lächerlich gemacht hat. Aber ich dachte, obgleich ich immer wieder von neuem bereit war, mich von Potsdam gebührend beeindrucken zu lassen, doch hartnäckig an den Schuster und entlassenen Strafgefangenen Voigt, der den preußischen Stechschritt und den preußischen Militärjargon so gut nachahmen und sich in einer entliehenen Hauptmannsuniform so gut zurechtfinden konnte, daß er nicht nur die Honoratioren von Köpenick, die Militärs, die strammstehenden Ratsherren mit ihrem den Offizieren nachgeäfften Schnarren und Bellen düpierte, sondern sie auch um die Stadtkasse erleichterte, indem er ein paar Befehle herausschrie und diesen Ton anschlug, dem sich niemand in Preußen, in Deutschland zu widersetzen wagt. Ich dachte an ihn voll brüderlicher Zuneigung, während ich durch ein Preußen fuhr, das wie eine zerschlagene, gedemütigte, hoffnungslos vernachlässigte und beinah schon wieder zu einer neuen Wirklichkeit gekommene Karikatur seiner selbst aussah, ein verwüstetes und geschundenes Land, das krank wirkte, verdorben und auch verkommen; mit Menschen, die geduckt waren und sich wie verängstigte Untertanen aufführten, die durch irgendeine unbegreifliche Laune aus dem wilhelminischen Deutschland oder aus dem sogenannten Tausendjährigen Reich in dieses sozialistische Deutschland geraten waren, wo Rankes selbstbewußter Ausspruch keine Bedeutung mehr haben dürfte, wessen ich mir freilich nicht sicher sein mag, wenn ich an die zahlreichen Kasernen in Potsdam denke, an die martialische Wachablöse Unter den Linden, an die Artilleriestellungen und Panzerkolonnen rund um Oranienburg: Vielleicht hat das alles nichts mehr mit einer hochentwickelten militärischen Kultur zu tun ... Meister des Schlachtfeldes mögen diese merkwürdigen Preußen noch allemal sein! Da ist es dann vielleicht ganz tröstlich, zu wissen, daß sie auch heute noch nicht sicher sein dürfen, vor jeder Art von Köpenickiade gefeit zu sein.

In Potsdam freilich, das seit der Mitte des 18. Jahrhunderts nichts anderes gewesen ist als eine einzige große Kaserne, war der blaue Uniformrock der Preußen, den auch der König trug, das Maß aller Dinge. Schon im Juli 1713 waren auf Geheiß König Friedrich

Wilhelms I. die ersten Grenadiere, die man damals „die rothen" nannte, in die Stadt einmarschiert, die idyllisch und harmlos zwischen den Seen und Sümpfen Brandenburgs lag. Sie waren als wahrlich ungebetene Gäste nach Potsdam gekommen, wo sie, in Bürgerquartieren untergebracht, den Grundstock bildeten für dieses wehrhafte Preußen, das sich allmählich und über viele Etappen zum gefräßigen Ungeheuer entwickeln sollte, dem dann ganz Deutschland leichten Herzens zum Opfer fiel. Vielleicht sollte man in diesem Zusammenhang daran erinnern, daß die erste namentliche Erwähnung eines Potsdamer Bürgers im Jahre 1409 damit zu tun hatte, daß ein aus Potsdam stammender Pferdedieb in Berlin gehängt wurde; und daß später dann die Stadt, deren Name zum Sinnbild wurde für die verhängnisvolle Rolle, die der Militarismus in Deutschland spielen konnte, nichts anderes war als ein unaufhörlich wechselndes Pfand in den Händen der Feudalherren, die sich nicht darum kümmerten, wie es den Tuchmachern, Kürschnern, Schneidern erging, die aus Potsdam vergeblich eine zivile, von der Tüchtigkeit und dem Fleiß seiner Bürger abhängige Stadt zu machen versuchten. Es brachte tatsächlich erst der Militarismus, dem sich die von Süddeutschland nach Preußen abgewanderten Hohenzollern aus Ehrgeiz und wohl auch ein wenig aus Eitelkeit ergaben, so etwas wie einen ökonomischen Aufschwung nach Potsdam, wo im 18. Jahrhundert knapp achttausend Einwohner mit mehr als dreieinhalbtausend Soldaten auskommen und umgehen mußten und wo es zudem eine babylonische Sprachenverwirrung gegeben haben muß, weil viele der Männer, die den blauen Rock Preußens trugen, nur mit List oder auch mit Gewalt von den Werbern der preußischen Könige aus allen Ländern Europas nach Potsdam gebracht worden waren. Im Jahre 1774 zum Beispiel gab es genau 139 Kasernen in der Stadt; und in den Manufakturen und Gewehrfabriken, wo die Ausrüstung der preußischen Armee hergestellt wurde, schufteten fast dreitausend Waisenkinder, Zöglinge des „Großen Militär-Waisenhauses", das wie das Armenhaus als „eine große Wohltat für die Stadt" angesehen wurde, obgleich sie alle – die elternlosen Kinder und die Bedürftigen der Stadt – unbarmherzig

zum kostenlosen Frondienst zugunsten der Armee gepreßt wurden. Um so strahlender und attraktiver mochte da der Garten von Sanssouci, mochten die Schlösser der Hohenzollern wirken, mit deren Bau um die Mitte des 18. Jahrhunderts begonnen wurde und die heute immer dann als schöne und nützliche Alternative genannt werden, wenn beispielsweise vom Soldatenkönig Friedrich die Rede ist, wenn man angewidert sein möchte von diesem fanatischen Umgang mit allem Militärischen, von den nutzlosen Opfern, die es brauchte, um eine preußische Geschichte in Gang zu bringen, frustriert durch Selbstgefälligkeit und Standesdünkel, auch erschüttert von dieser maßlosen Überschätzung des Uniformrockes, daran die Orden klimpern und der Stolz eines ganzen Volkes zu hängen scheint. Mir fällt dazu nur ein, was mir eine alte Dame unterhalb des „Wüsten Berges", der einst Ausgangspunkt war für die Anlage von Sanssouci, leise und beinahe verschämt sagte: daß sie im Grunde nur eines in ihrem Leben bedauere, nämlich nie Venedig oder Florenz gesehen zu haben und zu wissen, es auch niemals zu sehen zu bekommen, weil sie als Bürgerin der DDR doch nicht die Erlaubnis bekäme, nach Italien auszureisen.
In solchen Augenblicken fragt man sich verzweifelt und zornig, ob das denn wirklich der sogenannte Sinn der Geschichte sein dürfe, daß ein paar Militärs und neuerdings eine Handvoll Funktionäre über die Träume und Hoffnungen der Menschen entscheiden können. Und ob es sich denn überhaupt noch lohne, über Sanssouci, über Potsdam ein Wort zu verlieren, wenn man weiß, daß die Menschen völlig schuldlos für die Arroganz und das Unglück Preußens büßen ... um nicht auch noch von den Millionen reden zu müssen, die auf den Schlachtfeldern des Ersten und Zweiten Weltkrieges starben und an die sich, so scheint es, heute in Potsdam niemand mehr erinnern will.
Oder wie soll ich mir das alles erklären: Im Restaurant „Minsk" in der Teltower Vorstadt, am Beginn des Brauhausberges gelegen, im Hintergrund und etwas erhöht das massive Gebäude der ehemaligen Kriegsschule, wo heute die Potsdamer SED residiert, hier also, von wo aus man einen umfassenden Blick hat auf die

Stadt, wie sie sich heute darbietet, auf die Lange Brücke und auf dieses blaßblaue Gerinne, das den Templiner See vom Tiefen See trennt, und der Blick reicht bis hinüber nach Babelsberg, wo auf dem weitläufigen Gelände der einstigen UFA heute wie damals Propagandafilme zugunsten eines neuen Deutschland gedreht werden, was einen nicht vergessen läßt, daß gleich dahinter schon wieder die Grenze ist, diese verrückte Grenze, die Deutschland von Deutschland trennt und mit der ich, sooft und solange ich mich in Potsdam, in Berlin (Ost) oder sonstwo in diesem sonderbaren Land aufhalte, nicht zurechtkomme, an der mein Verstand und mein Gefühl scheitern, weil es dem Anschein nach immer nur irgendeine lächerliche Mauer oder ein schmaler Kanal, eine dünne Reihe verstaubter Büsche, einige Birken oder Pappeln oder einfach eine leere, grauweiß gepuderte, von bösartig aussehenden Buckeln und Wölbungen umzäunte Wiese oder einige schiefe Ackerfurchen sind, die diese Grenze ausmachen, die das trennen, was man doch nur gemeinsam begreifen kann; in diesem Restaurant „Minsk“ also, das ein paar Meter oberhalb Potsdams liegt und diese aufschlußreichen und zugleich ungemein befremdenden Blicke erlaubt, die ein Potsdam wie hinter Glas und dabei aus einer scheinbar harmlosen Perspektive zeigen, die mich allerdings irritiert, weil diese Perspektive nichts erklärt, obgleich sie doch alles enthüllt – im und vom „Minsk“ aus wird mir ein Potsdam vorgeführt, das sich selbst heftig widerspricht. Und ich verstehe alles und begreife nichts. Dort, wo jetzt dieser große, leere Platz hinter der Langen Brücke sich dehnt, stand früher das Hohenzollersche Stadtschloß. Preußens Könige residierten darin, nachdem bereits 1660 der Kurfürst Friedrich Wilhelm Potsdam zu seiner zweiten Residenz gemacht hatte. Napoleon hatte sich hier für einen Tag einquartiert. Hindenburg und Hitler ließen sich hier feiern und beschworen den Geist von Potsdam, der dann mitschuldig sein sollte für das Chaos, an dem Europa fast zugrunde ging. Links davon, und mein Blick muß sich am dicken und häßlichen Turm des Interhotels orientieren, die legendäre Garnisonkirche. Aber auch sie existiert nicht mehr. Der Tag von Potsdam, der Händedruck zwischen Hindenburg und Hitler, der

Anfang des letzten Aktes, in welchem Preußen noch einmal seine ebenso pompöse wie diabolische Rolle spielen durfte, aber auch die feierliche Beisetzung Friedrichs des Großen: das alles hat hier stattgefunden. Heute freilich wirkt das, als hätte es immer schon eine gänzlich andere Bedeutung gehabt, was vielleicht doch damit zusammenhängt, daß die Originalkulissen verschwunden sind. Heute erhebt sich dort, worauf einst, wenn man dem nationalen Jargon der Deutschen folgen will, die Blicke der Deutschen gerichtet waren, ein städtisches Rechenzentrum. Gegenüber die ehemalige Gewehrfabrik. Aber die gekrümmten Rücken der Waisenkinder kann man sich nur noch undeutlich vorstellen, denn auch die Gewehrfabrik ist längst verschwunden. Dann das „Brandenburger Tor", vom „Minsk" aus schon nicht mehr zu sehen, aber unschwer zu erahnen, älter als das berühmtere Brandenburger Tor zu Berlin und Ausgangspunkt für einen raschen Spaziergang zur Heiligengeistkirche, die, etwas älter als die Garnisonkirche, heute eine Ruine ist, vor der man sich daran erinnern mag, daß hier einst Johann Sebastian Bach „vor einer begeisterten Zuhörerschaft" ein Orgelkonzert gab. Immer schon sei den Preußen, so heißt es, die Kunst einen Applaus wert gewesen, wenn sie bloß zuvor ihre militärischen Angelegenheiten in Ordnung gebracht hatten.

Und während ich Potsdam überblickte und nach Anhaltspunkten suchte, um mir das historische Stadtbild vorzustellen und damit jenes Zeitalter, als das Holländische Viertel und das Russische Viertel noch eine reelle Bedeutung besaßen für die Entwicklung der Stadt, weil Preußens Könige ja nicht nur Grenadiere und die „reitende Artillerie" brauchten, von der die preußische Geschichtsschreibung behauptet, daß sie in Potsdam ihre eigentliche Heimat gefunden hätte, sondern weil diese Könige auch tüchtige Handwerker aus den Niederlanden und brave, allerdings heimwehkranke Chorsänger aus Rußland nach Potsdam geholt hatten, wo dann den Holländern und den Russen jeweils ein eigenes Quartier zugewiesen wurde, und während ich mich also zurechtzufinden versuchte in dieser Stadt, die mir mit jedem Tag, den ich länger in ihr verbrachte, unheimlicher und gleichzeitig fremdartiger wurde, erfuhr ich, daß Adolf Hitler, den man in Potsdam angeblich auch vor 1945 schon verachtet habe, nie in Sanssouci gewesen sei; und daß er von den Hohenzollern ohne die Unterstützung Görings niemals eingeladen worden wäre, weil der gesellschaftliche Umgang mit diesem Mann nicht opportun gewesen sei; und daß, hätte er es bloß gewagt, etwa zwischen Weinberg, Neptungrotte und Obeliskportal im Park von Sanssouci sich auf diese peinliche Art in Szene zu setzen, der man in dieser Stadt dem Hörensagen nach nie etwas abzugewinnen vermochte, kein einziger alteingesessener Potsdamer Bürger in der unvermeidlichen Jubelmenge gestanden und den Jubel vermehrt hätte. Denn in Potsdam sei man zwar stets national, jedoch niemals nationalsozialistisch gesinnt gewesen. In Potsdam habe man immer Respekt und Zuneigung empfunden für einen Mann wie Friedrich den Großen, aber doch nie für einen Parvenü wie diesen Herrn Hitler. Und während man mir diese Dinge erzählte, verlor ich allmählich meine Scham darüber, daß ich so voreingenommen und ungerecht war gegenüber dieser Stadt, die heute schon wieder eine Idylle vortäuscht und mithilft, die Geschichte der Deutschen zu verharmlosen.

Und im Park von Sanssouci, „einst entstanden zu Nutz und Frommen der Preußenkönige und des stockkonservativen Militaristenklüngels, Preußens Gloria und des imperialistischen Deutschland Herrlichkeit verkündend", wie das Brunhilde Hanke – einst kommunistische Oberbürgermeisterin von Potsdam – formulierte, und im Park von Sanssouci dann das friedliche Grün der Gartenanlagen, während der Himmel, der plötzlich südländisch wirkt und auch etwas Farbe annimmt, einen hübschen Kontrast liefert zu den gewichtigen Blutbuchen, den buschigen Linden und Lärchen, den schlanken Pappeln und überhaupt zur adretten Geometrie dieser Gärten, in denen unregelmäßig verstreut die Schlösser der Hohenzollern liegen, das legendäre Schloß Sanssouci, das furchteinflößende Neue Palais und das gemütliche, fast bürgerlich anmutende Charlottenhofer Schloß: An ihnen ist jeweils unschwer abzulesen, welchen Neigungen diese Könige und Kronprinzen sich hingaben und wel-

chen Geschmack sie hatten, sie, die zuerst den Preußen und dann ganz Deutschland ein gefährliches Selbstbewußtsein ermöglichten, indem sie mit dem Militarismus auch den Nationalismus erfanden.
Schloß Sanssouci – nach Skizzen Friedrichs II. und Entwürfen des wahrscheinlich hervorragendsten aller preußischen Baumeister, nämlich Georg Wenzeslaus von Knobelsdorff, innerhalb weniger Jahre errichtet, von 1745 bis 1747, als der große König längst in die Fußstapfen seines tyrannischen Vaters getreten war und schon Schlesien erobert, seine ersten literarischen Arbeiten abgeschlossen hatte, in Ostfriesland einmarschiert war und überdies alle Voraussetzungen geschaffen waren für die zukünftigen Feldzüge und Schlachten, die in einem so rätselhaften Gegensatz stehen zu diesem Schloß, das anmutig, dekorativ, ein wenig verspielt oder eigentlich kapriziös und dennoch eher bescheiden als luxuriös, eher sparsam als prunkvoll wirkt und dazu beiträgt, daß man zögernd Thomas Mann beipflichtet, wenn er vom Grotesken, Donquichottehaften Friedrichs spricht und dem noch hinzufügt, daß es „wirklich in höchstem Grade schauerlich" sei, „wenn der Dämon populär wird und einen gemütlichen Namen erhält" –, Schloß Sanssouci ist jedenfalls der sichtbar gewordene Widerspruch, der im Preußentum, im Deutschtum überhaupt steckt. Übrigens sollte man in diesem Zusammenhang auch an den italienischen Dichter Vittorio Alfieri denken, der, nachdem er Preußen gründlich kennengelernt hatte, sagte, daß ihm dieses Land wie eine einzige große Wachstube erschienen sei und daß er, Preußen erforschend, deutlich begriffen hätte, „wie sich in mir der Abscheu vor dem ruchlosen Soldatenhandwerk verdoppelte und verdreifachte". – Und Reinhold Koser schrieb in seiner „Geschichte Friedrichs des Großen" im Jahre 1922: „Hat Friedrich, wenn er sich einen tragischen Charakter nannte, auch das Moment der eigenen Verschuldung damit anerkennen wollen?"
Aber das alles wird verhältnismäßig belanglos oder verliert doch an Schärfe, wenn man erst einmal das Schloß selbst gleichsam in sich aufgenommen hat. Und wenn man es vergleicht mit dem sogenannten Neuen Palais, das ein wahrlich einschüchterndes,

furchteinflößendes, beinahe monströses Bauwerk ist, rund zwanzig Jahre nach dem Schloß Sanssouci entstanden und, so meine ich, Friedrichs andere, maßlose, dämonische Seite, also das Doppelbödige seines Charakters darstellend. In Sanssouci regiert, wenn man so will, das Licht, der Geist, triumphiert die intellektuelle Idee über den Schnarrton preußischer Kommandos, setzt sich dünnes, melodiöses Flötenspiel gebieterisch durch gegen den infernalischen Lärm einer Militärmusikkapelle. Gerhard Ritter hat das vielleicht am treffendsten dargestellt, als er einmal daran erinnerte, daß Friedrich „nicht bloß Feldherr, sondern zugleich humanitärer Philosoph von Sanssouci sein wollte, nicht bloß Cäsar, sondern auch Marc Aurel" nachstrebend; und daß die Schwierigkeit, das eine mit dem anderen zu vereinigen, „gewiß die Problematik und das innerste Geheimnis seines Lebens" ausgemacht habe. Aber was es auch gewesen sein mag: Man empfindet Betroffenheit angesichts des Lehnstuhls, darin der König am 17. August 1786 gestorben ist, „das aufs Kinn herabgesunkene Gesicht dem kalten Kamin zuwendend". Und ich fühlte mich durchaus heimisch in den Zimmern dieses Schlosses, in denen einst mit Vorliebe französisch gesprochen worden war, wo ein Voltaire den Ton angegeben hatte und die insgesamt von den spartanischen oder doch sparsamen oder zumindest vernünftigen Neigungen Friedrichs zeugen, während ich im pompösen Grotten- oder Muschelsaal des Neuen Palais – der von Carl von Gontard entworfen worden war, einem 1764 aus Bayreuth nach Potsdam gekommenen Baumeister, der auch die bauliche Fertigstellung dieses gewaltigen Schlosses leitete – Alpträume zu empfinden vermeinte. Denn dieser Saal, ursprünglich als Speisesaal gedacht, ist mit zahllosen Glasschlacken, Muscheln, Mineralien, Korallen, wertvollen Steinen und Fossilien geschmückt, was ihn gewiß ungemein wertvoll macht, aber nichts an seiner abstoßenden und zugleich irritierenden Häßlichkeit ändert. Caruso habe hier vor den Hohenzollern gesungen, teilte man mir mit; und sogar die Spitze des Kilimandscharo, mitgebracht von den Mitgliedern einer deutschen Expedition, vermehre die stattliche Sammlung der Raritäten, von denen viele freilich bloß banal und ge-

schmacklos wirken; und alle bedeutsamen Hochzeitsfeierlichkeiten der Hohenzollern seien selbstverständlich in diesem riesigen, monströsen Saal zelebriert worden. Und was an Repräsentativem habe stattfinden müssen, sei gleichfalls hier inszeniert worden. Es gehört nicht viel Phantasie dazu, um sich vorzustellen, wie das sogenannte glanzvolle, respektgebietende, nationalbewußte wilhelminische Deutschland sich dieser Monstrosität perfekt anzupassen wußte und dabei überzeugt war, die Geschichte gebührend zu beeinflussen: draußen auf den zahlreichen Exerzierfeldern Potsdams der knirschende Kies unter den Stiefeln der Soldaten; und hier im Muschelsaal der Auftritt einer Gesellschaft, die so sehr von sich selbst überzeugt war, daß sie das Groteske und zugleich Bedrohliche ihrer Selbstdarstellung nicht im mindesten begriff.
Und was ist davon geblieben? Und was ist die Lehre, die man daraus ziehen mag? Im Schloß Cecilienhof – hübsch gelegen zwischen Jungfernsee und Heiligersee, flankiert auch von der Nauener Vorstadt und der Berliner Vorstadt, aber gut abgeschirmt gegen den profanen Lärm der Stadt, einst errichtet im Stil eines englischen Landhauses, Mitgift der mecklenburgischen Ehefrau des Kronprinzen Wilhelm –, im Schloß Cecilienhof also steht noch der große runde Tisch, an dem zwischen dem 17. Juli und dem 2. August 1945 während der sogenannten Potsdamer Konferenz das Schicksal Deutschlands auf drastische Weise entschieden wurde. Truman, Attlee und Stalin formulierten hier das Ende einer Tragödie, die rund zwei Jahrhunderte zuvor und nur ein paar Steinwürfe entfernt im Park von Sanssouci begonnen hatte. Und nichts beschreibt deutlicher den Niedergang Preußens und Deutschlands als die heftige Diskussion darüber, ob es denn überhaupt zumutbar sei, ins Programm des Abschlußkonzertes dieser Potsdamer Konferenz die Musik eines deutschen Komponisten namens Beethoven aufzunehmen. Und drüben in Babelsberg, direkt am westseitigen Ufer des Griebnitzsees und damit schon wieder unmittelbar an dieser merkwürdigen Grenze gelegen, die hier überall Deutschland von Deutschland trennt, zeigte man mir eine recht ordentliche Villa mit großem Garten und einem schönen Blick auf die schimmernde Fläche des Sees und

das gegenüberliegende Deutschland; und hier, so erzählte man mir, wo einst Hermann Göring standesgemäße Unterkunft gefunden hatte, wäre in den Sommertagen 1945 die letzte Entscheidung darüber gefallen, die Atombombe auf Hiroshima abzuwerfen. Man erzählte es mir als historische Anekdote, die den Vorzug habe, wahr zu sein. Aber da fuhr ich schon über die Karl-Marx-Straße und suchte nach der Ausfahrt in Richtung Oranienburg und Sachsenhausen; und einige bedrückende Viertelstunden lang würde ich dann, am Horizont die verwischten weißen Kuben und gespenstisch aufragenden Türme West-Berlins erkennend, zwischen russischen Panzerkolonnen, Artilleriestellungen und Raketensilos über das Erbe von Potsdam nachdenken können, bevor ich später unter einem aufziehenden Gewitter, das schwer und unheilverkündend den Himmel verdunkelte, das ehemalige Konzentrationslager Sachsenhausen betrat.

Das doppelte Weimar

Man denkt an den Geheimrat Goethe, an zivilisatorische und kulturelle Errungenschaften, auf die später einmal eine ganze Nation stolz sein würde und die man in Deutschland auch heute noch oder heutzutage schon wieder gern als Alternative zitiert zu diesem „provozierenden Gebilde namens Preußen" (J. C. Fest), das von manchen Deutschen nicht ohne selbstgefälligen Stolz als der große Sündenbock des Jahrhunderts bezeichnet wird. Man denkt aber auch an Lucas Cranach, der in Weimar seine letzte Ruhestätte gefunden hat, in dieser alten Ackerbürgerstadt, wie sie im offiziellen DDR-Jargon genannt wird, weil die Einwohner ursprünglich Bauern und kleine Handwerker gewesen sind, bevor die Stadt zur bevorzugten Residenz des Herzogtums Sachsen-Weimar wurde; und auch Johann Sebastian Bachs sollte man sich entsinnen, der in dieser Stadt neun Jahre lang als Hoforganist tätig sein durfte, Mitglied der Hofkapelle war und hier seine später berühmt gewordenen Söhne Wilhelm Friedemann und Carl Philipp Emanuel zeugte und zur Welt kommen sah, bevor er unter wenig schmeichelhaften Begleitumständen 1717 grollend die Stadt verließ, nachdem er zuletzt sogar unter Hausarrest gestanden hatte, weil ihn, der bei der Besetzung des begehrten Kapellmeisterpostens übergangen worden war, der regierende Herzog dennoch nicht fortziehen lassen wollte. Und dann denkt man natürlich und vor allem auch an die sogenannte klassische Periode Weimars, die wohl mit dem Regierungsantritt der Herzogin Anna Amalia begonnen haben mochte, als sie 1772 Martin Wieland, der im benachbarten Erfurt als Professor für Philosophie an der altehrwürdigen Universität lehrte, als Erzieher des Erbprinzen an den Hof holte, wo man damals, wie ein Graf Stolberg erstaunt feststellte, mit bürgerlichen Figuren umging „ganz als wären's Menschen wie unsereiner".

Drei Jahre nach Wieland kam dann Johann Wolfgang Goethe als Gast des jungen Erbprinzen Carl August nach Weimar; und Goethe sorgte 1776 auch dafür, daß der „Schrittmacher der deutschen

Aufklärung", nämlich Johann Gottfried Herder, in die Stadt kam, wo er als ranghöchster Geistlicher des Landes für eine grundlegende Reorganisation des Schulwesens sorgte. Und damit man ermessen kann, was das alles tatsächlich bedeutete, muß man sich eine Zeittafel Preußens in Erinnerung rufen: 1772 schlug Friedrich der Große einen Teil Polens Preußen zu; und neun Jahre zuvor war gerade erst der Siebenjährige Krieg beendet worden. Und ein Jahr, nachdem Friedrich Schiller erstmals in Weimar eintreffen sollte, würde der sogenannte Bayerische Erbfolgekrieg ausbrechen, würden preußische und sächsische Soldaten in Böhmen einmarschieren und ein völlig ergebnisloser, allerdings verlustreicher Feldzug stattfinden, den man später einmal den „Kartoffelkrieg" nennen sollte.
Schiller also langte zuletzt in Weimar an; das war 1787; und zu Beginn war er gewiß fasziniert von der geistigen Ausstrahlung der Stadt, dann freilich bald enttäuscht, weil ihn Goethe nicht oder zu wenig beachtete, was ihn, Schiller, vorübergehend nach Jena ausweichen ließ, von wo er aber, inzwischen doch noch mit Goethe befreundet, 1799 endgültig nach Weimar heimkehrte. Freilich sollte man in diesem Zusammenhang seinen Ausspruch, den er beim ersten Besuch Weimars getan hat, genauso im Kopf haben wie das Urteil Herders: Es sei nicht viel mehr als ein in die Länge gezogenes Dorf, meinte Schiller; und Herder sprach lakonisch vom „wüsten Weimar, diesem Mittelding zwischen Hofstadt und Dorf". Dazu paßt wohl auch, was ein Zeitgenosse Goethes und Schillers ausdrückte, daß hier nämlich „alles vom Luxus eines eingeschränkten Hofes leben müsse, denn Weimar besitzt weder Fabriken noch Handel noch Passage", wobei sich der letzte Ausdruck auf den fehlenden Überlandverkehr bezieht, der mit Weimar nichts zu tun hatte; und da mag man sich schon vorstellen, daß alles Geistige und Literarische zwar prachtvoll gedieh in den Studierstuben und Salons in dieser langgestreckten Ackerfurche im Tal der Ilm, wo die Stadt sich seit der Mitte des 13. Jahrhunderts nur mäßig zu entwickeln vermochte, daß aber die tatsächlichen Lebensverhältnisse eher dürftig waren. An die sechstausend Einwohner zählte man in Weimar im Jahre 1779 –

als drüben in Frankreich diese Revolution tobte, die man im Thüringischen nicht wahrnehmen durfte – und davon waren mehr als die Hälfte vom Hofe abhängig.
Aber an derlei Geschichten denkt ohnedies niemand, wenn vom klassischen Weimar die Rede ist oder von jenen schönen und interessanten Augenblicken, als hier Franz Liszt zum Hofkapellmeister „in außerordentlichen Diensten“ ernannt wurde; das war am 2. November 1842 und hatte nützliche Folgen für die Entwicklung des musikalischen Lebens in der Stadt: Als Richard Wagner 1849 wegen seiner Teilnahme an den Unruhen in Dresden Hals über Kopf flüchten mußte, verbarg ihn Liszt in der Umgebung Weimars und verhalf ihm mit einem falschen Paß zur Flucht in die Schweiz. Später würden Hans von Bülow, Peter Cornelius, Hector Berlioz und Anton Rubinstein hier für die vielgeschmähte deutsche Musik der Zukunft kämpfen. Und im Jahre 1872 wurde die erste Orchesterschule Deutschlands, die sogenannte Weimarer Musikschule, gegründet. Am Pult der Weimarer Staatskapelle stand fünf Jahre lang der junge Richard Strauss. Aber auch die jungen Vertreter der Bildenden Künste richteten sich in Weimar ein; es wurde eine Kunstschule etabliert, an der Maler wie Lenbach und Böcklin tätig waren. Das literarische Weimar des 19. Jahrhunderts wiederum sorgte für die Gründung der „Deutschen Schillerstiftung“, auf die 1864 die „Deutsche Shakespeare-Gesellschaft“ und 1885 die „Goethe-Gesellschaft“ folgten. Der Ruhm der Stadt, das heimliche Zentrum des geistigen und kulturellen Deutschland zu sein, schien unantastbar. Buchenwald, das ein paar Meilen nördlich an den Abhängen des Großen Ettersbergs liegt, der mit seinen 478 Metern freilich keine besondere Attraktion darstellt, Buchenwald also war ein Name, der den Menschen nichts sagte. Damals nicht; und auch im 20. Jahrhundert nicht; zumindest bis zu jenem Augenblick nicht, als die ersten Bilder von der Blutstraße, dem riesigen Appellplatz und dem Krematorium das friedfertige oder auch bloß von den Anstrengungen des Zweiten Weltkrieges erschöpfte Gemüt der Deutschen vorübergehend beunruhigten.
Weimar aber, so kann man das in jedem Reiseführer nachlesen,

bedeutet die Anhebung des geistigen Niveaus, war die Antwort des anderen, besseren Deutschland auf den preußischen Militarismus, das war, wie es der DDR-Politiker Otto Grotewohl 1949 etwas emphatisch ausdrückte, „die Geburtsstätte der moralischen Existenz unserer Nation". Und man sollte sich auch dessen entsinnen, was Grotewohl dann noch sagte, daß nämlich dieses Weimar den Völkern ein Symbol sei für ein edleres und humaneres Deutschland. Nur daß den Deutschen anscheinend immer das Mißgeschick passiert, „Jedem das Seine" anzutun, wie die Devise lautete, die zwischen 1937 und 1945 das Eingangstor zu Buchenwald schmückte, sagte Grotewohl nicht. Aber das mag nichts weiter als ein Zufall gewesen sein.
Übrigens denkt man, wenn man nach Weimar kommt, auch noch an die Republik, die von dieser Stadt den Namen entlehnt hat, nur weil hier eher zufällig im schrecklichen ersten Nachkriegsjahr 1919 die deutsche Nationalversammlung zusammengetreten war, um dem nachwilhelminischen Deutschland eine neue Verfassung zu geben. Das hatte am 6. Februar begonnen; und der Sozialdemokrat Friedrich Ebert war zum Reichspräsidenten gewählt worden. Die neue Verfassung wurde freilich erst nach monatelangen Debatten am 11. August 1919 verabschiedet und dadurch, wie man das heute in den offiziellen Erläuterungen der DDR nachlesen kann, „eine Scheindemokratie in Szene gesetzt, die zwar eine Reihe demokratischer Reformen einführte, aber die Macht des Finanzkapitals, des Großgrundbesitzes und des reaktionären Beamtenapparates aufrechterhielt und zu einer gefährlichen Entwicklung führte; an ihrem Ende stand die Vernichtung aller Kultur und Humanität durch den Faschismus." – Es haben die Deutschen tatsächlich stets Schwierigkeiten gehabt, mit ihrer eigenen Geschichte zurechtzukommen oder sich in dem, was sie anzettelten, dann auch zurechtzufinden. Und daran hat sich bis auf den heutigen Tag im Grunde gar nichts geändert.
Ich freilich hatte, als ich zuletzt Weimar wieder einmal aufsuchte, in Erfurt Quartier genommen; oder sagen wir, es war mir in Erfurt Quartier zugewiesen worden. Und ich war dann täglich die wenigen Kilometer hinübergefahren nach Weimar, vorbei an

einem russischen Hubschrauberstützpunkt, über dem, sofern es der Nebel zuließ, stets einige dieser grüngemusterten, überraschend großen Kampfmaschinen kreisten, die wie riesige Hornissen aussehen; ich war langsam durch diese hügelige Landschaft gefahren, in der plump aussehende Traktoren und Kolonnen von qualmenden Lastkraftwagen scheinbar planlos hin und her fuhren; und ich war eingetaucht in einen zähflüssigen, weißgrauen, weißbraunen oder eigentlich schon gelblich eingefärbten Nebel, der den thüringischen Sommer in einen düsteren Spätherbst verwandelte, der unaufhörlich nach Chemikalien schmeckte, nach billigem Hausbrand roch und sich wie eine feuchte, kalte Hand anfühlte, die mich unerbittlich hineintrieb nach Weimar und zwischen diese zerbröckelnden, zerbröselnden Häuser mit ihren grauen und schwärzlichen Fassaden zwang, an denen der Nebel, der hier wie aus einer Sprühdose quoll, schmierig und verwischt hing, während oben in Buchenwald die Sonne schien und den absterbenden Wald und ein gigantisches Mahnmal vortrefflich ausleuchtete.
Und immer war da dieser süßliche, ekelerregende Geruch nach Benzin oder Diesel, nach Ruß und Chemikalien, der in Weimar den Goetheplatz erfüllte und die Schillerstraße einhüllte oder über den Frauenplan kroch und den Graben zudeckte, bis man, gierig nach Atem ringend, in ein Kaffeerestaurant flüchtete und dort, einen Mocca double oder eine Portion Tee bestellend, hinausblickte in eine trübselige, bizarr verzerrte und grotesk dekorierte Kunstlandschaft, darin angeblich das edlere und humanere Deutschland zu entdecken war. Und manchmal begegnete man einer Gruppe Vietnamesen, Mongolen oder Kirgisen, die zwischen Jakobskirche und Lutherhof, zwischen Goethehaus und Staatsarchiv, zwischen Puschkin-Denkmal und Nationaltheater unterwegs war, wohl auf der Suche nach den Ursprüngen dieses geistigen Deutschland, das sie wahrscheinlich so wenig begriffen wie ich, dem die erbarmungswürdige Trostlosigkeit dieser Stadt, die buchstäblich in die feuchtschwarze thüringische Erde zurückzusinken schien, ans Herz griff.
Manchmal blieb ich in Erfurt, verzichtete leichten Herzens auf

die ärmlichen Kulissen Weimars, ersparte mir die Museen und Archive und Denkmäler, die mir, weil ich Buchenwald nie aus dem Sinn bekam, wie eine höhnische Antwort auf die Frage zu sein schienen, was denn diese Deutschen nun tatsächlich seien, ein barbarisches Volk oder ein geistig und moralisch hochstehendes Volk, gemütvolle oder hartherzige Menschen oder einfach eine amorphe Masse, die man nach Belieben disziplinieren und manipulieren kann. Schillers Wohnung in der Frauentorstraße und Schillers Haus in der Schillerstraße, wo der Dichter am 29. April 1802 eingezogen war, damals noch am Stadtrand gelegen und von gepflegten Parkanlagen und Blumengärten umgeben, ließen mich merkwürdig kalt, weil sie, wie ich meine, nicht Teil dieser Wirklichkeit waren, mit der ich immer dann zu tun hatte, wenn ich die gut eingerichteten und sorgfältig restaurierten Gedenkstätten verließ. Und auch die anderen Angebote an den sogenannten internationalen Tourismus, mit dem man in der DDR halbherzig kokettiert, auch diese Museen und Sehenswürdigkeiten, die mit Wieland, Herder und Goethe, mit Eckermann, Vulpius oder Franz Liszt zu tun haben, beeindruckten mich auf eine eher niederschmetternde oder beunruhigende Weise, weil ich die Kluft nicht verstehen konnte, die zwischen diesem hochgemuten Anspruch auf Geist und Moral und Humanismus und der ernüchternden Realität herrscht. Rußfahnen über der Stadt, die, obgleich manches renoviert wurde, nachhaltig heimgesucht wirkt: heimgesucht von einer Not, die man nicht begreift, weil es nicht bloß materielle Not ist, die hier spürbar wird; heimgesucht aber auch von einer Gleichgültigkeit, die sich gegen den Anspruch Weimars wendet, das geistige Zentrum der deutschen Nation gewesen zu sein; und heimgesucht schließlich von einer Verfremdung, die alle schönen Phrasen von der Tüchtigkeit der Deutschen, von ihrem Ordnungssinn und ihrem zähen Fleiß Lügen straft. Das ist, wenn man von ein paar dekorativen Kulissen rings um Schillerstraße und Goetheplatz absieht, eine hinfällige, herabgewohnte, lieblos behandelte und Lieblosigkeit ausdrükkende Stadt, wie man sie freilich in der DDR überall antrifft.
Auch das berühmte und altehrwürdige Erfurt unterscheidet sich

in fast gar nichts von diesem gleichermaßen banalen und niederschmetternden Eindruck, den DDR-Städte heute vermitteln. Ich habe eine Erinnerung an melancholische Herbst- und Winterabende im Interhotel Kosmos am Juri-Gagarin-Ring, wo ich vom Kaffeerestaurant aus, das im letzten Stockwerk des Hotels untergebracht ist, auf ein Porträt dieser Stadt blicken konnte, das wie mit düsteren und zugleich unnachsichtigen und bösen Pinselstrichen gemalt schien. Schwere dunkle Rauchfahnen wölkten über die schmutzigroten, bräunlich verfärbten und hoffnungslos verstaubten Ziegeldächer; dazwischen ein dickes und bedrohliches Gelb aus aufragenden Kaminen; und manchmal auch ein violetter Farbton, der dem dichten Rauchvorhang, der über der Stadt lagerte, ein beinahe obszönes Aussehen verlieh. Daraus hervorbrechend die Kirchtürme, Dom und Severikirche vor allem; und dann die Peterskirche, die Lorenz- und Ursulinenkirche und wie sie alle heißen mögen, von denen einige zu den ältesten und berühmtesten Kirchen auf deutschem Boden zählen, was einem in Erinnerung bringt, daß Erfurt einst von Bonifatius als Bistum gegründet worden und dann als Grenzhandelsplatz des Frankenreiches schon im 9. Jahrhundert zur wichtigsten Grenzstadt gegen die Slawen geworden ist. Aber das alles, was man genießerisch oder auch ehrfurchtsvoll als romanische und frühgotische Kunstbeispiele zitieren sollte, was einen faszinierenden Blick erlaubt auf eine in manchen Abschnitten mittelalterlich anmutende oder die Vorstellung von diesem Mittelalter nachzeichnende Stadt, in der es einmal rund achtzig Kirchen und abgezählte sechsunddreißig Klöster gegeben hat und wo ein Martin Luther während seiner Studienzeit an der Universität entscheidende Erfahrungen im Umgang mit dem Leben gemacht und sich gegen den Willen seines strengen Vaters für ein mönchisches Dasein entschieden hat, das alles, was zwischen der Barfüßerkirche und dem Dom und dem Rathaus und rings um die berühmte Krämerbrücke mit ihren traditionsreichen Bürgerhäusern und im Schatten des weltbekannten Augustinerklosters ein realistisches und zugleich überzeugendes Abbild deutscher Vergangenheit und deutscher Wirklichkeit sein sollte, versinkt in einem Meer aus Rauch und

Qualm, zerbricht am grauen thüringischen Himmel, der nicht mehr fähig scheint, die Industrieabgase aufzunehmen, erstickt an der gleichen lieblosen Gleichgültigkeit, an der auch Weimar krankt ... Erfurt, Weimar, Jena, Leipzig, Eisenach, Halle, Magdeburg oder Potsdam: Das sind Städte, die aussehen, als seien sie unwiderruflich aus des Menschen pfleglicher Hand gefallen; oder als sei der letzte Krieg, den die ehrgeizigen Deutschen verursacht haben, erst kürzlich beendet worden; oder als kauerten die Menschen in diesen Städten auf ihren Koffern, abreisefertig und längst gleichgültig geworden gegenüber dem Schicksal ihrer Städte.

Spaziergänge, die man als Tourist unternimmt, der mühsam jeden Vergleich mit der Realität im anderen Deutschland unterdrückt, haben jenseits der Elbe gelegentlich etwas von einer Expedition ins Unbekannte und zugleich Unbegreifliche an sich; als ob man unversehens in ein anderes Zeitalter geraten wäre. Am Anger in Erfurt zum Beispiel der Blick auf hübsche Fassaden; im Hintergrund die langgestreckte Architektur der Barfüßerkirche mit ihren sehenswerten Glasfenstern und einigen bemerkenswerten Grabplastiken. Aber dann, nur ein paar Schritte hinter diesen Dekorationsstücken, die Wirklichkeit grauer, trostloser Fassaden, Häuserzeilen, Stadtviertel, die wirken, als hätten sich die Menschen daraus zurückgezogen, Verfall und Niedergang auf eine Weise, die in einem bestürzenden Widerspruch steht zu den optimistischen Politparolen, die überall angebracht sind und aussehen wie vergilbte Notverbände auf schwärenden Wunden. Und in Weimar der menschenleere Frauenplan um acht Uhr morgens; das Goethehaus als verwischte Schraffur im Nebel; Wielandplatz und Puschkinstraße leergefegt; von der Ilm, die sich am Schloß, an der Zentralbibliothek für deutsche Klassik und dem Staatsarchiv in anmutigen Windungen vorbeidreht, kriecht weißer Nebel ins Grün der Gärten, vermischt sich mit dem graugelben Qualm, der langsam und schwerfällig vom Himmel, den man nicht sieht, herabfällt. Goethe- und Schillergruft am Alten Friedhof, der etwas plump geratene Turm des Schlosses, Goethes Gartenhaus am gegenüberliegenden Ufer der Ilm, der sogenannte Wittumspalast mit dem Wielandmuseum, wo einst die Herzogin Anna Amalia, nachdem sie zur Witwe geworden war, das gesellschaftliche und literarische Leben Weimars mitbegründen half: Das alles, was den legendären Ruhm dieser Stadt ausmacht und von dem man sich zögernd, verunsichert vorstellt, wie es aussehen könnte, wenn es in einer Stadt des anderen Deutschland liegen würde, wirkt auf eine gleichgültige Art vernachlässigt, dem Zugriff der Menschen entzogen, wie entrückt dieser DDR-Wirklichkeit, mit der man nicht zurechtkommt. Man schreibt August, aber es ist wie beginnender Winter.

Gegen neun Uhr morgens dann, wenn die volkseigenen Betriebe öffnen, die ersten dünnen Schlangen vor den Kaufhäusern. In Erfurt, erinnere ich mich, belagerte eine solche Menschenschlange immer bis gegen Mittag einen Fleischerladen in der Bahnhofstraße – das fiel mir jedesmal von neuem auf, wenn ich vom Erfurter Hof, wo ich wohnte, durch die Bahnhofstraße über den Anger zum Domplatz spazierte; und am Nachmittag, wenn ich zurückkehrte, stand die Schlange immer noch vor dem Laden, hatte sich nichts verändert; in der unordentlich aussehenden Auslage des Ladens lagen die Wurstkränze neben den Konserven mit den ausgebleichten Banderolen, und wenn ich jetzt nähertrat, konnte ich sehen, daß die Wurstkränze Attrappen waren.

Aber irgendwann gewöhnt man sich auch daran; oder man bildet sich zumindest ein, daß man sich vorübergehend an solche Situationen gewöhnen kann: an den streng riechenden Nebel; an die dünnen Menschenschlangen vor den Kaufhäusern, die sich ruckweise bewegen und nie abreißen, weil immer neuer Zustrom kommt; an die menschenleeren Straßen und Plätze außerhalb der Einkaufs- und Arbeitszeiten. Man gewöhnt sich an die abbröckelnden Fassaden, ans Grau- und Schieferfarbene, ans verschmutzte, verstaubte Ziegelrot, an die unvermeidlichen Transparente mit den unvermeidlichen Parolen, an kirgisische, vietnamesische Gesichter und an russische Hubschrauber, die wie Hornissen aussehen, an das Warten vor halbleeren Restaurants, bis ein mürrischer Geschäftsführer Nachsicht übt und den Platz anweist, an dem man dann ein lauwarmes Essen hinabwürgen darf. Man gewöhnt sich an die Widersprüche wie an das eigenartige Zeremoniell dieser Art von Leben, das einem wie selbstverständlich beibringt, jede Individualität zu unterdrücken. Man übt sozusagen ständig Selbstkontrolle. Und man gewöhnt sich sogar an die ängstliche Umsicht oder Vorsicht, mit der man seine Worte wählt und seine Blicke unter Kontrolle hat. Und irgendwann, könnte ich mir vorstellen, gewöhnt man sich auch daran, seine Gedanken unter Kontrolle zu haben.

Nur daran, daß diese Schauplätze Erfurt, Eisenach oder Weimar, Dresden oder Jena, Gotha oder Mühlhausen heißen, gewöhnt man sich nicht; und auch nicht daran, daß auf diesen Schauplätzen eine Geschichte stattgefunden hat und Personen agierten und Ideen sich entwickelten und Veränderungen möglich waren und dieses Deutschland, von dem man nicht weiß, ob man es bewundern oder fürchten soll, sich heranbilden durfte, nur daran gewöhnt man sich nicht.

Die bewältigte Vergangenheit

Vielleicht ist es deshalb so schwierig, in diesem einen wie dem anderen Deutschland uneingeschränkte Bewunderung für ein Volk zu empfinden, weil man diesem geteilten, getrennten, in verschiedenen Kategorien existierenden Volk ein unbeeinflußbares Selbstvertrauen durchaus, ein unbeeinflußbares Gefühl für Geschichte aber nicht mehr zutrauen mag, einem von seinen Herrschern zu oft betrogenen und gedemütigten und diese Betrügereien und Demütigungen als Pflichterfüllung auffassenden Volk, dessen wahrscheinlich bedeutendster König, nämlich Friedrich der Große, „dem Lande überhaupt erst eine Erinnerung an sich selber und damit eine Geschichte gegeben hat" (J. C. Fest), indem er spektakuläre Schlachten schlug und Feldzüge unternahm, die, wie Deutschlands Intellektuelle auch heute noch eigensinnig meinen, niemals nur Eroberungsfeldzüge, sondern immer auch zugleich Akte innerer Herrschaftssicherung gewesen seien. Und vielleicht ist es wirklich diese „grelle Mischung aus Barbarei und Humanität", wie das einst der britische Gesandte am Hofe Friedrichs des Großen ausdrückte, die mich beispielsweise in Weimar nahezu empfindungslos, in Erfurt skeptisch, in Leipzig nur noch melancholisch, in Berlin (Ost) völlig ratlos und nirgends in diesem Land jenseits der Elbe wirklich heimisch sein ließ? Und die mich doch auch in der Menschenschlange mitstehen ließ oben auf dem Kehlstein im schönen Berchtesgadener Land, wo ein bayerischer Herrgott noch allgegenwärtig zu sein scheint in den Devotionalien und Bildstöcken wie dieser Adolf Hitler, dessen ehemaliger Adlerhorst auf dem überlaufenen Kehlstein gerührten Vätern Gelegenheit gibt, den aufmerksam lauschenden Söhnen Geschichten zu erzählen, die von einer Geschichte handeln, in der Buchenwald und Sachsenhausen nicht vorkommen; und auch nicht die Rede ist von den Leichenhaufen zwischen Stalingrad und Atlantik oder zwischen Nordkap und Sahara; und die zerbombten Städte in Deutschland nicht erwähnt werden; und auch nicht die Elendskolonnen der Flüchtlinge aus Ostpreußen und Siebenbürgen, dem Banat und Oberschlesien; und wo man, während man sich anstellt in der langen Reihe der Wartenden, um zuerst mit einem bergaufwärts kriechenden Autobus und dann mit einem messingverkleideten Lift zu diesem sogenannten Adlerhorst zu kommen, der in Wahrheit nichts anderes ist als eine etwas besser ausgestattete Schutzhütte, ein marmorbestückter Alpengasthof voll Bratengeruch, Stimmengewirr, verschüttetem Bier und erfüllt von verklärten Erinnerungen, wo man also – nur um eine Spur dieses Adolf Hitler zu erhaschen, der plötzlich gar nicht mehr als Unhold, als Dämon, als Verführer wirkt, der die Menschen so sehr verachtete, daß er sie ins Unheil zwang, wie einst die Initiatoren der Wiedertäufer ganz Münster ins Unheil gezwungen haben –, wo man nicht mehr unterscheiden kann zwischen atemloser Furcht und verrückter Bewunderung angesichts eines Volkes, das sich an Weimar erinnern darf, Schlange steht zwischen Obersalzberg und Kehlstein, die Überreste von Buchenwald feierlich dekoriert und am Brandenburger Tor zu Berlin einander aus gebührender Entfernung aufmerksam, erstaunt und wohl auch etwas irritiert betrachtet.

Denn auch dies gehört zu den Erinnerungen, die ich habe, wenn ich an Deutschland denke und dabei nicht mehr zu unterscheiden vermag, ob ich mich wie ein Tourist aufführen soll, der in Potsdam die kulturelle Hinterlassenschaft der Hohenzollern bewundert und nicht nachforscht, wo einst die Garnisonkirche stand und der vielsagende, im Grunde alles entscheidende Händedruck zwischen Hindenburg und Hitler stattfand, oder ob ich mich doch wie jemand verhalten soll, der Unbehagen empfindet vor dieser „grellen Mischung aus Barbarei und Humanität“: die rätselhafte Karriere eines Adolf Hitler in einem Land, dessen bürgerliche Instinkte und Tugenden, wenn man sie mit einem sozusagen touristischen, oberflächlichen Blick betrachtet, völlig in Ordnung zu sein scheinen; die populäre Wachablöse „Unter den Linden“, wo man, den Blick abwechselnd auf deutsche Gegenwart und deutsche Vergangenheit gerichtet, den Staatspalast der DDR und das Brandenburger Tor, die Humboldt-Universität und ein legendäres Theatergebäude miteinander in eine Verbindung bringen kann und wo es Zustände gibt, die so widerspruchsvoll sind wie die Situation am Brandenburger Tor, eine Situation, mit der ich nicht zurechtkomme, weil ich an diesem berühmten oder vielleicht mehr noch berüchtigten Schauplatz ein Hüben und ein Drüben sehe und weil ich hüben wie drüben Deutsche sehe, die fassungslos über den Zustand sind, in den sie sich selbst hineinmanövriert haben oder in den sie hineinmanövriert wurden, weil ihre humanistischen Neigungen und Tugenden von ihrer Neigung zur Disziplin und ihrer eigenartigen Untertanentugend völlig verschüttet wurden. Kann man überhaupt, frage ich mich immer wieder in solchen absurden Augenblicken, über Deutschland urteilen, wie man über Italien, Griechenland, Spanien oder Österreich urteilt, Baudenkmäler und Landschaften bewundernd und mit Anekdoten beschäftigt, die eine Geschichte verdeutlichen, darin man sich ohne besondere Schwierigkeiten auskennt, darin Abscheu und Bewunderung vorkommen, auch Respekt und Skepsis und immer die Möglichkeit einer Alternative, eines Aufbruchs zu neuen Ufern, eines Ausweges, einer lebensrettenden Rebellion des Aus-sich-Hervortretens? In Deutschland, wo es ein Tausendjähriges Reich, eine wilhelminische Ära, ein friederizianisches Zeitalter lang keine Alternativen gab, sondern immer nur Anekdoten, sind sogar die Empfindungen reglementiert. Und was nützen Anekdoten, wenn die Schauplätze radikal verändert oder überhaupt verschwunden sind, an denen diese Anekdoten einst spielten? Und was soll man mit Empfindungen, wenn die Anlässe dazu nur aus Widersprüchen bestehen? Der Gendarmenmarkt zu Berlin (Ost) galt einst als einer der schönsten, städtebaulich vollkommensten Plätze Europas. Besetzt vom Französischen und dem Deutschen Dom, dazwischen das Schauspielhaus, nach dem Krieg nur noch riesige Brandruinen, trägt dieser Platz, der einmal Dreh- und Angelpunkt des intellektuellen Berlin gewesen war, heute einen anderen Namen; und hat sich auch sonst, so versicherten mir alteingesessene Berliner, vollkommen verkleidet. Und erlaubt keine Erinnerung mehr an einen E. T. A. Hoffmann, der hier, auftretend als mehr oder minder wohlbestallter Jurist, seinen ausgeprägten alkoholischen Neigungen nachging, erlaubt auch kein Nachdenken mehr über das ehemals bedeutende „Junge Deutschland", über diese jungen, optimistischen und mit Maßen rebellischen Intellektuellen, die sich in den Kneipen und Etablissements rund um diesen Platz die Köpfe heiß redeten über die politische und kulturelle Situation in Preußen und in Deutschland. Heute ist der Gendarmenmarkt längst schon kein öffentliches Forum mehr. Heute wird er unter seinem neuen Namen „Platz der Akademie" eingerichtet als Besichtigungsort für den internationalen Tourismus, wobei niemand von den Touristen die Anekdoten mehr verstehen wird, die man ihnen hier erzählt. Und auch der Aufbruch des vierten Standes ist heute längst nicht mehr nachvollziehbar, der 1847 auf diesem Gendarmenmarkt stattfand, dieses für die gehorsamen Deutschen ganz ungewöhnliche Aufbegehren, diese plötzlich ausbrechende Furchtlosigkeit vor der Obrigkeit, als die hungernden Berliner Arbeiter gegen die sprunghafte Verteuerung der Lebensmittel protestierten und ins Handgemenge gerieten mit der Stadtwache, mit dem rasch herbeigeführten Militär. Denn spätestens in den Bombennächten des Zweiten Weltkrieges sanken mit den alten, traditionsreichen Kulissen dieses Platzes auch die Erinnerungen in Schutt und Asche hin, verlor der Gendarmenmarkt seine ursprüngliche historische Bedeutung für die Biographie Berlins. Und was ein heute vergessener Lokalporträtist namens Adolf Glaßmann um die Mitte des vorigen Jahrhunderts über Berlin schrieb, trifft heute – zumindest in Ost-Berlin – keinesfalls mehr zu: „Hier ist Berlin Paris, dort London, hier Krähwinkel, dort Kaserne, hier eine Demokratie, dort ein Büro, hier ein Bethaus, dort ein lustiger Markt, und nur, wenn man aus allen diesen miteinander streitenden Eigenschaften durch seine Familienkreise gegangen ist, kommt man erst in das eigentliche Berlin zurück."

Verwischt ist auch jede Erinnerung an einen anderen Aufstand, der mehr als hundert Jahre nach der Hunger-Rebellion vom Gendarmenmarkt zuerst Berlin (Ost) und dann ganz Deutschland bewegte, beunruhigte, als 1953 unzufriedene, wütende Bauarbeiter über die Karl-Marx-Allee marschierten, vorbei an Häusern, deren Architektur alles Menschliche erdrückt, obgleich es eine lächerliche Architektur ist, für die man das böse Wort vom sozialistischen Zuckerbäckerstil völlig zu Recht erfunden hat. Aber das alles besagt heute nichts mehr. Das alles ist heute nur noch eine Anekdote, deren Pointe möglicherweise darin besteht, daß man von den Berlinern selbst zu hören bekommt, wie vortrefflich es sich in dieser Architektur wohnen, leben ließe, wie geräumig und solide diese Wohnungen seien, unter deren Fenstern die Berliner Bauarbeiter eine Rebellion versuchten, über die heute niemand mehr spricht, deren Bedeutung niemand mehr kennt oder kennen will; und die im übrigen so vergeblich war wie jede andere Rebellion in Deutschland. Und auch jenes Haus in der Oranienburger Straße, das einst von Alexander von Humboldt bewohnt wurde und darin heute ein Verlag sein Domizil hat, verrät nichts mehr von den stürmischen Ereignissen, die einst Deutschlands und Preußens scheinbar vorherbestimmte Geschichte nicht zu verändern vermochten: Es waren im März 1848 die Arbeiter einer nahegelegenen Eisengießerei, die sich aufgemacht hatten, um gegen die unwürdigen Lebensbedingungen zu protestieren und mehr Freiheit zu fordern, zuerst einmal vor dieses Haus gezogen, um dem damals rund achtzigjährigen, jedoch ungemein populären Humboldt zuzujubeln. Dann, nach dem fröhlichen Zuruf an Humboldt, der mit jenem König befreundet war, der auf die Berliner Arbeiter schießen ließ, wenn sie ihr vermeintliches Recht forderten, zogen sie gegen die aufmarschierenden Soldaten, zogen sie in ein Gemetzel, das damit endete, daß an die hundertfünfzig Arbeiter, Handwerker und Studenten in ebensovielen Särgen auf den Stufen zum Deutschen Dom am Gendarmenmarkt aufgebahrt wurden.

Das Wort von der bewältigten Vergangenheit hat in Berlin (Ost), in der DDR und eigentlich überall in Deutschland einen doppelbödigen, bösen oder doch unheimlichen Klang. Joachim C. Fest spricht beispielsweise von der einzigartigen Ballung bedeutender Namen in Preußen; und er unterdrückt nicht die Versuchung, von der Artikulation des Weltgeistes zu sprechen, und das ausgerechnet in Verbindung mit Preußen. Er nennt Namen: Kant, Hamann, Herder; dann Schinkel und Schadow; Clausewitz, Kleist, Arnim, Brentano; und natürlich E. T. A. Hoffmann; und Hegel, Fichte, Schelling; und selbstverständlich die Gebrüder Humboldt; und zuletzt erinnert er auch an die Salons der Rahel Varnhagen und Henriette Hertz, wo „jene deutsch-jüdische Symbiose erste Umrisse angenommen" habe, „die zu den großen europäischen Kulturereignissen zu rechnen" sei, ehe Hitler dem ein Ende machte. Und ein DDR-Autor namens Horst von Tümpling schreibt noch 1983 davon, daß die Bürger der DDR gerade in der Karl-Marx-Allee, die früher einmal Stalinallee hieß, nicht bloß „den naiven und romantischen Aspekt unserer Revolution" erkennen dürfen, sondern hier auch zu lernen haben, „in kultivierten Gaststätten zu Hause zu sein, in Weinrestaurants und Nachtbars". – Und was zwischen diesen beiden Polen liegt, zwischen der Welthaltigkeit und dem kultivierten Lebensstil, was dazwischen an Unheil und Trauer, an enttäuschter Hoffnung und verratenen Idealen sich angesiedelt hat, was sich hinter den großen Worten verbirgt, mit denen Geschichte immer und zumal in Deutschland dargestellt wird, ist im heutigen Berlin (Ost) nicht mehr zu fassen; aber auch nicht in Weimar oder Leipzig; und erst recht nicht auf dem Kehlstein im schönen Berchtesgadener Land oder auf dem ehemaligen Parteitagsgelände zu Nürnberg oder in den blühenden Gärten und grüngemusterten Parkanlagen von Sanssouci. Die Geschichte der Preußen findet wie die Geschichte Deutschlands stets nur in den Köpfen statt. Es ist eine aus Theorie und Hochmut geformte Geschichte. Und die Schauplätze der Niederlagen und des Wütens gegen die Menschlichkeit sind entweder nicht erreichbar, weil sie (vor allem für die Bürger der DDR) hinter zu vielen gutbewachten Grenzen liegen oder schon wieder verändert und verharmlost wurden. Selbst Buchenwald und Sachsenhausen wirken heute beinahe wie Idyllen.

Und auch nirgends ein Wort davon, eine Erinnerung daran, daß man einen Menschen nicht nur mit einer Wohnung erschlagen könne wie mit einer Axt, sondern daß ihn auch Verhältnisse umbringen, die gegen seine Natur gerichtet sind; und daß er an einer Ideologie zugrunde gehen muß, die sich der kulturell eingefärbten Anekdote wie eines Schutzmantels bedienen muß, um ihre ebenso selbstsüchtige wie unmenschliche Kompromißlosigkeit zu tarnen; und daß eine Vergangenheit wie jene, die Preußen und dann Deutschland sich selbst und der Welt aufgebürdet haben, nicht einfach dadurch aus der Welt geschafft oder bewältigt wird, daß man das Land teilt und die Menschen voneinander trennt, sie absondert nicht nur voneinander, sondern auch von ihrer gemeinsamen Geschichte. Gendarmenmarkt, Karl-Marx-Allee, Humboldthaus, die einzigartige Ballung bedeutender Namen in Preußen und die Legende von den kultivierten Gaststätten: Das ist eine Anthologie der Halbwahrheiten und sanften, jedoch letztlich unnachsichtigen Lügen. Das ist eine Art von Selbsttäuschung, der man in Preußen, in der DDR und, wenn auch unter anderen Vorzeichen, im anderen und sozusagen ökonomisch bessergestellten Deutschland so gern erliegt. Das sind aber auch die scheinbar harmlosen Anlässe zu neuem Unglück und zu einer besonderen Art von Zukunft, die man wie immer in diesem sonderbaren Land dann als Vergangenheit wird bewältigen müssen.

Ein Tourist, unterwegs auf der Suche nach einem besseren Verständnis Deutschlands und der Deutschen, hat es ungemein schwer in diesem Land; hüben wie drüben. Man stolpert unaufhörlich über Widersprüche; und man versteht nicht, daß die Deutschen selbst mit diesen Widersprüchen so vortrefflich fertig werden. Auch hier fällt mir eine Bemerkung von J. C. Fest ein, die er im Zusammenhang mit dem Interesse machte, das Preußen heute wieder in den Deutschen diesseits und jenseits der Elbe erweckt hat. Fest sagte nämlich: „Stärker indessen hat die Wiederentdeckung Preußens gewiß mit der Sympathie zu tun, die allem rasch und scheinbar vorzeitig Zugrundegegangenem gehört. Das berührt um so eigentümlicher, als Preußen sicherlich doch seine Zeit gehabt hat und zuletzt sehr verausgabt und überlebt wirkte. Wer sich erinnert, wie beispielsweise Hindenburg, Blomberg, Fritsch oder Keitel die Konfrontation mit Hitler bestanden, wird, ungeachtet aller Ausnahmen, einräumen müssen, daß dem versprengten Preußen sogar gewährt wurde, was Karl Marx im Anschluß an Hegel allen bedeutenden historischen Ereignissen zugestand: die Farce, die auf die Tragödie folgt." – So einfach scheint das also zu sein, wenn man die Schatten der Vergangenheit beschwören oder gar vertreiben will. Oder auch: So einfach, so lokker vermag man in diesem Land mit der Geschichte umzugehen, die man sich selbst und den anderen angetan hat.

Eines Tages lernte ich in Berlin (Ost) ein Ehepaar aus der Gegend von Cottbus kennen, das irgendwelcher Geschäfte wegen in die Hauptstadt der DDR gekommen und nun, nach getaner Arbeit, bereit war, sich zu amüsieren. Ich hatte gerade in der Grillstube des Hotels „Metropol" zu Abend gegessen, als sich die Familie – der Mann um die fünfzig, klein und drahtig, die Frau erheblich jünger und ziemlich korpulent, aber mit einem hübschen Gesicht, und in beider Begleitung ein eher unscheinbarer Backfisch – an meinen Tisch setzte und sogleich mit bewundernden Ausrufen die Speisekarte zu studieren begann, die mir allerdings nicht übertrieben umfangreich oder gar großartig vorgekommen war. Und als dann der Mann entdeckte, daß er sogar tschechisches Bier bestellen konnte, kannte seine Bewunderung für die Qualität dieses Lokals keine Grenzen mehr. Er redete mich an, wir kamen rasch ins Gespräch, er stellte sich mir als „Projektleiter im Gaststättengewerbe mit beachtlichem Umsatz" vor, was ich nach einigem Zögern als eine Art Geschäftsführer in einem volkseigenen Gaststättenbetrieb begriff. Ich schien dem Mann, der ungemein lebhaft, fast ein wenig hektisch oder nervös wirkte und von einem merkwürdigen Mitteilungsbedürfnis beherrscht wurde, hinlänglich sympathisch zu sein, daß er mir eine Einladung für einen, wie er es nannte, gemütlichen Umtrunk offerierte, die ich höflich und neugierig erwiderte, so daß wir schließlich im sogenannten „Club" des Hotels landeten, einer geräumigen, aber nicht sonderlich gemütlichen Bar. Zuvor mußte noch der Backfisch untergebracht werden, und da das „Metropol" zu jenen Hotels in der DDR gehört, in denen man nur mit Devisen bezahlen kann, wechselte ich dem Mann – nennen wir ihn B. – noch die notwendige Summe in D-Mark ein. B., der, wie er zu wiederholten Malen behauptete, ein „alter Hase in dieser

Branche" war und „als Projektleiter von Hotels an der Ostsee und in Berlin genügend Erfahrungen gesammelt" hatte, um „nicht hinters Licht geführt zu werden", B. war ungemein beeindruckt von der Klasse dieses Hotels – die nichts anderes war als der übliche internationale Standard, allerdings mit Mängeln, die jeden westeuropäischen Hotelmanager zur Verzweiflung gebracht haben würden –, und er, B., lobte das, was er sah, nachdrücklich und wortreich, unterstützt durch seine Frau, die anfangs ein wenig eingeschüchtert wirkte, obgleich sie, wie sie erzählte, doch wohl abgebrüht wäre, auch erfahren in solchen Dingen und in solcher Umgebung, weil sie selber als Barfrau im Betrieb ihres Mannes tätig wäre; und beide erzählten in einem Tonfall komischer Verzweiflung von den Schwierigkeiten, die man als Projektleiter und Barfrau im Umgang mit der Bürokratie der DDR hätte, Schwierigkeiten, die so banal und auch so unglaublich waren, daß sie sich anhörten wie Anekdoten, über die man sich vor Lachen ausschütten möchte, gerade weil man weiß, daß es nur guterfundene Anekdoten sind. Aber diese Anekdoten waren nicht erfunden. Und dieser Tonfall der komischen Verzweiflung, den das Ehepaar immer eindringlicher und auch immer schriller mir gegenüber anschlug, während es über die Wirklichkeit in der DDR die merkwürdigsten, widersprüchlichsten und niederschmetterndsten Aussagen machte, über eine Wirklichkeit, die plötzlich vollkommen irreal, nahezu kafkaesk anmutete, dieser Tonfall verwandelte sich mit fortschreitender Dauer in einen wütenden, fast maßlosen Prozeß, den der Projektleiter und die Barfrau ihrer eigenen Heimat oder dem Regime oder ganz einfach den kafkaesken Verhältnissen machten. Franz Josef Strauß, sagte der Mann plötzlich, Franz Josef Strauß sei der Mann, den man hier brauche, dessen Politik glaubwürdig sei, in dessen Politik man Vertrauen setzen könne. Und er lobte den bayerischen Politiker mit einer so leidenschaftlichen, rückhaltlosen Zuneigung, daß man hätte meinen können, dieses Gespräch finde in einem niederbayerischen Dorfwirtshaus und nicht im „Club" des Hotels „Metropol" in Berlin (Ost) statt. Und seine Frau, der dieses Lob noch nicht zu genügen schien, die sich von ihrer anfänglichen

Schüchternheit befreite und allmählich in eine Art Raserei, in eine böse und laute Wut steigerte, erinnerte jetzt den Projektleiter daran, was er wirklich dachte, „sag' doch", drängte sie, „was du wirklich denkst", und er nickte nachdrücklich und sagte, er sei zwar kein Faschist, „denn niemand in unserer demokratischen Republik kann wirklich ein Faschist sein", und gegen die Juden hätte er im Grunde auch nichts, aber die Ordnung, die es unter Hitler gegeben habe, fehle jetzt, das Korrekte, das, worauf man sich habe verlassen können, „denn", sagte er in diesem vertraulichen und freundschaftlichen Tonfall, der mich immer zurückschrecken läßt, wenn von solchen Dingen die Rede ist, die anscheinend niemals für die Deutschen, sondern stets nur für die anderen ein Trauma sind, „denn das ist es ja, was wir Deutschen brauchen, eine Ordnung, an die man sich halten kann, einen Plan, der auch tatsächlich funktioniert, eine Politik, die etwas darstellt, die etwas macht aus uns, etwas, auf das wir stolz sein können."

Dieses nächtliche Gespräch oder dieses Bekenntnis wäre nicht der Erwähnung wert, hätte es nicht ähnliche Gespräche oder Bekenntnisse auch anderswo in der DDR gegeben. In Buchenwald, erinnere ich mich, an einem schönen, sonnigen Augustmittag, während sich unten im Ilmtal und über Weimar der gelblich eingefärbte Nebel allmählich zu lichten begann, geriet ich in eine Unterhaltung mit einer aus der Dresdner Gegend angereisten Familie, die sich mir, dem Fremden, dem westlichen Touristen gegenüber eher skeptisch äußerte über die Nützlichkeit solcher Gedenkstätten. Das sei bloß die schlimme Kehrseite gewesen, sagte der Mann, ein vierschrötiger, bieder wirkender Mensch, der die vorsichtig auf seinen Arm gelegte Hand seiner Frau ungeduldig abschüttelte, während er sagte, daß nicht bloß Kommunisten in diesem Lager interniert gewesen seien – er sagte tatsächlich „interniert" –, sondern auch Kriminelle. Und dann sagte er, daß man natürlich Einwände haben müßte gegen die Nazis, aber, so dozierte er mit zornigem Gesicht, „zehn Jahre auf ein Auto wie bei uns in der DDR hat man unter Hitler gewiß nicht warten müssen." – Und in Leipzig, erinnere ich mich, in der Hallenbar des Hotels „Merkur“, wo sich eines Abends Jugoslawen und Polen lärmend aufführten, weil sie schon etwas getrunken hatten oder weil sie den Mädchen, die sie bei sich hatten, imponieren wollten, in dieser Leipziger Hotelbar erklärte eine Frau, die zufällig an meinem Tisch saß, daß es „derlei damals, als hier noch wirklich Zucht und Ordnung herrschten“, doch wohl nicht gegeben hätte. Und als ich sie fragend anblickte, wies sie mit einer mürrischen Kopfbewegung auf die lärmenden Jugoslawen und Polen, die wohl als Gastarbeiter in Leipzig tätig waren und sich nun einfach einen vergnügten Abend machten. Und die Frau sagte mit vorwurfsvoller Stimme: „Sie sind schmutzig und nachlässig gekleidet, und Manieren haben sie auch keine. Diese Leute sind nicht sehr beliebt ...“ – Und damals, fragte ich, was hat das mit damals zu tun? Na ja, sagte die Frau, Hitler hätte wohl gewußt, wie man solche Leute zur Räson bringt. Und das Schlimmste daran war der sächselnde Tonfall ihrer Stimme, war die hinterhältige Gemütlichkeit der Sprache, die das Schreckliche und Beängstigende verharmloste.

Nachdenken über mehr als eine Hauptstadt

Sechs Tage lang hatte ich von meinem Zimmer im Interhotel „Metropol“ aus die gleiche trostlose Kulisse vor Augen, nämlich die S-Bahnstation Friedrichstraße mit ihrer verwitterten, dunkelgrauen oder fast schon schwärzlichen Fassade, dem abbröckelnden Verputz und den dicken Sprüngen im Mauerwerk. Und wenn ich mir vorzustellen versuchte, daß dieses herabgewirtschaftete, scheinbar endgültig dem Verfall preisgegebene Gebäude eigentlich eine Art Grenz- oder Zwischenstation sein sollte für das geteilte Berlin – das einmal die Hauptstadt Deutschlands war und dessen östlicher Teil immer noch eine Hauptstadt ist oder eine Hauptstadt vorzustellen versucht, obgleich dieser Teil wie eine zu groß geratene, vernachlässigte Provinzstadt oder eigentlich wie eine ganze Reihe von zu groß geratenen, vernachlässigten kleinstädtischen Stadtvierteln wirkt –, dann wurde auch für mich, den Fremden, etwas vom Unheil deutlich, das über diesem Land liegt; und an das sich, wie ich fürchte, die Deutschen inzwischen längst gewöhnt haben; oder dem sie außer romantischen Betrachtungen über ihre eigene Geschichte anscheinend nichts mehr entgegenzusetzen vermögen. Denn gerade in jenem Teil Deutschlands, in dem heute verstärkt eine merkwürdig patriotisch anmutende Hinneigung zur Geschichte feststellbar ist, also in der DDR, spricht die Wirklichkeit eine andere, gegen die Erfahrungen der Geschichte gerichtete Sprache, stimmen die alten, jetzt mühsam wiederbelebten Ideale des Preußentums mit der Alltagsrealität nicht im mindesten mehr überein.

Dieses Preußentum, wie es sich uns heute im Rückblick darstellt und wie wir es begreifen müssen, wenn wir nicht jede Beziehung zur Vergangenheit der beiden Deutschland verlieren wollen, die ja eine gemeinsame Vergangenheit ist, dieses Preußentum bestand in der Tat nicht bloß aus Militarismus, blindem Gehorsam, dem Tag von Potsdam und der Karikatur, die Hitler aus diesem Preußentum gemacht hat, sondern es bedeutete auch, wie das Gordon A. Craig einmal ausdrückte, Liberalismus, Toleranz,

Aufklärung, also Eigenschaften, die bei den Funktionären der „Sozialistischen Einheitspartei Deutschlands“ keine besondere Vorliebe erwecken. Und so, wie dieses wiederentdeckte, wieder zugunsten eines eigenartigen Patriotismus ausgenützte Preußentum in der DDR, „die eher wilhelminisch als preußisch“ ist (Joachim Nawrocki), wie eine schlechtgewählte, auch schlecht sitzende Verkleidung wirkt, so wirkt auch Berlin (Ost) nicht wie eine Hauptstadt, ermangelt es dieser Ansammlung von kleinstädtisch anmutenden, vielfach verwahrlosten oder gleichgültig behandelten, lieblos bewohnten Stadtteilen an Welthaltigkeit, an einer Art übergeordneter Ideologie; fühlt man sich als ausländischer Besucher außerstande, zwischen Pankow und Köpenick, Prenzlauer Berg und Marzahn jene respektvolle Neugier, jene Anteilnahme zu empfinden, die der Metropole eines Volkes, das sich dem einst verfemten Preußentum jetzt wieder anzunähern versucht, wohl zustünde.
Aber vielleicht war es bloß der Anblick dieser S-Bahnstation Friedrichstraße, der mich skeptisch und aufsässig werden läßt gegen die Vorstellung, daß diese Hauptstadt der DDR tatsächlich etwas Hauptstädtisches, die Geschichte des Landes Einbindendes, den Charakter dieses Landes Repräsentierendes besitze. Die Halle des Bahnhofs wölbe sich mit Glas und Eisen; die Lichter sehen sich durch das Milchig-Opake der Scheiben weich an, rötlich-weich, wie umnebelt, schrieb Wilhelm Hausenstein 1929 über diese S-Bahnstation. Aber ein knappes halbes Jahrhundert später, 1966, notierte der Engländer Eric Bentley: „Im Bahnhof Friedrichstraße kommt man sich vor wie im Gefängnis. Man hat das Gefühl, nie wieder ans Tageslicht zu gelangen.“ – Und ein paar Sätze weiter heißt es: „Nichts in Ostberlin, so scheint es jedenfalls dem Besucher, ist ‚nur‘ etwas. Alles spielt sich in einer Umgebung von Unsicherheit und gespenstischer Unwirklichkeit ab. Fröhliche Gesichter fehlen ... manchmal eher fehlen Gesichter überhaupt; ich meine da, wo man Gesichter erwartet, wie vor allem in den Straßen einer Großstadt. Aber warum sieht man keine Menschen? Man möchte meinen, es sei fünf Uhr früh morgens. In Ostberlin sieht es um fünf Uhr nachmittags häufig aus wie um fünf Uhr morgens.“

Ist es also diese bedrohliche Unwirklichkeit, die einen daran zweifeln läßt, in Berlin (Ost) die Hauptstadt eines mitteleuropäischen Landes zu sehen, in welchem man die Humanität endgültig von aller Barbarei befreit hat oder doch zu befreien geglaubt hat? Zwischen dem „Metropol" und der S-Bahnstation Friedrichstraße liegt eine kleine Parkanlage. Ein paar dürftige Bäumchen, ein Dutzend unbequemer Holzbänke, schütteres, bräunlich verfärbtes Gras und dicke, heftig gurrende Tauben unterstreichen den Eindruck von Stadtrand, Niemandsland, Ödnis, Verlorensein; nur einen Steinwurf entfernt zieht sich die Mauer durch das Gelände von Berlin, beginnt das andere, hier im Osten nur schwer vorstellbare Deutschland. Aber da im „Metropol" auch eine ganze Reihe von sogenannten Intershop-Läden untergebracht ist, in denen die Bürger der DDR, sofern sie über westliche Devisen verfügen, buchstäblich alles einkaufen können, was ihr Herz begehrt, und zwar von der Zahnpasta über modische Wäsche bis zum Auto, und weil viele Ost-Berliner mit der S-Bahn bis zur S-Bahnstation Friedrichstraße fahren, um dann die wenigen Schritte quer durch diesen kleinen Park bis in einen der Intershop-Läden zu laufen, wo sie sich dann Kaugummi, Kaffee, Waschpulver, Regenschirme, Schokolade, Konserven, aber auch Eiswaffeln, Zigaretten und Coca-Cola-Dosen in große, unhandliche Säcke einpacken lassen, um dann wieder zurück zur S-Bahnstation zu eilen, ist dieser eher einschüchternde, trotz Straßenlärm und Bahnhofsgeräuschen trostlose kleine Platz eine Art Fenster in das Leben, in eine übergeord nete Wirklichkeit einer Hauptstadt, die durch Denkmäler, Stadtführungen, offizielle Verlautbarungen die Rückkehr zu den Idealen des Preußentums dokumentieren will und an einen Patriotismus appelliert, der eigentlich, so dachte man, nur noch musealen Erinnerungswert besaß, während die Wirklichkeit in diesen großen, unhandlichen Säcken verpackt ist, die von den Intershop-Läden des „Metropol" hinüber zur S-Bahnstation Friedrichstraße geschleppt werden. Das Leben und Treiben in diesem kleinen Park sagt jedenfalls mehr über die Realität in Berlin (Ost) und in der DDR aus als jede noch so bemühte offizielle Abhandlung über das populäre Thema „nationale Selbstverwirklichung".

Spaziergänge in einer Hauptstadt, die man ebensowenig als Hauptstadt Deutschlands oder wenigstens eines Teils von Deutschland bezeichnen mag wie Bonn oder Berlin (West) oder irgendeine andere Stadt in diesem widerspruchsvollen, verführerischen und so leicht verführbaren Land inmitten Europas, weil der Reichtum und die Armut, das Dekorative und das Kitschige, das Schöne und das Abstoßende stets ein wenig provinziell oder verstaubt oder vernachlässigt wirken, weil der angestrengte Ernst, mit dem man seinen Wohlstand zur Schau trägt oder diesen Wohlstand über den Umweg einer wohlstandsfeindlichen Ideologie zu erreichen sucht, immer ein wenig hinterwäldlerisch anmutet; Spaziergänge in einer solchen Hauptstadt haben häufig etwas von einer Expedition an sich. Es ist ein Aufbruch ins vermeintlich Altbekannte, Altvertraute, von dem sich dann bei genauerer Betrachtung herausstellt, daß das, was man längst gewußt zu haben glaubte, was man sozusagen als legitimen Teil eines europäischen Kulturerbes zu akzeptieren gesonnen war, in Wahrheit nur eine Täuschung, eine arglistige Verfremdung ist. Der leicht süßliche, einschmeichelnde Duft „Unter den Linden" existiert zwar noch; und immer noch bietet sich diese breite Allee, die geradenwegs auf das Brandenburger Tor zuläuft, als großstädtische Pracht- und Prunkstraße dem Besucher an. Aber alles das, was man sich an farbfrohem Spektakel, an frecher und überzeugender und vor allem auch an vitaler Lebensäußerung von einer solchen Schaubühne erwartet und von dem man weiß, daß es hier einmal stattgefunden hat, daß es Zeugnis ablegte für die ungebrochene Vitalität einer wirklich welthaltigen Metropole, alles das ist heute nur noch Erinnerung und literarische Reflexion, findet nur noch im Kopf und nicht mehr unter den ratlosen Blicken statt, mit denen man eine Wirklichkeit einzufangen sucht, die ohne Mithilfe der Phantasie, ohne die Bilderflut und den Erzählton aus vergangener Zeit nicht mehr vorstellbar ist.

Ich gehe, dabei unentwegt die Straßenseiten dieser breiten, baumbestandenen Allee wechselnd, wie jemand unter diesen Linden einher, der eine schwere Last auf seinen Schultern trägt. Die Vergangenheit dieser Stadt und dieses Landes, die man nicht ohne weiteres vergessen kann, erdrückt beinahe die Gegenwart. Vielleicht hängt das auch damit zusammen, was eine kluge Frau, nämlich die Herzogin von Dino, im Jahre 1843 über diese Stadt aussagte: „Die wirkliche Bedeutung Berlins liegt ganz auf dem politischen und militärischen Gebiet, daher hat man immer den Eindruck beim Generalstab zu sein." – Oder vielleicht entsinnt man sich bloß zur unrechten Zeit des Ausspruchs von Friedrich Hebbel über Berlin als „die wahre Metropole deutscher Intelligenz", während Klaus Mann ein Dreivierteljahrhundert später nüchtern feststellte: „Berlin hat das geistig-moralische Klima Deutschlands nie zu bestimmen und beherrschen vermocht, wie etwa Paris dies in Frankreich tut. Im Gegensatz zur französischen Kapitale ist die deutsche nicht schöpferisch begabt, sondern nur organisatorisch." – Und alles, was man sich einbildet, über diese Stadt zu wissen, stimmt nicht mehr. Und alles, was man wieder zu erkennen, auch wiederzuentdecken hoffte, existiert nicht mehr; oder nur als Bruchstück und in falscher Umgebung. Eine pompöse und dabei doch billige, auf Mitleid heischende Weise preiswerte Architektur im westlichen, dem Brandenburger Tor benachbarten Straßenstück „Unter den Linden" begleitet mich; zuvor Universität, Zeughaus, Oper, Staatsbibliothek, das Denkmal Friedrichs des Großen, jenes des Freiherrn von Stein, weiche, leere, graublaue Prospekte mit den schütteren Fußgängerzeilen auf den Trottoirs und den wenigen Automobilen auf den Fahrbahnen (Alfred Andersch); zuvor auch die sogenannte Museumsinsel mit den Kopien der Schinkelschen Statuen, alles glatt und geleckt, Dekorationen aus zweiter Hand, Kulissen, die nicht verbergen können, daß hier eine ungeheuere Verfremdung stattgefunden hat; und immer der enttäuschte Blick die Linden hinab, über die jetzt im August rauhe Windstöße Papierknäuel tragen und manchmal der Regen knisternd auf die Dächer der kleinen Wachhütten fällt, in denen Volkspolizisten schläfrig und erschöpft auf irgendein Ereignis warten, das ihrem Dasein, ihrer ständigen Bereitschaft einen Sinn geben könnte. Unter den Linden: Das ist wahrscheinlich die menschenleerste und zugleich bestbewachte Straße Deutschlands. Aber man vermag nichts zu entdecken, was die Anwesenheit der Volkspolizisten in den diskreten Wachhäuschen rechtfertigen könnte. Es habe wohl mit den Botschaftsgebäuden zu tun, die hier stehen, erklärte man mir einmal, als ich das Gespräch darauf brachte, daß man überall in der Mitte von Berlin (Ost) solche Stützpunkte eingerichtet habe. Und einmal faßte ich mir ein Herz und sprach einen dieser jungen, uniformierten Männer an, die tagaus, tagein in ihren Verschlägen hocken und auf ein Straßenbild, auf eine Wirklichkeit starren, darin nichts vorkommt, was die Blicke eines Volkspolizisten rechtfertigen würde. Aber der junge uniformierte Mann in seinem Wachhäuschen schlug die Augen nieder und wandte den Kopf ab. Das Gespräch ist diesen Menschen, die wohl nur mit den Augen leben dürfen, wahrscheinlich untersagt. Oder sie haben, während sie auf eine leere Bühne blicken, den zivilen Dialog vergessen.

Berlin sei die künstlichste Stadt Europas, schrieb Hugo Loetscher 1966, um dann freilich sogleich fortzufahren, daß das Erstaunliche dieser Künstlichkeit sei, wie sehr diese Stadt lebe, denn „sie lebt mit allen Konsequenzen, bis in die einmalige reale Trennung". – Ich bin mir nicht sicher, ob diese Feststellung tatsächlich der Wahrheit entspricht; zumindest in Berlin (Ost), das vorgibt, die Hauptstadt der DDR zu sein, also eines Teils dieses Deutschland, das durch diese Trennung noch schwieriger zu begreifen und, weil es sich dabei, wie ich meine, wirklich um eine Tragödie unvorstellbaren Ausmaßes handelt, auch noch liebevoller zu behandeln ist, zumindest in Berlin (Ost) wie überall in dieser DDR hat die Trennung einen so tiefgreifenden, über die Generationen hinweg wirkenden Schock verursacht, dem die Menschen jetzt dadurch zu begegnen versuchen, daß sie sich in einer Scheinwirklichkeit einzurichten beginnen. Die hauptsächliche Konsequenz scheint mir zu sein, daß man so tut, als ob diese Trennung nicht wirklich funktioniere. Oder als ob jenseits der Mauer, der Stacheldrahtzäune und Minenfelder eine Welt existiere, deren Realität man ganz einfach nicht zur Kenntnis nimmt; oder der man nur über den verfälschenden, romantischen Umweg des Fernsehens begegnet. Diese eine Hauptstadt

Deutschlands gibt vor, sich zu rühren, lebendig zu sein, kokettiert mit einer Vitalität, über die sie in Wahrheit schon längst nicht mehr verfügt, und wirkt ein wenig wie einer dieser Zerrspiegel, in denen man sein eigenes Abbild stets nur grotesk verzerrt und verfremdet zu sehen bekommt. In diesem Zusammenhang auch an Bonn zu denken und damit das andere, lebhaftere, scheinbar attraktivere Deutschland im Sinn zu haben – was freilich nur Hypothesen sind, weil auch das Lebhaftere, Attraktivere in diesem anderen Deutschland manchmal bloß eine Selbsttäuschung sein kann –, in diesem Zusammenhang also die eine Hauptstadt gegen die andere auszuspielen oder miteinander zu vergleichen, hätte wenig Sinn, wäre eine Auseinandersetzung mit Künstlichkeiten, bedeutete, daß man sich endgültig einließe auf dieses frivole Spiel, aus einer Tragödie unvorstellbaren Ausmaßes ein banales Gewohnheitsrecht zu machen.
Pariser Platz, Alexanderplatz, Unter den Linden, Friedrichstraße, Chausseestraße, Französische Straße, Namen, die einen berührenden Klang haben, denen man seine Erinnerungen anvertrauen möchte und die man plötzlich, wenn man mit der Wirklichkeit, die sie repräsentieren, konfrontiert wird, als arglistige Täuschung empfindet. Im sogenannten Bert-Brecht-Haus in der Chausseestraße der Pförtner oder Museumswächter mit seinem Schnapsatem und dieser krächzenden Stimme, die sich überschlägt, wenn sie Auskunft geben sollte. Man wird später wiederkommen, vielleicht am Nachmittag oder auch am nächsten Tag, um das, was von Bert Brecht Zeugnis ablegt, mit erstauntem Blick zu mustern und sich zu fragen, was diesen klarsichtigen, auch spöttischen oder sarkastischen Mann bewogen haben mag, sich diesen Teil Deutschlands als Heimat auszusuchen. Dahinter der Französische und der Dorotheerfriedhof, wo Bert Brecht, der darüber witzige Bemerkungen notierte, auch begraben liegt, neben und mit Fichte, Hegel, Bronnen, Heinrich Mann, Anna Seghers und vielen anderen, die prominent waren und heute fast vergessen sind; und ein junger, langhaariger Mann mit einer Zigarette im Mundwinkel gibt mürrisch Auskunft, während er, ohne die Zigarette aus dem Mund zu nehmen, im hohen Bogen kunstvoll über die

Grabreihen spuckt. Durch die Chausseestraße bläst ein kalter Wind, wirbelt Staub auf, vertreibt die letzte Illusion, die ein blauer Sommerhimmel, ein gelber Vollmond im August diesem erschöpften, verbrauchten Stadtviertel vielleicht noch gewähren könnte.

Berlin habe nicht die Art, einem eins nach dem anderen beizubringen, schrieb Rainer Maria Rilke einmal in einem Brief, adressiert an eine seiner vielen Förderinnen, die Gräfin Manon zu Solms-Laubach. Denn, so Rilke, in dieser Stadt bekomme man alles zugleich ins Haus geworfen, „man soll alles leisten und sehen, ohne zum Bewußtsein zu kommen". – Und Dostojewski meinte gar lapidar, Berlin habe auf ihn „den sauersten Eindruck" gemacht, so daß er „nur vierundzwanzig Stunden" in dieser Stadt zu bleiben vermochte. Und Theodor Fontane höhnte: „Oh Berlin, wie weit ab bist du von einer wirklichen Hauptstadt des Deutschen Reiches!" Aber alle diese literarischen Reminiszenzen meinen ein anderes Berlin als das heute existierende, beschreiben nicht bloß ein anderes Zeitalter, sondern auch eine gänzlich andersgeartete Welt.

Berlin (Ost) heute: Das sind Fahrten mit der S-Bahn und Blicke auf Narben, die häßlich aussehen, kümmerlich, ärmlich; das sind Museen voll patriotischen und ideologischen Inhalten, die den Blick auf die tatsächlichen Realitäten verstellen; das sind dürftige Kulissen, denen es an Farbe und Leben gebricht; das sind Kahlschläge in der Architektur, in denen die Menschen, die mit diesen Kahlschlägen umgehen müssen, wie verloren wirken. Manchmal, wenn ein kalter Augustregen mit dicken, geräuschvoll zerplatzenden Tropfen über die Stadt herfiel, hatte es den Anschein, als ob diese graue Stadt weit unten im Südosten Europas liege, irgendwo in einer dieser balkanischen Ebenen, deren suggestive Melancholie erdrückend sein kann. Die Gesichter der Menschen waren leer, flach, ausdruckslos. Sie erinnerten mich an die leeren, flachen, ausdruckslosen Auslagen der Geschäfte; oder auch an die Physiognomien von DDR-Funktionsträgern, die, wie Joachim Nawrocki das ausdrückte, ohne weiteres vorstellbar seien in Heinrich Manns Roman „Der Untertan" oder in Zuckmayers „Hauptmann von Köpenick". – Und irgendwann begriff ich, daß keine Lust aufkommen konnte, in dieser Stadt zu leben, weil sie etwas ausdrückt, das lebensfeindlich ist, gegen die Instinkte der Menschen gerichtet, dem Leben etwas aufzwingend, es in eine Form pressend, es zurechtstutzend, bis das Bild, das man sich von einer Hauptstadt macht, die ein ebenso bedeutendes wie unseliges Erbe übernehmen mußte, nicht mehr stimmt. Berlin (Ost) heute: Das hat etwas mit dem verlorengegangenen Rhythmus zu tun, den diese Stadt einmal gehabt haben muß; das ist die maßlose Überbewertung der Adaption eines kulturellen Erbes, das eine historische Entwicklung, einen geschichtlichen Hintergrund repräsentiert, dem man in dieser Stadt heute nicht mehr gewachsen ist.

Eine deutsche Grenzfahrt

Immer ist Betroffenheit mit im Spiel, wenn man von Deutschland nach Deutschland geht, schlägt schlechtes Gewissen an, dessen Ursache man nicht kennt oder nicht zu kennen vorgibt, rückt Ohnmacht einem zu Leibe und rührt sich die Scham darüber, daß dieses Deutschland, das man bewundert und fürchtet und mit dem man auch nach jahrzehntelanger Bekanntschaft noch immer nicht so umgehen kann, daß man intim zu sein vermöchte mit diesem Land, daß dieses Deutschland also eine Grenze hat, die wie eine Wunde ist oder wie ein Unrecht, das man auch als Unbeteiligter nicht versteht, weil es sich jedem Verständnis entzieht oder weil es gegen die menschliche Natur gerichtet ist oder gegen das, von dem man sich einbildet, daß es den Charakter der Deutschen ausmacht. Von Deutschland nach Deutschland: Das ist wie eine Pilgerfahrt, mittelalterlich, anachronistisch; und man büßt für eine Sache oder für eine Geschichte oder für irgendeine Absurdität, mit der man nichts zu schaffen hat, die man nicht einmal genau kennt, weil es so viele Erzählungen darüber gibt, die einander unentwegt und heftig widersprechen. Und immer ist da auch ein Hüben und ein Drüben, mit dem man sich nicht zurechtfindet, an das man sich stößt wie an einem Widerstand, der unauffällig, heimtückisch und allgegenwärtig ist. „Glienicker Brücke, Endstation. Die Baumeister des Drahtverhaues und der Mauer nennen sie ‚Brücke der Einheit', sie haben auch, wie beim ‚Frieden', eine besondere Art, mit den Wörtern umzugehen. Die Brücke ist die Grenze zwischen West-Berlin und Potsdam, hier stehen sonntags viele Menschen, die einen Blick hinüber tun wollen auf die alte Residenzstadt. Drüben steht niemand. Nur die bewaffneten Posten der Volkspolizei und die Betonpfähle, die den doppelten Stacheldrahtzaun tragen." – So beschrieb Dieter Hildebrandt diese deutsche Grenze im Jahre 1961. So lernte ich diesen Teil der deutschen Grenze innerhalb Deutschlands mehr als zwanzig Jahre später kennen. Aber ich stehe drüben. Oder stehe ich doch hüben? Betonpfähle, Drahtverhau, Volkspolizisten gibt

es immer noch. Nur die fröhliche Lautsprechermusik, von der Hildebrandt einst auch erzählte, ist verstummt. Und drüben – oder ist es vielleicht doch hüben – steht niemand. Es ist, als ob Deutschland an dieser Grenze aufhören würde, zu existieren. Ein Abschluß, der den Anschein von Endgültigkeit hat.
Eines Tages kaufte ich mir in Berlin (Ost) ein Visum für West-Berlin. Wahrscheinlich gibt es einen anderen, korrekteren Ausdruck dafür, aber ich bin nicht imstande, diesen Ausdruck zu verwenden, weil es tatsächlich nichts anderes als ein Kauf, eine glatte geschäftliche Angelegenheit war, die ich im Interhotel „Metropol" zu erledigen hatte, um für einige Stunden nach West-Berlin ausreisen zu dürfen. Der Kaufpreis für dieses Visum betrug, wenn ich mich recht erinnere, an die sechzig Mark, Devisen natürlich, mit denen meine Hotelrechnung belastet wurde. Den Paß selbst brauchte ich erst am Abend vor dem Tag abzugeben, an dem ich nach West-Berlin zu fahren beabsichtigte. Am anderen Morgen enthielt das Dokument dann das Visum, unauffällig, fast adrett, gewiß bedeutsam. Auch der angemietete Wagen mit Chauffeur stand pünktlich vor dem Hoteleingang, um mich über den „Checkpoint Charly" nach drüben – oder muß ich jetzt sagen: nach hüben? – zu bringen; und sechs oder sieben Stunden später würde der Wagen mit dem Chauffeur vor dem „Kempinski" in West-Berlin stehen, um mich wieder in die Hauptstadt der DDR zurückzubringen. Ich hätte keine Ursache, mir irgendwelche Gedanken zu machen, sagte man mir mit freundlichem Tonfall an der Rezeption des „Metropol". Das Materielle würde auf der Hotelrechnung seinen Niederschlag finden. Und alles andere wäre geregelt.
Ich machte mir keine Gedanken. Ich war wie betäubt. Ich verstand so gut wie nichts. Ich glitt im hoteleigenen Wagen zwei oder drei Straßen weit zwischen diesen schrecklichen Fassaden dahin, an die man sich in Berlin (Ost) wahrscheinlich gewöhnen muß, um an ihren Wunden, an ihrem Aussatz nicht Schaden zu nehmen. Ich hatte ohnedies nur einige Minuten Zeit, um mich auf das Abenteuer einer deutschen Grenzfahrt vorzubereiten, um wieder einmal zu wissen, wie das ist, von Deutschland nach

Deutschland zu gehen, einfach so, ohne Betroffenheit und Furcht und Wut und Scham, weil deutscher Zoll und deutsche Grenzpolizei am „Checkpoint Charly“ so höflich und so flüchtig und auch so freundlich oder eher wie nebenbei, nicht bei der Sache seiend, waren, daß ich mich beinahe entschuldigen wollte für meinen schlimmen Verdacht, für meine bösen Vorurteile gegen diese Art der Reglementierung und Teilung Deutschlands. Ich brauchte nicht einmal auszusteigen. Ich schritt nicht vom einen Deutschland in das andere, sondern ich wurde gefahren. Es war wie ein Ausflug mit kurzer, beiläufiger Unterbrechung; kaum, daß ich Zeit hatte, mich etwas umzusehen, ein paar flüchtige Eindrücke zu gewinnen. Da gab es eine längliche, eher armselig anmutende Baracke; und bemalte Ölfässer, wenn ich mich recht erinnere; und straff gespannte Seile quer über die Fahrbahn; und irgendwelche verstellbare, verschiebbare Gitter; auch einen Fahnenmast gab es; und Schranken, natürlich diese Schranken oder Grenzbalken, die, so dünn und zerbrechlich sie aussahen, doch Autorität vermittelten. Und im Hintergrund Arbeiter, die bedächtig eine hellgraue Mauer hochzogen. Wo hatte ich derlei Bilder schon gesehen? Auf Zypern, unmittelbar nach der türkischen Invasion? Am Jordan? Und im Gazastreifen? Aber das hier war nicht eine levantinische Insel, lag nicht im Orient, das hier war Deutschland, ein Land, das sich rühmen durfte, besser organisiert, kulturell bevorzugter, ökonomisch attraktiver zu sein als eine levantinische Insel, ein orientalischer Landstrich.
Nur: Ich hatte ja keine Ursache, mich für die Deutschen zu schämen oder mich selbst gedemütigt zu fühlen. Oder mich über diese absurde Grenze inmitten Berlins zu beklagen. Denn das, was am „Checkpoint Charly“ mit mir geschah, war eine leidlich angenehme, war eine beinahe amüsante Abwechslung während einer Reise von Berlin nach Berlin, die zwar nur einige Augenblicke, nur ein paar Minuten lang andauerte, die aber doch etwas anstrengend war, weil der Kulissenwechsel zwischen Berlin (Ost) und Berlin (West) unvermutete Anforderungen stellte, weil ich nach einer Woche Berlin (Ost) schon nicht mehr vorbereitet war auf die turbulente Farbigkeit, auf das üppige Angebot an reich-

lich ausgestatteten Dekorationen in einer Welt, die mir in dieser einen Woche unversehens fremd geworden war. Es gab dennoch keinen ersichtlichen Grund, sich irgendwelche besorgte oder aufgeregte Gedanken darüber zu machen, daß das, was hier inmitten Deutschlands geschah, schrecklich, widernatürlich, auch geschmacklos sein könnte. Man konnte es durchaus als eine Art touristischer Abwechslung genießen. Ein kleiner Nervenkitzel wie an jeder Grenze irgendwo im Orient oder in der unruhigen Levante. Der Unterschied bestand bloß darin, daß sich hier die Deutschen etwas Extravagantes hatten einfallen lassen, daß es auch inmitten Europas diese levantinischen und orientalischen Bilder und Gewohnheiten gab.

Am Nachmittag dann, als ich wieder zurückkehrte nach Berlin (Ost), wieder über den „Checkpoint Charly", wieder im hoteleigenen Wagen des „Metropol", wieder auf diese angenehme, gleitende, fast lautlose Art, die einen vergessen läßt, auf welche Weise man teilnimmt am Unglück eines geteilten Landes, das man aber ohnedies nur zufällig in Erfahrung bringt, immer nur in bestürzenden Ausschnitten kennenlernt, weil die Menschen hüben wie drüben so tun, als ob dieses Unglück die selbstverständlichste Sache der Welt sei, ein Gewohnheitsrecht, eine Beiläufigkeit, etwas, mit dem man sich achselzuckend abfindet, am Nachmittag bekam ich dann unversehens Schwierigkeiten. Oder sagen wir, es wurde mir ermöglicht, einen Ausschnitt des absurden deutschen Unglücks kennenzulernen. Man forderte nämlich eine Zollerklärung von mir. Nichts weiter. Nur ein Formular, darauf ich die Beträge einzutragen hatte, die ich in die DDR einzuführen beabsichtigte. Aber ich besaß kein solches Formular. Niemand hatte mir ein solches Formular in die Hand gedrückt und an mich eine amtliche Aufforderung gerichtet, mein Vermögen zu deklarieren. Ich war eine Woche zuvor mit dem Flugzeug nach Berlin (Ost) gekommen, hatte keine Zollerklärung ausfüllen müssen, war mit der Bürokratie der DDR nicht konfrontiert worden, hatte bloß mehr als anderthalb Stunden lang vor dem Flughafengebäude in Berlin-Schönefeld auf ein Taxi zu warten brauchen, das mich nach Berlin-Mitte brachte, wo ich mit Devisen bezahlte,

weil der Fahrer anders nicht bereit gewesen wäre, mich als zufälligen Fahrgast zu akzeptieren; und jetzt zeigte ich dem Zollbeamten am „Checkpoint Charly“, nachdem er mich dazu aufgefordert hatte, wortlos und guten Glaubens meine Brieftasche, damit er Einblick nehmen konnte in meine Verhältnisse. Ich war mir übrigens keiner Schuld, auch keines devisenrechtlichen Vergehens bewußt, ich wollte bloß innerhalb Berlins, innerhalb Deutschlands vom einen Stadtteil in den anderen gelangen. Aber gerade das hätte ich nicht tun sollen, das hätte ich sorgfältiger vorbereiten, besser überdenken müssen, denn in meiner Brieftasche befanden sich unter anderem auch fünfzig Mark (Ost), was für mich ganz natürlich war, weil ich ja am Morgen, als ich Berlin (Ost) in Richtung Berlin (West) verlassen hatte, mir dessen bewußt gewesen war, am Nachmittag wieder zurückzukehren. Es war eine Lappalie, eine Nachlässigkeit, aber es genügte, um den Zollbeamten in Aufregung zu versetzen, weil ich, wie er schroff sagte, gegen die Devisenbestimmungen der DDR verstoßen hatte. Und erst als ich nach langwieriger, nunmehr plötzlich wortreicher Verhandlung inmitten Berlins, inmitten Deutschlands Belege vorzuweisen vermochte, die einwandfrei bewiesen, daß ich diese DDR-Mark ordnungsgemäß am Devisenschalter des „Metropol“ eingekauft hatte, wurde ich mit einer scharfen Ermahnung entlassen.
Ich hätte Glück gehabt, sagte der Chauffeur zu mir, nachdem wir endlich weiterfahren durften, denn das mindeste, was in solchen Fällen passiert, ist die Beschlagnahme des Geldes. Und ich nickte schuldbewußt und war fast versucht, „danke“ zu sagen, daß man mich ohne Bestrafung in die DDR hatte einreisen lassen. Und dann schämte ich mich, weil ich mich schuldbewußt fühlte. Und mit verbitterten, rachsüchtigen Blicken musterte ich die trostlosen Fassaden Berlins (Ost). Und das, was ich mir am „Checkpoint Charly“ als Idylle eingebildet hatte, was wie eine amüsante oder groteske oder auch leicht irreale Geschichte begonnen und etwas Abwechslung versprochen hatte, war plötzlich wieder zu dieser Wirklichkeit geworden, mit der man nicht zurechtkommt, weil sie voll von Fußangeln und Widersprüchen steckt, eine Wirklichkeit,

an der man wohl verzweifeln müßte, wenn man nicht mitansehen dürfte, wie gelassen oder wie abgestumpft oder wie angepaßt die Deutschen mit ihr umgehen.
Ich erinnere mich: Einmal, auf der Fahrt von Eisenach, das mit seinem mühsam herausgeputzten und doch schon wieder verlotterten, verkommenen Altstadtbild einen niederschmetternden Eindruck auf mich gemacht hatte und gar nichts anderes war als eine zerfallende, unordentliche Arena, darin ich mir vorgekommen war wie in einem böswillig arrangierten Irrgarten, auf dieser Fahrt von Eisenach hinüber ins andere Deutschland mußte ich an der Grenze die Rücksitze meines Wagens entfernen. Und weil ich das nicht im Handumdrehen fertigbrachte, erledigte der DDR-Zollbeamte diese Arbeit für mich, und zwar auf eine Weise, die später in Österreich erhebliche Reparaturkosten verursachen sollte. Aber das war es gar nicht, was des Nacherzählens oder der frustrierten Erinnerung wert wäre. Es war meine völlig eingeschüchterte oder auch devote oder auch fassungslose Haltung einige Viertelstunden später am gegenüberliegenden deutschen Grenzposten, die mich heute noch berührt, an die ich mich immer noch voll Scham und Wut erinnere. Ich war geprägt worden. Man hatte mich zurechtgerückt. Ich war für die deutschen Verhältnisse, für das deutsche Unglück eingerichtet und vereinnahmt worden. Ich saß im Wagen, sprungbereit, zum Gehorsam bereit, zu jeder untertänigen Geste bereit, und ich begriff nicht, daß ich einfach weiterfahren sollte oder weiterfahren durfte, einfach so, ohne das Auto zerlegen, ohne meine Brieftasche öffnen und ohne intime, taktlose, zudringliche Fragen beantworten zu müssen. Ich hatte wieder einmal in Deutschland eine Grenze überschritten; und ich war wieder einmal an dem gescheitert, was dieses Land so unheimlich macht.

Von Berlin nach Berlin

Berlin, schrieb Horst Krüger einmal, sei nicht heidnisch, sondern wendisch, slawisch, sehr östlich; und man spüre das nur, wenn man aus dem Westen käme. „Wortkarge Schwermut, aber auch der zähe Widerstand, der trockene Witz der Leute, das Rutschen und Rinnen des märkischen Sandes: Gefangenschaft. Kein Engel, kein Phönix, kein Auferstehen sucht die Stadt heim. Wer hier stirbt, wird lange tot sein. Die Mark zieht über ihn hinweg. Preußens Ende. Der Wind steht auf Osten, und auch die Steine sind feucht, wie von der Oder getauft." – Das ist ungemein poetisch, auch hintersinnig, das ist stimmungsvoll und gibt ein Zeugnis, das Gewicht hat, weil es von einem deutschen Schriftsteller stammt, der mehr als bloß literarische Beziehungen zu Berlin hat. Aber es kann, denke ich mir, nur ein Auszug dessen sein, was Berlin tatsächlich ausmacht und vermittelt. Das, was Krüger hier meint, trifft nämlich eher auf Berlin (Ost) zu, meint ein Gefühl, das in Köpenick aufkommt, am Großen Müggelsee, auch in den verfilzten Kieferschonungen rund um Oranienburg oder vielleicht sogar in diesem verwilderten Garten draußen in Mahlsdorf, wo die Leute Sonntag für Sonntag vor einem alleinstehenden Haus, das wie ein halbwegs wohnlich eingerichteter Bunker wirkt, sich geduldig anstellen, um die „Gemeinnützige Gründerzeit-Sammlung Mahlsdorf" besichtigen zu können, das wahrscheinlich einzige Privatmuseum im östlichen Teil Deutschlands, das wehmütige oder auch bittere Erinnerungen wachruft an ein Zeitalter, als alle literarischen Einbringungsversuche des Phänomens Berlin noch einen Sinn hatten und sich mit der Wirklichkeit deckten, während heute nur noch von Erinnerungen die Rede sein kann und mehr noch von Gefühlen, die diesen Erinnerungen auf der Spur zu bleiben versuchen.

Ich, ein Fremder in Berlin, der sich ungemein schwertut mit den Deutschen und Preußen kaum oder gar nicht begreift, an Preußen scheitert, weil es vielleicht wirklich ein „künstlicher Bau, ein von Natur armes Land" ist, wie Hugo von Hofmannsthal das ausdrückte, ein Land, wo „Staatsgesinnung als Zusammenhaltendes“ gebraucht wird, mit „mehr Tugend, mehr Tüchtigkeit, disziplinierbarste Masse, grenzenlose Autorität“, ich, verunsichert durch den Widerhall, den dieses Preußen heute wieder findet, und zwar diesseits wie jenscits der Elbe, obgleich ich beeindruckt von allem bin, was in und an Preußen zugleich auch irritiert, ich erinnere mich zum Beispiel an „Hardtke“ in West-Berlin, an diese kleine, eher dunkle, eher altmodische Kneipe gleich hinter dem Kurfürstendamm, die mir empfohlen worden war, weil es dort noch „gutes Bier und ordentliche Portionen auf dem Teller“ geben sollte, was gewiß auch zutraf, wenngleich nicht wirklich üppiger oder sensationeller als anderswo in diesem Land, wo man gutes, schmackhaftes Bier und ordentliche Portionen auf dem Teller zu schätzen weiß; und das war es dann auch nicht, was mich stundenlang bei „Hardtke“ sitzen ließ, sondern es war der Ton, der Jargon oder eigentlich diese besondere, unverwechselbare Art des Ausdruckes, die mich festhielt und mich sogar fast heimisch werden ließ in dieser fremden Umgebung. „Hardtke“ mochte preußisch sein; aber es war ein Preußen, dem man sich anvertrauen durfte. Da gab es Weisheit und Witz, auch das Kesse, Schnoddrige, für das die Berliner, wenn man ihren Chronisten trauen darf, berühmt sind und das es in den östlich gelegenen Stadtteilen nicht mehr gibt oder das dort nur noch als Bruchstück vorkommt, als eine Art Dissonanz in dieser angestrengten Sachlichkeit, die dort in Pankow und in Weissensee, in Lichtenberg und in Schmöckwitz der Umgangston ist, während sich hier im Westen zum Kessen und Schnoddrigen mitunter auch – als ob plötzlich ein melancholischer Mollton angestimmt werden müßte – die Resignation dazuschlägt. Diese Menschen sind noch imstande, zu resignieren. Drüben in den östlich gelegenen Stadtteilen hat man auch das schon verlernt. Es war gemütlich bei „Hardtke“, aber es war nicht so gemütlich, wie man es etwa von Wien her gewohnt sein mochte. Es war eine frische, scharfe, unsentimentale Gemütlichkeit. Es fehlte die Lüge, die in Wien alle Gemütlichkeit fragwürdig werden läßt. Und der Talmiglanz draußen auf dem Kurfürstendamm, der gleich hinter der

nächsten Straßenecke begann, die billige Maskerade mit den Pommes-frites-Buden, den McDonald's-Stuben und den abscheulichen Imitationen von Kaffeehäusern, diese ganze zurechtgeschminkte und aufgedonnerte Pseudo-Welthaltigkeit, für die man ein paar Kilometer weiter östlich seine Seele oder zumindest die Ideologie verkauft haben würde, um sie hemmungslos genießen zu dürfen, wurde hier bei „Hardtke" unwichtig, hatte keine verletzende oder enttäuschende Wirkung mehr.
Drüben, jenseits der Mauer, vom Kurfürstendamm aus gesehen, drüben also ein gänzlich anderer Tonfall, ein Jargon, der nicht mehr anheimelnd, sondern offiziell anmutet, Blicke, die abweisend sind oder vorsichtig, Gesten, wie man sie auch in Potsdam oder Leipzig, Rostock oder Cottbus beobachten kann und die unterwürfig wirken, unecht, als ob es Imitationen von Gesten wären, wie ganz Berlin (Ost) überall dort, wo es sich hauptstädtisch herausputzt, nichts anderes zustande bringt als den Eindruck, eine Imitation zu sein. Drüben, jenseits der Mauer, vom Kurfürstendamm aus gesehen, fehlt buchstäblich jede Originalität. Das ist ein böses, auch hochmütiges Wort, klingt abwertend, geringschätzig; aber es gibt kein anderes, das genau zu beschreiben vermöchte, weshalb Berlin (Ost) nach Provinz schmeckt, weshalb man, unentwegt auf der Suche nach Schauplätzen, die nicht wegzudenken sind aus der literarischen Standortbestimmung Berlins, stets nur auf Torsi, auf Rudimentäres, eben auf Nachahmungen trifft, die enttäuschen. Der Alexanderplatz, früher einmal, wenn man dem literarischen Zeugnis, das Deutschlands Dichter darüber abgegeben haben, vertrauen darf, ein bunter und wirrer Jahrmarkt des Kapitalismus, ursprünglich ein lebhafter Jahrmarkt mit ländlichem Einschlag, dann, zwischen 1890 und 1900, wichtigster Verkehrsknoten der sich stürmisch entwickelnden Stadt, der Alexanderplatz ist heute eine kahle Betonwüste, über die der dünne Schatten des Fernsehturms (Berlin Ost) fällt. Und im Westen das Charlottenburger Schloß – einst glanzvolles Beispiel für das Berliner Rokoko, das sich hier „mit so viel spiritueller Grazie, Erfindungsreichtum und zurückhaltender Pracht zeigte" (Ernst Gall) – ist heute nichts anderes als ein geschickt

und gewiß auch ebenso behutsam wie geschmackvoll restaurierter Leichnam und alles andere als ein Phönix, der aus der Asche der Bombennächte wiederaufgestiegen wäre. Man muß sich an Ruinen oder an Darstellungen aus zweiter Hand orientieren, wenn man die Legende Berlins erfahren will. Kaiser-Wilhelm-Gedächtnis-Kirche, Anhalter Bahnhof, Adlon, Reichstagsgebäude, Brandenburger Tor, aber auch Unter den Linden, Kurfürstendamm, Chausseestraße oder Friedrichstraße, Zeughaus oder die Kopien der Schinkel-Statuen: Alles ist wie eine Geschichte, die nur auf Umwegen und zudem höchst ungenau erzählt werden kann.
Horst Krüger, der wohl begriffen haben mag, wie schwierig und widerspruchsvoll für den Fremden der Umgang mit dieser völlig veränderten, immer noch zernarbten, allzu kunstvoll restaurierten oder auch nach wie vor absterbenden Stadt sein kann, schrieb einmal beschwörend: „Fremde, vertraute Art der Berliner. Märkisch beschränkt, etwas banal, etwas porös, mit dem sarkastischen Geist der Aufklärer. Die vielen Mauern und Zäune in dieser Stadt, aber dahinter ist immer noch mehr: Brandenburg. Der schäbige Glanz von Potsdam, der Schweiß von Kasernenhöfen, die Leute aus Werder und Buckow – wer kennt sie noch? Die Brücken von Spandau und die vermodernden Spreekähne draußen in Stralau-Rummelsburg. Berlin, du bist keine schöne Stadt. Aber überall spüre ich den Geschmack des Zuhauses.“ – Aber wer, dem Brandenburg nichts anderes bedeutet als eine kleine, belanglose Provinzstadt voll von russischen Uniformen und der dem schäbig gewordenen Glanz von Potsdam nichts anderes mehr abzugewinnen vermag als Trauer und Bestürzung, aber wer spürt hier wirklich noch den Geschmack des Zuhauses? Und was spürt, empfindet der heimatlose, in Berlin heimatlose, Fremde tatsächlich?

Viel ist in den letzten Jahren über Spandau geschrieben worden. Allerdings nicht in irgendwelchen historischen oder kulturellen Zusammenhängen und auch nicht über das alte Spandau als eine der Keimzellen Berlins, als hier einst eine slawische Burg stand, wo wendische Gaufürsten noch unumschränkt über die Mark herrschten und später niedersächsische Kolonisten das wüste Land am Zusammenfluß von Spree und Havel rodeten; und wo dann auch die sogenannte Zitadelle entstand, eines der ältesten Bauwerke Berlins. Aber das alles war und ist eben nicht der Inhalt der Berichte, die den Namen Spandaus in den vergangenen Jahren auf eine eher fragwürdige Weise in aller Welt populär gemacht haben. Es ist vielmehr die Strafanstalt, die ursprünglich für mehr als sechshundert Gefangene gebaut worden war und in der jetzt, nachdem Baldur von Schirach und Albert Speer entlassen worden sind, nur noch der ehemalige Stellvertreter Hitlers, nämlich Rudolf Hess, seine einsamen Kreise zieht und auf seinen Tod wartet. Es sind das einige dunkelrote, verstaubte Backsteinbauten hinter einer dunkelroten, verstaubten Ziegelmauer, die noch zusätzlich durch elektronische Warnanlagen und Stacheldraht abgesichert wird. Wachtürme und gelangweilt patrouillierende russische Soldaten – damals, als ich Spandau besuchte, hatten gerade die Russen ihren turnusmäßigen Wachdienst angetreten – vervollständigen den düsteren, abweisenden Eindruck, den diese Strafanstalt vermittelt. Man warte nur noch auf den Tod dieses letzten Gefangenen, erzählte man mir, um dann das ganze Objekt in die Luft zu sprengen. Man wolle dadurch vermeiden, daß dieser Platz eine Gedächtnisstätte werde. Ich dachte an den Obersalzberg und an den Kehlstein und an die unglaublichen Szenen, die sich dort abspielen. Und ich war einigermaßen skeptisch, daß man allein dadurch, indem man ein Gebäude in die Luft sprengt, den Deutschen ihre unstillbare Neigung zum Heldengedenken zerstört.

Diese Spandauer Strafanstalt ist allerdings tatsächlich eine der nutzlosesten und zugleich unmenschlichsten Absurditäten, die man in diesem Land, darin man manche Absurdität zur Gewohnheit hat werden lassen, antreffen kann. Mich fröstelte, als ich an einem schönen und heißen Augusttag vor diesen dunklen Mauern stand, die eine eisige Kälte verströmten und hinter denen ein sterbenskranker Greis für etwas büßen mußte, das durch Begriffe wie Schuld und Sühne nicht im mindesten erklärt oder gar bewältigt werden kann. Alle hochgemuten Überlegungen, die man neuerdings sowohl in der DDR als auch in der Bundesrepublik über Preußen oder über die gemeinsamen Wurzeln einer tragischen oder auch heroischen Geschichte sich anzustellen bemüht, verlieren hier jede patriotische Bedeutung, werden zur Farce und enthüllen zugleich die Ohnmacht jener, die glauben, durch die Beschwörung einer zurechtgestutzten, geglätteten, sozusagen verharmlosten Vergangenheit könne man diese Vergangenheit gleichsam von ihren Schatten befreien.

Was ist es eigentlich, das einen in Berlin – und vor allem dann, wenn man diesseits und jenseits der Mauer mit der alltäglichen Wirklichkeit umgeht – immer wieder an den „Jammer" denken läßt, der noch im 18. und 19. Jahrhundert in jedem siebten Fall als Todesursache in den damals erstellten Statistiken aufscheint? Ein Jammer, der auch etwas – aber eben nicht ausschließlich – mit Hunger, mit leiblicher Not zu tun hat; und dessen hauptsächliche Ursache vielleicht doch das Gefühl der Ohnmacht sein mag, dem sich die Menschen an Spree und Havel ausgesetzt fühlen? Günter Kunert, die S-Bahn beschreibend, hat diesem Jammer literarischen Ausdruck verliehen: „Brandmauern, Brandmauern, sie rücken gegen mein Gesicht an, das ich an die verfleckte, betränte Scheibe lege, und zeigen mir ihre verlöschenden Inschriften. In Hinterhöfen von Fabriken, darinnen nichts mehr produziert wird als einförmige Tage, wenn man hinabschaut, als in unbekannte Abgründe dieser Stadt." – Der Jammer, den man nicht übersetzen, aber auch nicht ertragen kann: In Berlin (Ost), aber auch in Kreuzberg kann man ihm heute noch begegnen. „Wünsche Euch eine bessere Zeit, als wir erlebt haben", schrieb ein Handwerker mit ungelenker Hand auf einen Zettel, den er gegen Ende des 16. Jahrhunderts im Turm der Nikolaikirche hinterlegte. Und seit damals hingen „Hungerleidertum und die Schwäche, die daraus folgte, auch ein Geruch von Entbehrung, von ewiger Drangsal und Bluterei" dem Land, der Stadt unverlierbar an. Auch heute noch mag man beiderseits der Invalidenstraße etwas von diesem Jammer erahnen, der die Menschen niederzwang. Garten-, Berg- oder Ackerstraße, „die hier münden oder kreuzen, sind Namen von besonderem Klang; in ihnen hallt die Dunkelheit und Kälte nach, die einst in dieser ältesten Berliner Proletariergegend hausten“ (H. von Tümpling). – Aber das Bild hat sich nicht verändert. Es ist eher noch spröder, unbarmherziger, auswegloser geworden. Und enthüllt das, was man in den Museen nur andeutungsweise, nur in gemilderten, geschönten Umrissen über diesen Jammer in Erfahrung bringen kann, in seiner ganzen unerbittlichen Wahrheit.

In Karlshorst drüben im östlichen Teil der getrennten Stadt hat man in einer ehemaligen Pionierschule der großdeutschen Wehrmacht – wo am 8. Mai 1945 gegen Mitternacht Generalfeldmarschall Wilhelm Keitel im Beisein russischer und alliierter Generale und unterm Blitzlichtfeuer zahlloser Fotografen die bedingungslose Kapitulation unterzeichnete – ein Museum eingerichtet, das an diesen entscheidenden Augenblick und auch an die Ursachen erinnern soll, die dazu führten, daß im zerschlagenen, verwüsteten Berlin wieder einmal ein Tausendjähriges Reich nach wenigen Jahren schon zu bestehen aufhörte. Die Sammlung der ausgestellten Exponate ist nicht sonderlich umfangreich, auch nicht besonders originell. Dennoch vermittelt sie einen Eindruck von der Bedeutung dieses letzten Aktes eines Größenwahns, der an sich selbst zugrunde ging. Und auch von der Demütigung, die man Keitel, dem Repräsentanten der nationalsozialistischen Ära, bewußt antat, als man ihn wie einen lästigen Bittsteller oder wie einen entlarvten Schurken behandelte und ihn zuletzt zwang, vom „schmalen, kleinen Katzentisch“, an dem er bewegungslos die Übersetzung der Kapitulationsurkunde vernommen hatte, aufzustehen und einige Schritte zu einem anderen Tisch zu gehen, um dort diese Kapitulationsurkunde zu unterzeichnen. Nuancen der Weltgeschichte. Aber sie prägen sich stärker ein als mancher pompöse Auftritt der Hauptdarsteller.

Nuancen auch auf der anderen Seite der Mauer, in Kreuzberg etwa, wo an verwahrlosten, graufleckigen, rostroten Hausfassaden und auf grellfarbenen Transparenten der Untergang des Kapitalismus prophezeit wird. Man hat, nachdem man gerade erst den Übergang vom östlichen nach dem westlichen Teil Berlins geschafft hat, jetzt plötzlich einige Mühe, sich zurechtzufinden. Die Mauer wirft ihren Schatten auf die Häuser, die mit diesen Parolen versehen sind, denen man vor wenigen Augenblicken erst jenseits der Mauer begegnet war. Und von denen man geglaubt hatte, in einer freieren Welt besäßen sie keine Bedeutung mehr. Und hat man drüben nicht auf eine eindringliche, unmißverständliche Weise das Resultat des niedergekämpften, abgeschafften Kapitalismus gesehen? War das, was zwischen Friedrichstraße und Köpenick mit den Menschen passierte, nicht Anlaß genug, um auf alle Phrasen zu verzichten?

Franz Grillparzer, Österreichs großer Schriftsteller des 19. Jahrhunderts, beschrieb einmal die Berliner: „Die Menschen habe ich hier angenehmer gefunden, als ich sie mir vorstellte. Ein hoher Grad von Gutmütigkeit ist hier nicht seltener als in Wien, nur die Art, sich anzukündigen – und daher auch sie zu erkennen – ist verschieden. Der Österreicher scheint im Auslande leicht ein Tölpel, der Preuße ein Großsprecher; zu Hause sind beide etwas anderes, wenn sie auch einen kleinen Beigeschmack davon behalten mögen." – Abgesehen davon, daß jener Charakterzug, der die Preußen einst (nach Grillparzer) als Großsprecher auftreten ließ, wenn sie außerhalb ihrer Landesgrenzen agierten, heute wohl nur noch in Ansätzen festzustellen ist, abgesehen auch davon, daß das Preußische in und um Berlin im Aussterben begriffen zu sein scheint, was unter anderem wohl auch die verstärkte Annäherung an die Geschichte Preußens und deren eigenartige Glorifizierung beinahe verständlich macht, hat man sich in Berlin wie in beiden Teilen Deutschlands darauf geeinigt, einem dumpfen Fremdenhaß zu gehorchen, der sich diesseits wie jenseits der Grenze gegen die sogenannten Gastarbeiter richtet. Der aufsässige, gehässige Tonfall, mit dem im westlichen Berlin Gastarbeiterquartiere etwa in Kreuzberg beschrieben und die angeblichen Privilegien dieser Menschen erörtert werden, unterscheidet sich in nichts von der Gehässigkeit, mit der man jenseits der Mauer polnischen, jugoslawischen oder ungarischen Gastarbeitern begegnet. Etwas Dumpfes, Kleinbürgerliches, Spießiges, Egoistisches scheint in dieser Hinsicht die ehemalige Weltstadt Berlin zu beherrschen, terrorisiert die Gefühle und Gedanken der Menschen, denen auf unerklärliche Weise alles abhanden gekommen zu sein scheint, was noch vor einem Vierteljahrhundert Max Frisch als lobenswert, auch als bewundernswert erachtete. Denn „das Berlinische, vor allem das Unsentimentale", schrieb er, „Witz, der meistens darin besteht, daß man die Dinge wieder einmal beim Namen nennt ... Witz als der keuschere Ausdruck der Gefühle, das Freche ohne Rankünе, das Nüchterne", das alles sei bewundernswert, unsentimental, konkret, aktiv. Und gerade das alles vermag man in Verbindung mit bestimmten Themen nicht mehr festzustellen. An die Mauer hat man sich, so scheint es, achselzuckend gewöhnt. Mancher geschickte und wohl auch rücksichtslose Charakter macht mit dieser ebenso grotesken wie tragischen Situation sogar ausgezeichnete Geschäfte. Denn wer mit der deutschen Währung klug, das heißt natürlich: illegal, umzugehen weiß, wer die vielen kleinen Lücken und Sprünge in dieser Mauer auszunützen versteht, wer sich dienstbar bis unentbehrlich macht der einen oder der anderen Seite, dem nötigen die Parolen hüben wie drüben nur noch Geringschätzung ab. Die Mauer, die, wenn man das Historische als Beispiel heranziehen will, in jener Mauer eine Vorläuferin hatte, die von Friedrich Wilhelm I. im Jahre 1734 rund um das damalige Berlin gezogen worden war, um Desertionen zu verhindern, die Mauer ist also eine Zäsur, die nicht alle trifft. Und manchmal, diesseits und jenseits dieser hellgrauen, mitunter verschmutzten, gelegentlich und freilich nur im Westen mit grellfarbenen Wandmalereien verzierten Spur durch das Leben Berlins, und manchmal vergißt man völlig darauf, gewöhnt man sich ans Ungewöhnliche, ans Absurde und glaubt bedenkenlos den Geschichtenerzählern, die davon berichten, daß zumindest äußerlich alles aussehe wie damals, als Hitler noch herrschte oder die Weimarer Republik ihrem erbarmungswürdigen Untergang entgegentrieb. Das meiste sehe aus wie 1925, schrieb Horst Krüger, graue Hauswände, die bröckeln, die hohen und steifen Fenster, die altmodischen Hauseingänge, Berliner Hinterhöfe: Zillewelt. Und wer sich nicht auskennt in Berlin, wer sich nicht zurechtfindet in dieser merkwürdigen Stadt, die auf zwei verschiedenen Ge-

stirnen angesiedelt ist, dem könnte tatsächlich in den Sinn kommen, daß alles einerlei sei, das Hüben wie das Drüben, weil er ja auf beiden Seiten der Mauer mit diesen Parolen konfrontiert wird, die gerade in dieser Stadt wie blanker Hohn wirken, weil er diesseits und jenseits der grauen Spur einem dumpfen Fremdenhaß begegnet, den er in dieser Stadt, die immer eine weltoffene genannt werden wollte, nicht versteht, weil so vieles ihn umzingelt mit Geflüster und Gerücht, das längst überholt schien, weil die Sentimentalität unbegreiflich bleibt, mit der man sich in Pankow wie in Spandau einer Vergangenheit annimmt, die alles Böse und Verwirrende verursacht hat.
Berlin, um die Mitte des 13. Jahrhunderts aus zwei gegenüberliegenden Dörfern namens Cölln und Berlin entstanden, die sich dann 1307 zu einer gemeinsamen Ortschaft verbanden, erstmals befestigt in der zweiten Hälfte des 17. Jahrhunderts durch den Großen Kurfürsten und durch Friedrich II. zu einer der interessantesten Residenzstädte Europas gemacht, Berlin, das 1920 aus acht bis dahin selbständigen Städten, 59 Landgemeinden und 27 Gutsbezirken zu einer Einheitsgemeinde und dadurch auch zur viertgrößten Stadt der Welt geformt wurde, Berlin darf heute den zweifelhaften Ruhm für sich beanspruchen, alles entschieden in Frage zu stellen, was einst den Ruhm und die Größe dieser Stadt ausmachte. Oder anders gesagt: Man könnte es sich gut vorstellen, in dieser Stadt zu verweilen, sie erkundend wie etwas Altvertrautes und auch Anheimelndes, wenn nicht immer dieses Gefühl wäre, das wie Scham schmeckt, das irritiert und niederdrückt und unaufhörlich daran erinnert, daß in und mit dieser Stadt etwas passiert, das unmenschlich ist.

Freie und Hansestadt Hamburg

Ich glaube, es war der französische Dichter Paul Claudel, der Hamburg einmal eine Stadt von großartigem Charakter genannt und ihr zugleich etwas Winkeliges und Düsteres zugeschrieben hat, darüber ein nördlicher Meereshimmel sich ausbreite, in den große grüne Kirchtürme wie eisige Nadeln ragen. Diese schöne Darstellung entsprach zu Anfang noch völlig den Gefühlen und Eindrücken, die ich hatte, als ich zuletzt vom Flughafen draußen in Fuhlsbüttel mit einem Taxi stadteinwärts fuhr. Es war etwas nach halb elf Uhr am Abend, die letzte Maschine aus Frankfurt hatte Verspätung gehabt, und jetzt begleitete mich ein halber Mond, der wie eine leicht angeschlagene, gelbliche Apfelscheibe aussah, auf meiner Fahrt in die Stadt. Und dieser halbe Mond, diese etwas verdreht am Himmel hängende Apfelscheibe tanzte herausfordernd hinter den Bäumen, die an mir vorüberwischten. Wir fuhren durch irgendwelche Alleen und Grünanlagen, es mußte viel Grün hier geben, aber nun war natürlich alles ins Schwärzliche verfälscht, und einige Augenblicke lang hatte ich tatsächlich das Gefühl, hinter betörend duftenden südlichen Dünen und Pinienhainen, durch irgendeine mittelitalienische Küstenlandschaft zu fahren. Ich begann mir einzubilden, daß mich laue Luft erwarten würde, wenn ich den Wagen verlassen hätte. Und erst als ich die beschlagenen Scheiben der anderen Autos sah, erst als ich, wenn wir an einer Ampel anhalten mußten, den wolkigen Atem der Menschen auf den Straßen sah, begriff ich unwiderruflich, daß wir Oktober schrieben und daß ich mich dem Zentrum einer norddeutschen Hafenstadt näherte. Und daß alles, was ich mir in diesen Minuten einbildete, eine Täuschung war, der ich mich unter anderem wohl auch deshalb ergab, weil ich zu Hamburg noch nie ein sonderlich gutes Verhältnis gehabt hatte, weil ich Hamburg nahezu fürchtete, so wie ein Mann aus den kalabresischen Bergen oder aus Neapel immer ein wenig Angst davor hat, in Turin einzutreffen und im piemontesischen Nebel unterzugehen.

Damals, an jenem Abend, in jener mondhellen Nacht, war ich freilich für alles empfänglich, was ein naives Gemüt beeindruckt. Ich war sozusagen geradenwegs aus der DDR gekommen, hatte nur einen kurzen Umweg über meine südösterreichische Heimat gemacht, ohne dabei auch nur ein einzigesmal die Augen aufzuschlagen und dessen gewahr zu werden, was das Leben außerhalb einer mauerumgürteten, sorgfältig bewachten Landschaft ausmachen kann. Und jetzt, während ich mir schon einbildete, den Salzatem des Meeres zu schmecken, während ich die ersten dunklen Striche irgendwelcher Kanäle sah, die man hier Fleete nennt, und der apfelfarbene Mond über rostrotem und bräunlichrotem Ziegelwerk stand und die glatten, sauberen Häuser mit ihren glatten und sauberen Fassaden sich allmählich einfädelten zu einer militärisch anmutenden Formation und alles hell erleuchtet war und aus zahllosen Schaufenstern sogar Ströme von Licht auf die verhältnismäßig leeren Straßen stürzten, jetzt, da ich zum erstenmal seit vielen Wochen plötzlich wieder an diesen sagenhaften Kaufhäusern vorbeifuhr, die Generationen von Gastarbeitern verrückt machen und dieses bundesrepublikanische Klima erzeugen, von dem man nie genau weiß, ob man es bewundern oder eher fürchten soll, jetzt war ich so gut wie wehrlos allem ausgeliefert, was diese norddeutsche Hafenstadt mir antun würde. Ich redete mir ein, für Hamburg gerüstet zu sein; und mich nicht ängstigen zu müssen, wenn die Stadt über mich herfallen würde; und daß der helle Halbmond verschwand, während ich tiefer vordrang ins nächtliche Zentrum der Stadt; und daß die Häuser nun den Himmel – der gerade zuvor noch eine Kontur besessen und eine Witterung, zu der man fast so etwas wie Vertrauen empfinden konnte, ausgestrahlt hatte – völlig zudeckten; und daß alles das, was nach Natur geschmeckt und wie eine Landschaft ausgesehen hatte, nunmehr vollkommen unterging: Es irritierte oder warnte mich nicht. Ich war bereit, mit Paul Claudel übereinzustimmen. Ich war willens, den großartigen Charakter von Hamburg uneingeschränkt zu akzeptieren.
„Hamburg, Stadt: Steinwald aus Türmen, Laternen und sechsstöckigen Häusern; Steinwald, dessen Pflastersteine einen Wald-

bogen mit singendem Rhythmus bezaubern, auf dem du selbst noch die Schritte der Gestorbenen hörst, nachts manchmal", las ich am anderen Morgen auf meinem Hotelzimmer in einer kleinen Broschüre, die ich mitgebracht hatte, um besser ausgerüstet zu sein, wenn ich Hamburg für mich erobern wollte. Der Text stammte von Wolfgang Borchert, dem hochbegabten und frühverstorbenen Autor des früher einmal vielgespielten Heimkehrerdramas „Draußen vor der Tür". Und während ich das las, wußte ich noch nicht, daß ich Hamburg niemals erobern würde, daß ich an dieser Stadt mehr als an jeder anderen deutschen Großstadt kläglich scheitern würde. Nicht einmal das gleichmäßige Trommelgeräusch, das von draußen hereindrang in das Zimmer, dieses rauschende Lärmen, das schweren Regen meldete, warnte mich zu diesem Zeitpunkt, da ich mir noch überlegte, daß eine Stadt, wo ein Paul Fleming begraben liegt, ein Friedrich von Hagedorn, den sie einst den deutschen Horaz genannt haben, als Sekretär am „English Court" tätig gewesen war, jener legendären Vereinigung englischer Kaufleute in Hamburg, die wesentlich zum kaufmännischen Ruhm der alten Hansestadt beigetragen hatte, daß eine Stadt, sage ich, in der Friedrich Gottlieb Klopstock seine zutiefst deutschen Oden und Elegien dichten konnte, bis die Hamburger seinen Leichnam in ein schlichtes Grab am Friedhof der Christianskirche senkten, und wo Gotthold Ephraim Lessing zu seiner „Hamburgischen Dramaturgie" inspiriert wurde, zur ersten Theaterzeitschrift Deutschlands, wobei er freilich mit Sarkasmus und Resignation konstatierte, daß nichts – außer dem Regen und den Bankguthaben – in dieser Stadt das erträgliche Maß übersteige, also auch nicht die Zahl der Gelehrten und Künstler, die Hamburg hervorgebracht habe; und nicht einmal die Verbrechen erschienen Lessing sonderlich aufregend, weil sie hier „etwas erschreckend Solides" hätten . . ., daß also eine solche Stadt, wie ich sie mir an jenem Morgen vorstellte, durch den der Regen trommelte, sich nicht erobern lassen würde, obgleich sie sich, wie ich alsbald feststellen konnte, mit einer teils graziösen, teils hochmütigen Geste in Positur warf, sich unbekümmert um den grauen, strähnigen Regen, der ihr übers schieferfarbene, auch

rostrote und kupferfarbene Antlitz wischte, zuerst einmal von ihrer glanzvollen, beeindruckenden Seite zeigte, als ob sie mich, der mit ängstlichen und verwirrten Vorstellungen in sie eindringen wollte, auf eine ganz entschiedene Art zurechtzuweisen hätte.
Ich sah mich zuerst einmal um entlang von Binnenalster und Außenalster: Jungfernstieg, Lombardsbrücke, Alsterglacis, Alter Botanischer Garten, Planten un Blomen, diese im Regen heftig glänzenden, großen Grünanlagen und Parklandschaften, später dann die lärmend gegen das Oberdach des Autobusses schlagenden Äste der Bäume am Harvestehuder Weg. Ich bestaunte eine distinguierte Architektur, die so wohlerzogen, fast vornehm, fast überzeugend wirkte, daß man meinen mochte, hier herrsche wirklich einmal neben dem Geld auch der solide Charakter, dominiere das Korrekte, Großbürgerliche, Geschmackvolle; und ich rechnete mir beeindruckt aus, was allein die Instandhaltung, der sogenannte laufende Aufwand, kosten müßte, den jedes einzelne dieser weißen, elfenbeinfarbenen, dezent grauen Landhäuser, jede dieser Villen, von denen einige tatsächlich wie eine geglückte Nachahmung norditalienischer Landhäuser aussahen, wobei die Nachahmung auf den Umweg über England nach Hamburg geraten sein mochte, was also, so rechnete ich mir aus, jedes dieser Nobelhäuser alljährlich verschlingt, und ich kam, während immer noch die Äste gegen das Dach des Autobusses schlugen und der Regen rauschte, auf Beträge, die mich das alles mit einer Ergriffenheit betrachten ließen, derer ich mich freilich schämte, weil mir immer wieder diese zerfallenden, schwärzlichen, trostlosen Fassaden in Weimar und Leipzig, Erfurt und Berlin (Ost) einfielen, weil mir immer wieder Verhältnisse, Zustände in den Sinn kamen, die ein schrecklicher Widerspruch zu Harvestehude, Eppendorf, Elbchaussee und Blankenese waren und die doch auch mit diesem doppelten Deutschland, wie ich es jetzt kennenlernte, zu tun hatten.
Irgendwann beginnt man darüber nachzudenken, was einen eigentlich an Hamburg stört; oder was auffällt auf eine Weise, die irritiert; oder welcher Gegensatz das sein mag, den man unaufhörlich spürt, gleichsam im Hintergrund, verdeckt vom soli-

den Reichtum der besten Adressen entlang der Elbchaussee, die sich hinter dicken Baumreihen und dichtem Gebüsch geschickt verbergen, überwuchert vom glanzvollen nächtlichen Auftritt der Innenstadt, wenn Scheinwerfer ihren starken Lichtstrahl auf die Kupferdächer der Kirchen werfen und die hellerleuchteten Gebäude vor der Binnenalster wie legendäre Ozeanriesen nordwärts abdrehen. Etwas bleibt dennoch, das mit diesen schönen Bildern nicht übereinstimmen will. Und das hat gar nichts mit St. Pauli und der Reeperbahn zu tun, auch nichts mit dem billigen Vergnügungsviertel hinter dem Hauptbahnhof oder mit den mürrischen, vom Regen heimgesuchten Rentnern, die am Abend vor einer Vorstellung das noble Schauspielhaus belagern und kleine, fast winzige Flugzettel verteilen, in denen sie gegen ihre Not protestieren, und, indem sie Brecht zitieren – „Die im Dunkeln, die sieht man nicht" –, das hochsubventionierte Theater verdammen, während sie selbst nur noch die Wahl zu haben meinen zwischen Verschmutzen und Verhungern, wie sie auf den hektographierten Zetteln bitter konstatieren. Und nicht einmal Lessings „Minna von Barnhelm", die übrigens am 30. September 1767 hier in Hamburg uraufgeführt worden war, hat etwas mit diesem unangenehmen, warnenden Widerspruch zu tun, der einem unentwegt im Hinterkopf rumort, obgleich es eine langweilige, fast blamable Vorstellung ist und man sich, während die Schauspieler wie hölzerne Puppen agieren, mit den durchnäßten Rentnern solidarisch erklären möchte, die nicht einsehen wollen, wie man mit 363 DM monatlich überleben soll.

Aber das alles ist es nicht; oder nicht das allein; oder es hängt nur indirekt mit dem zusammen, was einen an Hamburg stört; wobei das, von dem man glaubt, daß es einen störe, in Wirklichkeit eher eine Verunsicherung ist, ein Gegensatz, mit dem man nicht zurechtkommt. Und das hat etwas mit der Geschichte Hamburgs zu tun, mit seiner intimen Biographie. Das fiel mir erstmals auf, als ich in der Kirche von St. Michael – dem Hamburger Paradebeispiel für Barock – vor den sogenannten Logen auf und ab ging – als ob Hamburgs Protestanten zu vornehm seien, um in ganz normalen Kirchenbänken zu beten – und die drei Orgeln musterte und mich fragte, ob das, was eine Kirche sein sollte, ein Gotteshaus vorzustellen hatte und das tatsächlich wie ein riesiger und feierlicher Konzertsaal aussah, vielleicht ein Spiegelbild hamburgischer Mentalität sein könnte. Und daß ich, wenn ich Hamburg zumindest andeutungsweise verstehen wollte, mich vielleicht dessen entsinnen sollte, daß es in dieser Stadt nicht nur das erste ständige Opernhaus Deutschlands gegeben hatte, das 1678 eröffnet worden war und dann freilich recht glücklos blieb, sondern daß hier seit der Mitte des 16. Jahrhunderts auch die erste Börse Deutschlands in Betrieb war, ursprünglich ein zweistöckiges Holzhaus, entstanden im Auftrag reicher Tuchhändler, und daß, wenn man daran glaubt, daß die hamburgische Gesellschaftsstruktur „eine von Distanz und Korrektheit geprägte Mentalität" (Edith Oppens) produziere, dann schon eher verständlich sei, wenn beispielsweise im späten Mittelalter nicht die Aristokraten, sondern die vermögenden Kaufleute die Stadt beherrschten. Wer geadelt war, durfte nicht im Rat der Stadt auftreten; Aristokraten mußten sich überhaupt außerhalb der Stadt niederlassen. Und nicht erfolgreiche Feldzüge, siegreiche Schlachten oder irgendeine andere dieser triumphalen Gesten, an denen die Geschichte Deutschlands ebenso reich ist wie an demütigenden Niederlagen, bewirkten und bestimmten den Aufstieg der Stadt, sondern so banale Dinge wie Hering und Bier, Genußmittel, mit denen man handelte, die man produzierte und die den Reichtum der hanseatischen Kaufleute begründeten. Und wenn man erst einmal in Erfahrung gebracht hat, daß Hamburg jahrhundertelang und mindestens bis Ende des 16. Jahrhunderts führend war auf dem Gebiet des Brauereiwesens – ein Dokument bestätigt für das Jahr 1367 in Hamburg die Zahl von 457 Brauhäusern, und das bei einer Einwohnerzahl von knappen siebentausend –, und daß dank eines gewissen Johannes Böckel aus dem ordinären Hering der vorzüglich geräucherte Bückling entstand; und daß Hamburg zahlreiche Kriege, an denen es selbst niemals teilnahm, gewinnbringend mit Bier- und Heringslieferungen für sich zu nutzen verstand: dann enthüllt sich allmählich das Geheimnis dieses Widerspruchs, der einem in dieser Stadt zu schaffen macht.

Hamburg, behaupte ich und bin mir der Fragwürdigkeit dieser Behauptung wohl bewußt, Hamburg war, ist eine Krämerstadt. Hamburg hat mit den heroischen Gesten, die einer Stadt angeblich erst eine beachtenswerte Geschichte schenken, immer nur wenig im Sinn gehabt. In Hamburg duckte man sich, solange man sich nicht des solide erworbenen Reichtums sicher war, der den Bürgern später dann Selbstbewußtsein und auch Macht verschaffte, fügte man sich ins Unvermeidliche. Denn was im 9. Jahrhundert unter dem Namen Hammaburg als karolingische Missionsstation von Karls Sohn Ludwig dem Frommen gegründet worden war und wo Ansgar – den sie in Norddeutschland als „Apostel des Nordens" heute noch, wo man überall längst protestantisch betet, in respektvoller Erinnerung haben – seine frommen Netze auswarf, um die gefährlichen und freilich auch heidnischen Dänen für die christliche Sache zu gewinnen, was allerdings keinen anderen Erfolg hatte als den, daß die Dänen mit einer gewissen Regelmäßigkeit die Siedlung überfielen und niederbrannten, so daß Ansgar schließlich fliehen und das gerade erst begründete Erzbistum Hammaburg nach Bremen verlegt werden mußte, denn was also als kühner Vorposten der allgemeinen Christianisierung entstanden und immer wieder bis zur völligen Auslöschung gefährdet war, entwickelte sich zuerst eher unauffällig und dann freilich unaufhaltsam zum wirtschaftlichen Zentrum des Nordens. Daran änderte auch der beeindruckende Ehrentitel nichts, den man der aufblühenden Stadt ihrer mehr oder minder erfolgreichen Missionierungstätigkeit wegen schenkte: „Gesegnete Mutter aller Völker des Nordens."
Die Hamburger nahmen's hin, fügten sich, wenn Wenden und Dänen über sie herfielen, ins Unvermeidliche, und entwickelten sich im übrigen zu dem, was ihnen Gewinn und Wohlstand eintrug, nämlich zu nüchternen Geschäftsleuten, die liebevollen und höchst ernsthaften Umgang pflegten mit dem Hering und dem Bier. Wehrhaft, kriegsbereit, kampfesfroh wurde man in Hamburg erst im ausgehenden 14. Jahrhundert, als die Piraten, die vor den Häfen der Hanse kreuzten, zur Plage wurden. Die sogenannten Viktualienbrüder, die sich selbst so nannten, weil sie im Ver-

laufe eines kriegerischen Konflikts zwischen Schweden und Dänen Stockholm von See aus mit Lebensmitteln, also mit „Viktualien“, beliefert hatten und, als sie arbeitslos geworden waren, sich der Nordsee zugewandt hatten und Helgoland besetzten, diese Viktualienbrüder also wurden den hamburgischen Kaufleuten immerhin so lästig, daß diese eine eigene Flotte aufstellten, um das räuberische Gesindel in mehreren Seegefechten niederzukämpfen. Damals hatte auch der hamburgische Scharfrichter einiges zu tun, denn allein im Jahre 1401 wurden 71 Seeräuber enthauptet, darunter so berüchtigte Kaperkapitäne wie Godeke Michels und Klaus Störtebeker. Der Krieg gegen die Piraten dauerte allerdings noch rund eineinviertel Jahrhunderte an. Erst im Jahre 1525 gelang einem hamburgischen Kommando unter Ditmar Koel ein entscheidender Schlag gegen die Seeräuber. Wenn die kühlen Hanseaten eine Beeinträchtigung ihrer kaufmännischen Existenz befürchten mußten, konnten sie durchaus hitzig werden. Insgesamt aber waren sie, wenn man von jenen schrecklichen Maitagen des Jahres 1842 absieht, in denen fast ganz Hamburg einer verheerenden Feuersbrunst zum Opfer fiel, vom Glück wohl begünstigt. Denn weder der Dreißigjährige Krieg noch die Franzosenzeit stellte ihr kriegerisches Können auf die Probe oder versehrte die zu bemerkenswerter Größe und Gediegenheit gekommene Stadt, die auch durch Reformation und Gegenreformation, diese beiden gravierenden Unglücksfälle der neueren deutschen Geschichte, nicht im mindesten zu Schaden kam. Edith Oppens beispielsweise schreibt in ihrem Buch über Hamburg: „Im 17. Jahrhundert erreichte Hamburg den ersten Höhepunkt seiner Macht. Daß hier ein dynamisches, seiner Kraft bewußtes Gemeinwesen entstanden war, hatte verschiedene Gründe. Eine der Voraussetzungen war die frühe, geglückte, fast schmerzlos verlaufene Einführung der Reformation gewesen, die sich nicht nur auf das religiöse, sondern auch auf das bürgerliche Leben auswirkte. Im moralischen Klima der neuen Lehre fühlte sich die Mehrzahl der Hamburger geeint und zu Hause. Es entsprach ihrer Mentalität.“

Das sind Gewichte, die Bedeutung haben. Nicht die längst verschwundenen, zertrümmerten, verbauten Bastionen aus dem 17. und 18. Jahrhundert, als man sich endgültig zu einer Art immerwährender Neutralität verpflichtet fühlte; nicht der „Wandsbekker Bote“, legendärer Vorläufer aller künftigen anspruchsvollen Zeitschriften in Deutschland, den Matthias Claudius als „moralische Schrift“ verstand, die der Bildung seiner Landsleute nützlich sein sollte und dennoch über eine Auflage von vierhundert Exemplaren nicht hinauskam und nach vier Jahren das Erscheinen wieder einstellen mußte; auch nicht Georg Philipp Teleman, der 1721 die Stelle eines Direktors des Hamburger Musikwesens antrat und bis zu seinem Tod im Jahre 1767 dieser im Grunde zutiefst amusischen Stadt musikalisch verbunden blieb; und auch nicht Lessing, Heine oder der Verleger Campe, der die Autoren des „Jungen Deutschland“ in seinem Verlagshaus sammelte und betreute, haben zu irgendeinem Augenblick der Hamburgischen Geschichte das Porträt der Stadt entscheidend beeinflussen können. Kaufleute, Reeder, Banker, Inhaber von Vermögen, immer wieder einmal auch verwegene Charaktere, bedenkenlos und kühn in ihrem Ehrgeiz, Selbstbewußtsein und eine distanzierte und zugleich distanzierende Zurückhaltung: Das sind die Akzente, die Hamburg in Wahrheit geprägt haben. Der lautlose Aufschrei der Rentner vor dem Schauspielhaus gegenüber dem Hauptbahnhof, während der Regen über ihre zerfurchten Gesichter fällt; die gebückten Rücken von Arbeiterinnen hinter einer Fensterfront, die unvermutet aus rostroten Backsteinmauern sich vorwölbt; die verwüstete, vollkommen denaturierte Landschaft um Norderelbe und Süderelbe mit den Spinnenarmen der Kräne und den langsam ankommenden Schiffen in diesem riesigen Hafen, darin man jede Übersicht verliert; und die lärmende Gleichgültigkeit zu beiden Seiten der Reeperbahn oder in den schmalen, trostlosen Gassen von St. Georg: das alles zählt im Grunde nicht sehr viel. Das sind bloß Nuancen. Das ist der Abfall, den das Geld produziert, mit dem sich eine Gesellschaft, indem sie damit höchst talentiert umgeht, täglich von neuem selbst bestätigen muß.

Im Schatten des Domes: Köln

Der Mann, vielleicht dreißigjährig, sah aus wie ein mittelalterlicher Bettelmönch; oder wie man sich heutzutage einen solchen Menschen vorstellt. Sogar eine prächtige Tonsur schmückte sein Haupt, das in einem langen und schwarzen Vollbart gleichsam unterging und ungemein feierlich wirkte. Eine Nickelbrille mit kleinen runden Gläsern bildete eine Art Klammer, die das behaarte Gesicht zusammenhielt; und hinter den Gläsern bewegten sich zwei flinke Augen, die auch jetzt, da der Mann, der wie ein Bettelmönch aussah, auf die Leiterin der Stadtrundfahrt einredete, unruhig, geschäftig, hin und her wanderten. Er käme aus Frankfurt, sagte der Mann, sei bloß rasch herübergeflogen, um sich die Kölner Szene anzugucken; aber nun wisse er nicht, wo anfangen; und ob sie ihm nicht ein paar Kneipen zeigen könnte, wo man Alternative, Spontis, Kommunisten, vielleicht sogar Stadtguerilla treffen könnte. Der vollbärtige Mann redete mit zunehmender Heftigkeit auf die Reiseführerin ein. Sie war eine hübsche, vollbusige Frau, die jetzt leicht errötete und mich hilfesuchend ansah. Ich stand zwei Schritte daneben, geduldig darauf wartend, daß ich an diesem ungleichen Paar vorbeikäme. Kneipen, in denen die Kölner Spontis verkehrten, kannte ich keine. Ich zuckte bedauernd die Schultern. Und ringsum erhoben sich melancholische Heilige, die mit leerem Blick unsere ziemlich aufgesplitterte Reisegruppe musterten, die eher erschöpft durch das Schnütgen-Museum in der Kölner Cäcilienkirche wanderte, während draußen wieder einmal ein deutscher Herbstregen auf die Stadt fiel, das heißt, es schüttete seit dem frühen Morgen; es war zudem ein sogenannter offener Samstag, an dem die normalen Ladenschlußzeiten aufgehoben waren. Und am Montag würden die Lokalzeitungen in spaltenlangen Berichten den vollkommenen Zusammenbruch des Verkehrs melden. Da würde es dann übrigens immer noch regnen, nicht mehr so heftig und wolkenbruchartig, aber gerade reichlich genug, daß der Dom wie verwischt aussehen würde, wie eine zu groß geratene schwärzliche

Grafik, verschmiert durch die ungeschickte oder ungeduldige Hand des Zeichners.
Ich weiß nicht, ob es der Reiseführerin gelungen war, den Redefluß des Frankfurter Anarchistenfreundes zu unterbrechen. Ich hatte mich abgewandt und war einige Minuten lang ein wenig ziellos zwischen den Exponaten religiöser Kunst auf und ab gegangen, verbittert an mein Hotel denkend, das im Schatten des Doms stand und wo ich seit zwei Tagen fror und vergeblich darauf wartete, wenigstens eine Handvoll heißen Wassers der knarrenden und knatternden Dusche entlocken zu können. Dafür dröhnten Domglocken erschreckend nahe und herausfordernd laut, was wahrscheinlich im stolzen Zimmerpreis inbegriffen war; und ich brauchte nur ein paar Schritte über den Roncalliplatz zu gehen, um aufseufzend im Inneren des Doms unterzutauchen, was freilich weniger befriedigend war, als wenn man, den Kopf weit auf die Schulter zurückgelegt, diese gewaltige Kirche von außen bewunderte – was allerdings ziemlich anstrengend und ermüdend war, zumal dann, wenn einem der Regen unablässig ins Gesicht schlug –, bis ich schließlich „Am Hof", also südlich des Doms und gleich hinter dem Roncalliplatz, ein Kaffeerestaurant entdeckte, das wie ein britisches Pub aussah und einen französischen Namen trug – man wurde von jugoslawischen Kellnern bedient, auch ein freundlicher Neger glitt pfeifend zwischen den Tischen umher –; der Vorteil dieses Lokals war, daß man durch große, erfreulich blankgeputzte Scheiben den Dom in seiner ganzen furchteinflößenden und, zumindest für mich, ziemlich abstoßenden, auch verwirrenden Größe betrachten konnte, ein Bauwerk, das wie kaum ein anderes in Deutschland das Bild einer Millionenstadt beherrscht – oder fast einer Millionenstadt, denn Köln hat, wenn ich richtig informiert bin, etwas weniger als eine Million Einwohner –; und ich erinnere mich, daß ich jedesmal, wenn ich aus der Gegend von Düren kam oder vom rechtsrheinischen Ufer auf die Stadt blickte, von neuem ein wenig zusammenzuckte und beinahe erschrak angesichts dieser gewaltigen Masse schwärzlichen Steins, die wie eine Riesenfaust über der Stadt zu liegen schien.

Den Mann, der wie ein mittelalterlicher Bettelmönch aussah und ausgerechnet in Köln auf der Suche nach Spontis und Kommunisten war, habe ich nicht mehr zu sehen bekommen. Aber gelegentlich dachte ich mit einem Gefühl des Erstaunens oder sogar der Ratlosigkeit an ihn. Hatte er nicht gewußt, daß er sich in einer der frömmsten und zugleich konservativsten Städte Deutschlands befand? Und daß man sich in Köln nicht einmal im Spaß nach Spontis oder nach einer Stadtguerilla erkundigen darf? Oder war er ein Frankfurter Provokateur, der es bloß darauf anlegte, die Kölner Katholiken zu beunruhigen? Den Deutschen sollte man in dieser Hinsicht ja nicht über den Weg trauen. Sie sind stets zu Überraschungen fähig, wenn es darum geht, sich sozusagen ideologisch auszudrücken. Selbst eine Stadt wie Köln, an der, oberflächlich betrachtet, alles in guter deutscher Ordnung zu sein scheint, hat ihre Abgründe und Widersprüche.
Zu leicht könne man sich einbilden, Köln zu kennen, wenn man bloß aus einem Hotelfenster auf den Dom blicke, schreibt Heinrich Böll an irgendeiner Stelle einmal. Und weil man sich derlei Ermahnung zu Herzen nehmen sollte, übte ich mich geduldig darin, sozusagen die wahre Topographie Kölns zu erforschen und gleichzeitig immer neue Perspektiven ausfindig zu machen, unter denen ich mit diesem riesigen Dom, den ich hartnäckig als die bemerkenswerteste Leistung der Stadt betrachten möchte, zurechtzukommen vermochte. Und dabei geriet ich häufig in eine heillose Verwirrung. Ich kam mit Köln nicht zurecht. Das heißt nicht, daß ich besondere Schwierigkeiten gehabt hätte, mich in der sogenannten Altstadt-Nord, die sich rund um den Dom ausbreitet, gebührend umzutun; oder daß ich mich verirrt hätte zwischen diesen eher unglücklich angelegten Ringstraßen – welche die Altstadt in einem großen Halbkreis umfassen und die einzelnen Stadtteile zerschneiden und voneinander trennen – und dem Rhein, in dessen schmutzigbraunes Wasser tagelang der Regen fiel, der wahrscheinlich genauso verschmutzt und vergiftet war wie der Strom. Die Schwierigkeiten, die ich mit dieser Stadt hatte, waren anderer, subtilerer Natur. Ich wanderte durch die Hohe Straße, betrat erwartungsvoll den Rathausplatz, lief die Schilder-

gasse und Gürzenichstraße entlang oder ging die Komödien-, Burgmauer- und Magnusstraße bis hinaus zum Hohenzollernring, immer aufmerksame, fast insistierende Blicke auf die Fassaden der Häuser und in die Gesichter der Menschen werfend, stets darauf bedacht, etwas vom legendären Geist dieser Stadt zu begreifen und auf diese Weise vielleicht zu verstehen, weshalb in einem so unendlich katholischen, buchstäblich dem Heiligen Geist verantwortlichen Winkel Deutschlands Juden und Protestanten jahrhundertelang wie Aussätzige behandelt wurden oder warum alle diese großen, bedeutenden, ehrfurchtgebietenden Namen, die einem einfallen, wenn man sich in Köln aufhält – Thomas von Aquin studierte und lehrte in Köln; Albertus Magnus avancierte hier zum „Doctor universalis" und seine Gelehrsamkeit schien, wie Zeitgenossen mißtrauisch bemerkten, an Hexerei zu grenzen; der Dominikaner Eckhart, den sie den „Meister" nannten, war sechs Jahre lang Lesemeister in Köln; Duns Scotus, Schottlands großer Franziskaner, begraben übrigens in der Minoritenkirche, lehrte hier den fasziniert lauschenden Studenten die Kunst der rechten Philosophie, was bedeutet, daß er auch und vor allem der Theologie die gebührende Aufmerksamkeit widmete –, warum also alle diese wichtigen Namen heute keinerlei Bedeutung mehr zu haben scheinen; als ob das altehrwürdige, hochberühmte Köln, dem schon Petrarca in einem Brief vom 9. August 1333 seine Referenz erwiesen hatte, irgendwann, irgendwie sich vollkommen verändert, gleichsam gehäutet hätte. Als ob die Stadt, überdrüssig ihrer Gelehrsamkeit und des Heiligenscheins, den sie sich mühsam genug erworben hat, aus sich selbst hervorgetreten wäre, bereit zu Hoffart und Sünde und begierig danach, gutes bares Geld zu verdienen. „Dieser Ort ist durch seine Lage, durch seinen Strom und durch seine Bevölkerung berühmt. Man ist erstaunt, in diesem Barbarenland eine derartig feine städtische Bildung anzutreffen. Welch ein Stadtbild, welche Würde bei den Männern, welche Anmut bei den Frauen!" – So schrieb Petrarca, der sich auch an den römischen Ruinen zu begeistern vermochte, die damals noch die Wurzeln dokumentierten, aus denen Köln entstanden war.

Und dem allen wollte ich auf der Spur bleiben. Der Intoleranz der Katholiken, die bis 1794, bis zum Einmarsch eines französischen Revolutionsheeres, ihren jüdischen und protestantischen Mitbürgern das Leben nicht bloß erschwert, sondern häufig auch unmöglich gemacht hatten. Der nachhaltigen Wirkung, die alle diese großen Männer nicht nur auf ihre Zeitgenossen, sondern auch auf spätere Generationen ausgeübt haben. Dem legendären Geist des Mittelalters, das hier reicher, freier, freilich auch verschlagener oder eigentlich geschäftstüchtiger gewesen sein soll als anderswo in diesem Land, wo Vernunft und Freiheit so selten zu ihrem Recht kommen. Dem aufgeklärten Bürgersinn und der selbstbewußten Geschäftstüchtigkeit dieser Menschen, die angeblich gelöster und heiterer sind, auch unbefangener im Umgang mit dem Schicksal, das für Köln und seine Bürger manchmal unbegreiflich und oft nur schwer erträglich gewesen sein mag. Aber wie sehr ich mich auch bemühte und umtat in dieser Stadt, die wie alle anderen Großstädte Deutschlands immer ein wenig provinziell anmutet, der man das Großstädtische nur glaubt, wenn man ihre Ausdehnung, nicht aber, wenn man die Haltung kennenlernt, mit der sich diese Großstädte weltmännisch aufzuführen versuchen ... wie sehr ich mich also anstrengte in Köln: Ich kam mit der Stadt nicht sonderlich zurecht. Sie entzog sich mir. Oder sie zerfiel mir unter den Fingern, unter den Blicken in zahlreiche Splitter, mit denen ich nichts Brauchbares, nichts Überzeugendes anzufangen vermochte.
Die Kölner, schrieb Werner Höfer, ein in der Eifel geborener Wahlkölner und zudem in der Bundesrepublik wohlbekannt als Medienmann, die Kölner seien ein Menschenschlag, der es den Zuwanderern nicht leicht mache, sie zu lieben. Nun mag derlei auch auf Wanne-Eickel oder auf Linz zutreffen. In Köln freilich könnte es tatsächlich diese besondere Art von folkloristischem Rassismus geben, von dem Höfer behauptet, daß er bis an eine Grenze reiche, wo sich der Spaß aufhöre. Denn Spießigkeit und Hochmut, Züge von Provinzialismus und Engstirnigkeit seien nur schwer zu übersehen; und das vielzitierte Kölsche Herz sei manchmal nur noch schwach hinter dem robusten Charme der

Bourgeoisie zu spüren. Eine Ursache dafür mag sein, daß die Protestanten im katholischen oder, wie es wohl genauer heißen sollte, im heiligen Köln bis Ende des 18. Jahrhunderts das wenig beneidenswerte Dasein einer völlig rechtlosen Minderheit führen mußten. Ihre Gottesdienste waren verboten, die ärmeren oder weniger anpassungsfähigen Bürger unter ihnen wurden aus der Stadt gewiesen, und auch von den Zünften, diesem ökonomischen und gesellschaftlichen Rückgrat der Stadt, blieben sie ausgeschlossen. So entstand beinahe zwangsläufig ein Wirtschaftspatriziat, das vornehmlich evangelisch ausgerichtet war, denn lediglich als Händler hatten sich die verachteten und verfolgten Lutheranischen bewähren dürfen in einer Stadt, deren Bürger zutiefst und vielleicht auch zu lange in der handwerklichen Tradition ihrer Zünfte befangen waren. Und wo man mit kostbaren Reliquien von Heiligen einträglichen Umgang hat, ist Toleranz nie sonderlich gefragt.
Wer immer Köln beschreibe, werde sich mit dem Phänomen seiner Gegensätzlichkeit auseinandersetzen müssen, meint dann auch Willehad Paul Eckert in seinem hübschen Buch über Köln, darin er sich selbst die Frage vorlegt, ob der konservative Zug, der an seiner Heimatstadt feststellbar sei, nur für das Mittelalter gelte oder doch auch für die nachfolgenden Zeitläufe dokumentierbar sei. Ich kann darauf keine Antwort geben. Ich weiß nur, daß ich durch Köln lief wie jemand, der etwas sucht, von dem er nicht genau weiß, wann er es verloren hat, und wie das, was er verloren zu haben glaubt, tatsächlich ausgesehen hat. Der Dom, der mir dabei unaufhörlich ins Genick starrte, war kein Ersatz dafür. Zu lange ist daran gebaut worden, nämlich genau 632 Jahre und ganze zwei Monate lang; und zu lange war er eine klägliche Bauruine, nämlich von 1560 bis 1842, weil den ehrbaren und ehrgeizigen Kölnern, als sie das Monumentalste und Auffälligste, das sie zu Gottes Ehre und ein wenig wohl auch zu ihrem eigenen Ruhme errichten wollten, das Geld ausging; und weil es dann der nüchternen Preußen bedurfte, um noch einmal und im Verlaufe von vierzig Jahren dieses Riesenwerk in Angriff zu nehmen und auch zu vollenden, was freilich Hand in Hand einher-

ging mit der grotesken Idee, nur einige Schritte hinter dem Dom einen Hauptbahnhof einzurichten, so daß jetzt bemühte Fotografen ohne weiteres imstande sind, die Silhouette des Doms in den Glasscheiben des Bahnhofs abzufotografieren. Ein Ersatz für das, von dem ich mir einbildete, daß es mir in Köln fehlte oder abhanden gekommen war, konnte der Dom dennoch nicht sein. Er war eine Herausforderung. Und auch eine Beunruhigung. Und, wenn ich mich aufhielt in seinem eher kahlen, eher ernüchternden Inneren, nicht im mindesten eine Wohltat fürs Gemüt. Und auch die anderen Kirchen waren es nicht, die ich gehorsam aufsuchte, um wieder einmal die Kunst der deutschen Restaurateure und Architekten zu bewundern, die aus Bombenschutt und Brandruinen im Handumdrehen eine neue Kultur haben entstehen lassen, die aussieht, als wäre sie uralt und organisch gewachsen. Ich blieb distanziert, fast teilnahmslos in St. Kolumba, St. Gereon mit seinen hübschen Fresken, St. Aposteln und St. Maria im Kapitol; und selbst St. Pantaleon, wo es die Reste eines Kreuzganges zu sehen gibt, die angeblich die ältesten Kreuzgangruinen Deutschlands sind, berührte mich nicht übermäßig. Sogar in der Cäcilienkirche, darin man das durchaus sehenswerte Schnütgen-Museum eingerichtet hat, so daß man wie in einem Wald von stummen, melancholischen Heiligen umherwandern kann, den Blick auf kostbares Kirchengerät und feingearbeitete Rosenkränze gerichtet, blieb ich teilnahmslos. Mein naives katholisches Gemüt wehrte sich gegen diese nutzlose Anhäufung religiöser Gebrauchsgegenstände. Das alles war zu glatt, zu gefällig, zu systematisch, als daß man daraus irgendeinen frommen Nutzen hätte ziehen können.

Aber derlei eigenartige Frustration, derlei verunsichernder Eindruck auf das Gemüt eines südländischen und deshalb wohl besonders naiven Katholiken ist angesichts dieser fast klinischen Zurschaustellung frommer Dinge durchaus verständlich, wenn man sich überlegt, daß dieses „heilige Köln, durch Gottes Gnade der römischen Kirche treue Tochter", wie es in der Inschrift des städtischen Siegels beziehungsreich heißt, einst eines der großen Pilgerzentren der mittelalterlichen Christenheit war. Das begann

schon damit, daß ein gewisser Bruno, der als Erzbischof um die Mitte des 10. Jahrhunderts in Köln wirksam sein konnte, aufs nachhaltigste dafür sorgte, daß die Kirchen und Klöster der Stadt mit bedeutsamen Reliquien ausgestattet wurden, so daß Kölns Ruf als wichtige Wallfahrtsstätte bald groß genug war, um daraus auch materiellen Gewinn ziehen zu können. Andere Kirchenfürsten, die Köln bis zu ihrer Vertreibung aus der Stadt durch die aufgebrachten Bürger wie ein kleines Königreich regierten, sorgten gleichfalls dafür, daß die Reliquienschreine aufs stattlichste gefüllt waren, zu welchem Zwecke man aus Italien die kostbaren Überreste der sogenannten Heiligen Drei Könige heimholte an den Rhein und auch das Gebein von zehntausend heiligen Jungfrauen, das in seiner ganzen Masse als aufsehenerregende Reliquie behandelt wurde, nicht verschmähte, was alles schließlich dazu beitrug, daß der Ansturm der Pilger auf die Herbergen der Stadt nicht nachließ und die kirchlichen wie die weltlichen Kassen wohlgefüllt waren.
Derlei könnte man, wollte man die fromme, fast ein wenig kindliche Gläubigkeit der rheinländischen Menschen nicht trotz alledem hinlänglich respektieren, auch heute noch mit teils erstauntem, teils ironischem Zungenschlag kommentieren. Ich erinnere mich an fahnenumwehte Aufmärsche auf dem Roncalliplatz, an feierliche Hochämter mit brausendem Orgelklang im nahezu überfüllten Dom, was bedeutet, daß schon einige tausend Christen wieder einmal – und bei abscheulichem Herbstwetter mit Wolkenbruch und stöhnendem Wind – die verhältnismäßige Mühsal einer Pilgerfahrt auf sich genommen hatten. Und ich erinnere mich vor allem an das anachronistische Bild der tapfer durch den Regen watenden Pilger, wie sie, ihre Gesichter hinter gelbschwarzem Fahnentuch oder unter unförmigen Regenschirmen verbergend, in langer Kolonne vom Hauptbahnhof hinüber zum Dom stapften, während dicke Regentropfen auf ihren Schultern zerplatzten.
Reichtum kam also mit den Reliquien in die Stadt. Klöster und Kirchen florierten. Kein Orden, der nicht ansässig sein mochte in Köln. Selbst die Minderbrüder drängten danach, am frommen

Wohlstand teilzuhaben. Satte Mönche predigten die Vorzüge von Keuschheit und Armut. Vermögende Ratsherren, gutbetuchte Zunftmeister, ein selbstbewußtes Bürgertum genoß die Vorzüge, die von den reichbestückten Reliquienschreinen sozusagen am laufenden Band produziert wurden. „Doch es gab in dieser Stadt nicht nur Glanz", schreibt Willehad Paul Eckert über diese ebenso turbulente wie rühmenswerte Epoche Kölns. „Risse gingen durch ihre Gesellschaft. Ängste regten sich. An der Rechtgläubigkeit von Beginen und Begarden wurden Zweifel laut." – Man revoltierte also gegen die Bettelorden, weil die Schenkungen an Grundbesitz und Bargeld allmählich auffällig wurden, die das Vermögen dieser der Armut verpflichteten Mönche ständig vermehrten. Dazu kam, und zwar im Jahr 1348, die Pest über Köln, was sogleich den Verdacht zur Gewißheit werden ließ, daß die Juden die Brunnen vergiftet hätten. Im Jahr darauf „wurden die Juden vernichtet", wie es in alten Chroniken lapidar heißt. Es war die alte Geschichte. Es waren die nämlichen Inhalte einer christlichen Biographie, darin ein prunkvoller Dom, reiche Klöster, kostbare Reliquienschreine, ein wohlbestalltes Bürgertum und so viele Gegensätze vorhanden waren, mit denen man nur durch Anwendung von Gewalt fertig wurde. Und von alledem hat sich genügend an Erinnerung, gleichsam als Geruch oder als Schatten, erhalten, daß man nur schwer zurechtkommt mit dieser Stadt, deren leichte Art, mit dem Leben umzugehen, nicht darüber hinwegtäuschen kann, daß zu viele Widersprüche unausgeräumt bleiben. Das Kölsch, Kölns legendäres obergäriges Bier, und der Köbes, diese besondere Spezies von Kellnern, die als nahezu unumschränkte Herrscher in den dunklen, rauchigen Kneipen zwischen den blankgescheuerten Holztischen selbstbewußt auftreten, sowie der berühmte Karneval, dessen lärmende Spaßigkeit einem strengen Reglement zu gehorchen hat: Das mögen, sofern man die Dinge etwas ungenau betrachtet, vorzügliche Anhaltspunkte für eine touristische Erfassung Kölns sein. Wollte man freilich tiefer eindringen in dieses Geflecht aus historischer Erinnerung und Gegenwart, dann bleibt ein Rest von Unsicherheit und Unruhe zurück. Es ist der dunkle, fast schwärzliche

Dom mit seinen gewaltigen Ausmaßen, der gleichsam die Richtung weist für den Umgang mit Köln. Aber während man sich noch nach dieser Richtung zu orientieren versucht, ahnt man, daß vieles davon nur Tünche, nur Einbildung ist.

Standort der Superlative: Frankfurt

Ich hatte mich den ganzen Tag in Frankfurt herumgetrieben. Ich war als disziplinierter, gehorsamer Tourist den sogenannten Sehenswürdigkeiten nachgegangen, deren Besuch einem vom Frankfurter Verkehrsamt gleichsam zur Pflicht gemacht wird. Ich hatte an einer Stadtrundfahrt teilgenommen, war dann, nachdem ich das Goethehaus und die neckischen Imitationen deutscher Fachwerkromantik am Römer gerade noch überstanden hatte, einfach auf und davon gegangen, war auf eigene Faust losgezogen, um mir ein Bild von dieser Stadt zu machen, bei der es, wie der deutsche Schriftsteller Wolf Wondratschek einmal meinte, ungemein schwierig sei, seine Freunde von ihr zu überzeugen und die doch, wenn man einem so gebildeten Manne wie dem Prinzen Sayn-Wittgenstein Glauben schenken darf, einst unvergeßlich gewesen sein muß, ein Schauplatz guter deutscher Bürgerlichkeit mit honetten Umgangsformen, wo alles Nachbarliche, alles Kulturelle mit schöner Selbstverständlichkeit gepflegt wurde, was ich mir in diesen Stunden, da ich zwischen dem Hauptbahnhof und den Zoologischen Gärten hin und her ging wie in einem riesigen Wartesaal, nicht mehr so recht vorzustellen vermochte. Und nun, endlich, am späten Nachmittag – der Himmel, den man, wenn man den Kopf nur weit genug zurücklehnte, undeutlich wahrnehmen konnte, war von durchsichtiger Bläue, sah aus wie eine sorgfältig gebrannte Glasur, darin dennoch einige weiße und wahrscheinlich federleichte Punkte schwammen –, und nun, endlich, saß ich hinter der Paulskirche auf einer dieser Eisenbänke, die rund um die Bäume geschlungen sind, die hier auf einem kleinen Platz stehen, eher zufällig und so, als ob sie nicht in das Bild paßten, das sie mit ihren großen, gelblichgrünen, braunverschmutzten Blättern langsam zudeckten, die mit einer fließenden Bewegung von den merkwürdig nackten Ästen fielen, und ich saß auf dieser Bank, die mehr wie ein Gestell aussah, wie ein Rost, auf dem man nur kauern oder unbequem lümmeln kann, und ich war gerade wieder von der Zeil, der Hauptwache, der Katharinenkir-

che herabgekommen und hatte keine Lust oder einfach keinen Mut mehr, schon wieder diese Imitationen am Römer zu bewundern, diese koketten Kulissen, mit denen man hier eine Geschichte vortäuscht, die in Wahrheit längst abgeschlossen und bedeutungslos geworden ist.
Ich saß einfach da. Die Blätter schaukelten lautlos von den Ästen. In meinem Rücken erhob sich der rötlich gefärbte Rundbau der Paulskirche, von der ich mir, als ich sie zum erstenmal gesehen hatte, einen winzigen Augenblick lang eingebildet hatte, daß sie mich an eine gewaltige Kirchenruine unten in Süditalien, im östlichen Kalabrien erinnerte und daß sie mir so etwas wie ein Heimatgefühl in dieser schrecklichen fremden Stadt zu schenken vermöchte, in dieser Stadt, in der man mit den Deutschen tatsächlich Mitleid empfindet, obgleich es manchmal schwierig sein kann, in Frankfurt noch auf Deutsche zu stoßen, wenn man nur ein Tourist ist, der sich umsieht und Sehenswürdigkeiten sucht und einverstanden sein muß mit haarsträubenden Kulissen und neckischen Imitationen. In meinem Rücken also die Paulskirche. Ich wollte, konnte sie nicht mehr sehen. Und der Gedanke an das feierliche Zeremoniell, dem sie Platz bot in ihrem Rundbau seit dem Jahre 1848, als hier die erste deutsche Nationalversammlung „mit viel Idealismus und kaum realen Kräften" den Versuch unternahm, ein einiges und demokratisches Deutschland zu schaffen, bis herauf in die Gegenwart, da in ihr einmal jährlich der Friedenspreis des deutschen Buchhandels verliehen wird, und dieser Gedanke also war mir gleichgültig oder kam mir so phantastisch, so unglaublich vor inmitten einer Stadt, die ihrer eigenen Geschichte, ihrer bemerkenswerten Biographie längst enteilt ist, die mir unmenschlich, unbewohnbar, unheilvoll zu sein schien, die fast nichts mehr mit diesem Deutschland zu tun hatte, das ich bewunderte und zugleich fürchtete. Frankfurt, dachte ich mir, während ich einfach so dasaß, im Rücken den harten Rahmen, das eiserne Gitter der Bank, weil es in dieser Stadt und auf diesem Platz wohl unzumutbar gewesen wäre, im Rücken die rauhe Rinde eines Baumes zu spüren – Frankfurt, dachte ich mir, kann man nicht bewundern und braucht man auch nicht mehr zu

fürchten. Denn Frankfurt ist nichts, oder es ist nicht wirklich etwas, mit dem man sich noch beschäftigen muß.
Aber ich beschäftigte mich eben doch mit Frankfurt. Ich beschäftigte mich mit Bildern, Gerüchen, Eindrücken, während ich auf dieser eisernen Bank vor der Paulskirche saß und den langsam herabfallenden Blättern zusah und mir überlegte, ob sie nicht vielleicht doch aus Plastik geformt sein könnten, etwas Künstliches wären, weil ihre Farben auf eine so unnatürliche Weise leuchteten, weil auch sie wie Imitationen aussahen, und ich beschäftigte mich mit allem, was ich an diesem Tag gesehen und nicht verstanden hatte, während ich mir einredete, daß Frankfurt nichts sei, über das sich nachzudenken lohne. Das hier war nie eine Residenzstadt, auch nie die Hauptstadt eines Landes oder wenigstens einer Region; und nicht einmal ein Fürstenhaus könnte man nennen, das Frankfurt hätte prägen können. Kein Bischof mochte den Dom als seine Hauskirche ansehen, kein Kaiser konnte hier residieren, obgleich 52 von ihnen im sogenannten Kaisersaal des Rathauses dargestellt sind, wobei dieses Rathaus nicht eigentlich ein Rathaus ist, sondern einfach als „Der Römer" bekannt ist, wie ja auch der Dom von St. Bartholomäus nicht wirklich ein Dom sein kann, weil ihm der Bischofssitz fehlt, was aber in dieser Stadt, die nur noch aus Imitationen und geschickt aufgestellten Kulissen zu bestehen scheint, nichts zu bedeuten hat. Und ich saß da und dachte nach. Und hatte noch den schrecklichen, widerlichen Parfümgeruch in der Nase, der mich unaufhörlich begleitet hatte, während ich an den großen Kaufhäusern vorbeigegangen war; ich schmeckte diese verbrauchte, süßliche, künstliche Luft auf meiner Zunge, während ich hier den fallenden Blättern, die wie Plastik aussahen, nachblickte und an diesen seltsamen Dom dachte, der von einer riesigen Baustelle umgeben oder eigentlich umklammert wird, zu der man vom Römer aus nur kommt, wenn man eine ganze Reihe dieser Nachbildungen hinter sich bringt, die in Frankfurt als Innen- oder Altstadt ausgegeben werden und von denen mir während der Stadtrundfahrt erklärt worden war, daß sie gewissermaßen der letzte Schrei auf dem Gebiet der modernen Architektur seien. Und das

sind, wenn ich mich recht erinnere, rötliche Fassaden, die eine entfernte Ähnlichkeit mit diesen südfranzösischen Satellitenstädten haben, die in der Provence und im Roussillon außerhalb der alten, gewachsenen Städte entstanden sind, Fassaden, hinter denen man nicht einschlafen kann, weil sie tatsächlich wie Kulissen aussehen, zwischen denen eine unvernünftige Wirklichkeit dargestellt werden soll, mit der niemand etwas anfangen kann.
Daran dachte ich. Damit beschäftigte ich mich. Und mit der stereotypen Erklärung, die man im Goethehaus zu hören bekommt; diese ungemein beeindruckende Geschichte vom Wallfahrtsort der gebildeten Menschheit; und daß niemand sich der ehrfürchtigen Scheu zu entziehen vermöchte, die zu empfinden beinahe Pflicht sei, wenn man durch die Räume schreite, aus denen Deutschlands bedeutendstes Genie hervorgegangen sei. Und mir fielen ausgerechnet in diesem Goethehaus die olivfarbenen Gesichter ein, denen ich in der Kaiserstraße, auf der Zeil, auch im Großen Hirschgraben, vor dem Römer, am Untermainkai oder drüben in Sachsenhausen unaufhörlich begegnet war; die olivfarbenen Gesichter, die pechschwarzen Schnauzbärte, all das Dunkelhäutige und Fremdartige und nicht wirklich nach Frankfurt Passende oder Frankfurt Erklärende, das mich verwirrte, wie mich die gutbekannten gutturalen Sprachtöne verwirrten, die ich überall zu hören bekam, auf der Straße, in den Hotels, in den Läden und sogar in den guten alten deutschen Kneipen mit ihren guten alten deutschen Aufschriften, wo mich die Selbstverständlichkeit verunsicherte, mit der sich das Olivfarbene, Schwarzschnauzige, Gutturale der guten alten deutschen Gewohnheiten bemächtigte und so preußisch war, forsch auftrat und korrekt hantierte, daß ich mich jedesmal von neuem vergewissern mußte, in welchem Land ich wirklich war und mit welchen Menschen ich es tatsächlich zu tun hatte.
Und doch kann, darf man Frankfurt nicht einfach achselzuckend abtun, nur weil das Fremdländische in dieser Stadt auf eine unangenehme Weise zu dominieren scheint oder weil es sich angepaßt hat an Verhältnisse, von denen man sich nicht vorstellen kann, daß es deutsche oder preußische oder fränkische Verhält-

nisse sein könnten. Und man muß, wenn man die Deutschen und damit Frankfurt begreifen will, in der Tat auch das Goethehaus am Großen Hirschgraben aufsuchen, dessen Original aus dem Ende des 16. Jahrhunderts stammte, ursprünglich aus zwei gotischen Häusern bestand, wobei Johann Wolfgang Goethe im größeren der beiden Häuser am 28. August 1749 geboren wurde, und als er sechs Jahre alt war, vereinigte sein Vater, ein angesehener und vermögender Mann, der es bis zum kaiserlichen Rat gebracht hatte, diese beiden Häuser zu einem einzigen, großen, repräsentativen Gebäude, von dem Goethe im Ersten Buch von „Dichtung und Wahrheit" schrieb: „Das Haus war indessen fertig geworden, und zwar in ziemlich kurzer Zeit, weil alles wohl überlegt, vorbereitet und für die nötige Geldsumme gesorgt war. Wir fanden uns alle wieder versammelt und fühlten uns behaglich; denn ein wohlausgedachter Plan, wenn er ausgeführt dasteht, läßt alles vergessen, was die Mittel, um zu diesem Zweck zu gelangen, Unbequemes mögen gehabt haben. Das Haus war für eine Privatwohnung geräumig genug, durchaus hell und heiter, die Treppe frei, die Vorsäle luftig und jede Aussicht über die Gärten aus mehreren Fenstern bequem zu genießen." – Das ist der Stil, der einem vertraut ist, wenn man sich mit Deutschland beschäftigt und sich nicht zu überlegen braucht, daß es Bombennächte gegeben hat, in denen mit der alten deutschen Architektur auch dieser gewohnte deutsche Stil in Schutt und Asche hinsank, etwas, das auch durch den kunstvollsten und kostspieligsten Wiederaufbau nicht mehr rekonstruiert werden konnte. „Was ist die Stadt", fragt Horst Krüger, beheimatet in Frankfurt und an Frankfurt leidend, wie nur jemand leiden kann, der rückhaltlos liebt. Und er beantwortet sich selbst die Frage, indem er sagt: „Ein einziger Spielbaukasten der Republik, der im Neuaufbau herunterfiel. Nun liegt alles etwas wirr und chaotisch durcheinander. Ihre Anmutungen sind reine Zumutungen. Operationssaal unserer Gesellschaft: Narkosegefühle, blinkende Messer, Angst aller Opfer. Es ist, als wenn man in den aufgerissenen Leib dieser Republik sähe: Deutschland – unten."
Wie fremd, fragte ich mich immer wieder, während ich an den

großen Kaufhäusern vorbeiging oder im Bahnhofsviertel ausländische Namen buchstabierte oder im Banken- und im Pelzviertel Reichtum witterte oder auf diesem unbequemen eisernen Rost hinter der Paulskirche saß und, den fallenden Blättern zusehend, die wie Plastik aussahen, hinüber zum Römer blickte, wo am späten Vormittag die Hochzeitspaare sich am renovierten, gewiß peinlich genau nach den historischen Plänen rekonstruierten Treppenaufgang zum Kaisersaal zum Erinnerungsfoto aufstellen, weil sie das, wollten sie sich auf die gute alte katholische Art kirchlich trauen lassen, vor dem Dom nicht inszenieren könnten, weil der Dom wie ein Riesenspielzeug inmitten einer gewaltigen Baugrube steht, von Gerüsten umgeben, von Kränen eingezäunt, von halbfertigen Geschäftsstraßen umzingelt, umweht von den Gerüchen, die aus einem italienischen Ristorante und einem provençalischen Laden kommen, wie fremd, fragte ich mich, müssen die Menschen in dieser Stadt eigentlich sein, wie fremd muß Frankfurt den Deutschen wirklich sein, wie fremd müssen sie sich selbst geworden sein, daß sie eifrig und bußfertig ins wiederaufgebaute Goethehaus wandern und den Römer bestaunen und, auf der Terrasse vor der Hauptwache sitzend, über ihre Sahnetörtchen und Teekannen hinweg die Katharinenkirche betrachten oder, auftauchend aus einem U-Bahnschacht, einen erinnerungsträchtigen Blick auf den Eschenheimer Turm werfen und sich bei alledem einzubilden, einzureden versuchen, Frankfurt sei nach wie vor ein Dokument ihrer eigenen Geschichte.
Dabei wäre gerade Frankfurt, wie man sich das ohne weiteres vorstellen kann, gewiß ein beispielhaftes Spiegelbild deutscher Innerlichkeit und deutscher Behaglichkeit gewesen, ohne daß dem, was diese Menschen unter Fleiß und Tüchtigkeit verstehen, Abbruch getan worden wäre. Der Prinz zu Sayn-Wittgenstein schreibt in seinen Erinnerungen vom hübschen Gewirr der engen Gassen zwischen Main und Dom, wo sich die hochgiebligen Häuser gegeneinander lehnten, und von den Familien, die „in diesen wohlhäbigen Häusern saßen und eine ebenso angenehme wie elegante Gastlichkeit übten". Demgegenüber Horst Krüger heute: „Baulöcher, Gruben, Löcher, eine Stadt zum Stolpern. Wärme

brütet auf dem Asphalt, Provinzwärme, dicht an dicht. Man kommt sich einfach zu nahe hier. Ein Zug von Gewöhnlichkeit in den Gesichtern: Händlergerissenheit, über Bier gebeugt. Das Aufgelöste so vieler Frauen in Warenhäusern. Die erschöpften Autofahrer hinter Panoramascheiben. Was ist mit der Stadt?"
Was ist mit Frankfurt? Der meistfrequentierte Bahnhof in der Bundesrepublik und, seit Leipzig von den internationalen Strekken abgeschnitten ist, damit auch ganz Deutschlands. Der höchste Motorisierungsgrad. Der größte kontinental-europäische Flughafen. Die prächtigsten Kaufhäuser. Das imposanteste Bankenviertel. Die wichtigste Börse. Die führende Messestadt. Und ein Leben, das wie ein Alptraum ist. Was ist mit Frankfurt wirklich? Was haben die Deutschen in ihrem Tüchtigkeitswahn und in ihrer Besessenheit, sich selbst immer wieder von neuem zu beweisen, daß man der eigenen Biographie zu entgehen vermag, mit dieser Stadt angestellt? Franconofurd, Furt der Franken, hieß der Schauplatz damals, als er im Jahre 794 erstmals erwähnt wurde. Und aus dem Jahre 1074 existiert eine Urkunde, die von einer königlichen Zollstation berichtet. Bereits 1240 findet eine erste Handelsmesse hier am Main statt, den eine stattliche Holzbrücke überquert. Hundert Jahre später wird sie durch eine steinerne Brücke ersetzt, die rund sechs Jahrhunderte lang ihren Dienst versieht und erst im Bombenhagel des Zweiten Weltkrieges zerstört wird. In Frankfurt – oder, um den historischen Namen noch einmal in Erinnerung zu rufen, in Franconofurd – starb eine der Ehefrauen Karls des Großen, fand eine jener Reichsversammlungen statt, durch die der Kaiser eine Reihe bis dahin unbedeutender, auch unbekannter Plätze ins Licht der Geschichte rückte, und es kam verhältnismäßig früh, nämlich im 8./9. Jahrhundert, zur Vereinigung und damit zum friedlichen Miteinander von Franken und Sachsen, „diesen edelsten Völkern Deutschlands, die sich vordem ewigen Haß geschworen hatten", wie das Anton Kirchner in seiner Frankfurter Stadtgeschichte aus dem Jahre 1807 formulierte. Merowinger, Karolinger, Staufer treten hier auf, Bernhard von Clairvaux, der große Reformator und unbarmherzige Moralist des 12. Jahrhunderts, predigt in der Stadt den

Kreuzzug, Könige und Kaiser werden hier gewählt und gekrönt, die Stadt wird zum Zentrum des Buchdruckes und des Buchhandels, schon 1564 gibt es einen ersten Katalog zur Frankfurter Buchmesse, auf die zehn Jahre später ein Verleger aus Genf einen Hymnus dichtet, der mit den Worten beginnt: „Wie Hellas in Athen, so ist Deutschland in Frankfurt zu finden."

Ist Deutschland, ist dieses merkwürdige, widerspruchsvolle Gebilde namens Bundesrepublik tatsächlich in Frankfurt zu finden? Ich ging, fuhr, wanderte, spazierte durch die Stadt und sah nichts anderes als Stein und Stahl und Glas; und die Gesichter, in die ich blickte, sahen aus wie die Architektur, mit der ich nicht zurechtkam, die mich erdrückte, mutlos machte, verwirrte; und die wenigen Bäume, die ich entdeckte, waren nicht wirklich Bäume, sondern wirkten wie Attrappen; und der Fluß sah aus, als sei auch er renoviert, rekonstruiert worden; und die Alte Oper, die Hauptwache, das Eschenheimer Tor, der Römer, das Goethehaus: Kulissen, zwischen denen man so tat, als ob man lebte.

Vorzuwerfen, indem man die Geschichte dieser Stadt sich noch einmal in Erinnerung ruft, ist Frankfurt eigentlich nichts; oder nichts, was über das hinausginge, was in Deutschland so oft die Regel war. Geschäftstüchtigkeit, die sich immer durchzusetzen weiß. „Die Frankfurter Messe war von gleicher Bedeutung wie die Nilüberschwemmung für Ägypten, nur daß sie statt Schlamm Geld am Main zurückließ", stellte einmal der Frankfurter Kunsthistoriker Fried Lübbecke befriedigt fest. Judenverfolgungen, die man hier gleichsam katalogisierte und jeweils als Judenschlacht bezeichnete, gehören ebenso zur Chronik wie die lapidare Feststellung der reisenden Kaufleute überall im Land, daß „zu Frankfurt mehr Wein als Wasser vorhanden" sei. Der erste König, der in der späteren Krönungsstadt gewählt wird, ist Friedrich Barbarossa; das war am 4. März 1152. Und vom Jahre 1562 an wird hier sowohl gewählt als auch gekrönt. Zuletzt ist es der Habsburger Franz II., dessen Rücktritt im Jahre 1806 das Heilige Römische Reich Deutscher Nation beendet. Zweiundvierzig Jahre später, am 18. Mai 1848, versammeln sich die Abgeordneten der erstmals einberufenen Nationalversammlung im Kaisersaal des Römer und ziehen dann, wie Zeitgenossen das beschreiben, in feierlicher Prozession zur gegenüberliegenden Paulskirche, wo sie eine Verfassung ausarbeiten und verabschieden werden. Bedeutende Männer befinden sich darunter. Ludwig Uhland, Ernst Moritz Arndt, Jakob Grimm sowie viele Professoren von den verschiedenen deutschen Universitäten, 123 an der Zahl, so daß man später einmal vom Professoren-Parlament sprechen wird, das in Frankfurt tagte. „Sicher hat nie mehr eine Volksvertretung, vielleicht aber auch sonst nie das Parlament einer Welt, so viele durch geistige Leistung hervorragende Männer besessen. Das bleibt der Ruhm der Paulskirche, und es ist kein schlechter Ruhm“, sagt genau hundert Jahre später, nämlich 1948, ein deutscher Professor namens Theodor Heuss, der dann der erste frei gewählte Bundespräsident der neugegründeten Bundesrepublik sein sollte.

Im Kaisersaal des Römer wird aber auch, und zwar am 8. Oktober 1866, die Einverleibung Frankfurts durch Preußen vollzogen, was den Frankfurtern neben vielen liebgewordenen Gewohnheiten auch die Unabhängigkeit kostet, ihrer Stadt jedoch im Verlaufe der nächsten Jahrzehnte zugute kommt, zumindest bis zu dem Augenblick, da Frankfurt die „Stadt der Superlative“ wird, „die alle herkömmlichen Vorstellungen sprengen“ (Erich Helmensdorfer). Heute bekämpfen mehr als hundert Bürgerinitiativen jene Dinge, „die in Frankfurt am meisten, höchsten, größten und zahlreichsten von allen Großstädten vorkommen“ (E. Helmensdorfer), und das sind: Autos, Ausländer, Pendler, Flugzeuge, Eisenbahnzüge, Drogenhandel, Kreditinstitute, Exportwirtschaft und internationale Verflechtungen. „Daß sich neuerlich überhaupt jemand findet“, schreibt Helmensdorfer in seinem Buch über Frankfurt, „der die Stadt lebenswert empfindet, wird von gebürtigen Einwohnern, die ihre Heimatstadt sogar für liebenswert halten, schon als Fortschritt gebucht. Noch um die Mitte der siebziger Jahre war kaum jemand dazu bereit. Die Stadt galt als unheilbar krank, als unregierbar. Ihr Name rief Assoziationen hervor, die mit Wortschöpfungen wie Krankfurt, Bankfurt, Mainhattan alle Vorurteile in einem Brennglas sammelten. Warum hat diese Stadt das Negative in so außerordentlicher Weise herausgelockt?“

Zwischen Weingärten und Wäldern: Stuttgart

So etwas wie eine freundschaftliche Aussöhnung mit den deutschen Großstädten, die mir manchmal wie riesige Menschenvernichtungsstätten vorgekommen waren, schien in Stuttgart plötzlich möglich. Und zwar aus dem verhältnismäßig naiven Grund, daß ich jedesmal, wenn ich das Hotel, in dem ich abgestiegen war und das genau gegenüber dem Hauptbahnhof liegt, verließ, immer eine kleine, rostbraun eingefärbte, insgesamt jedoch gelbgrüne Woge auf die Stadt sich herabsenken sah. Es war das ein Weingarten, der mit einer unendlich anmutigen Bewegung, die schön und herausfordernd zugleich war, mitten ins Zentrum der Stadt floß. Und weil jetzt im Herbst das Grün der Reben sich schon zu verfärben begonnen hatte und ein Hauch natürlicher Verwesung über dieser gefleckten, auf die Stadt herabrollenden Zunge lag, ergab das einen erregenden Kontrast zur glatten, funktionellen Architektur, die kalt und unpersönlich wirkte. Später erfuhr ich, daß ein Beschluß des Magistrats der Stadt existiert, nach dem dieser Weingarten nicht verbaut werden darf. Es scheinen also die Stuttgarter tatsächlich begriffen zu haben, wie bedeutend oder vielleicht sogar wie lebenswichtig dieser eine Flecken verfärbten Grüns, darunter man stückweise noch den erdbraunen Ackerboden erkennen kann, für ihre Stadt ist.

Aber das war nicht die einzige freundliche Überraschung, die mich in Stuttgart erwartete. Wenn man nämlich die Königstraße entlanggeht, diese riesige und zweifellos auch attraktive Einkaufsstraße mitten im Zentrum der Stadt, dann braucht es stets nur einige wenige Schritte, um aus der ebenso einförmigen wie gesichtslosen Welt der Kaufhäuser, Boutiquen, Läden mit ihrer schrecklich zurechtgestutzten Architektur herauszutreten und gleichsam in einen Tümpel aus beruhigendem Grün und Ocker und Sepia zu versinken, um also in eine Landschaft zu geraten, die zwar etwas Künstliches besitzt und im ersten Augenblick bloß wie ein farbiges Spiegelbild der Königstraße anmutet, die aber in Wahrheit nichts anderes ist als eine gelassene Fortsetzung der Natur, die sich überall auf den Höhenzügen, die Stuttgart beharrlich umkreisen, gegen die Bauwut der Schwaben und ihren nüchternen Geschmack hartnäckig behauptet hat. Es ist das, wohin man vom Zentrum der Stadt aus immer wieder aufatmend gerät, der Schloßgarten, darin auch Tümpel und ein sogenannter Theatersee liegen, Buschwerk in neckischer Unordnung etwas heilsame Unruhe erzeugt, Bäume Schatten spenden und der unaufhörliche Verkehrslärm, ohne den die Deutschen wahrscheinlich nicht mehr leben könnten, nur noch als gleichmäßiger, fast einschläfernder Summton zu hören ist. Von den Hügeln herab senken sich begrünte Hänge, bedeckt, aber auch aufgesplittert und zerschnitten von den Kuben und Würfeln der sich ausdehnenden Stadt, strömt sozusagen die schwäbische Landschaft in diesen Talkessel, der die Stadt in eine besitzergreifende Umarmung zwingt und den Stuttgartern ein sonderbares Klima beschert, das im Sommer mitunter tropische Temperaturen und im Winter dicke Nebelfelder erzeugt, der Stadt selbst aber dadurch ein beinahe menschenwürdiges, lebenswertes Aussehen schenkt. Die ernüchternden Heimsuchungen Hamburgs, Kölns oder Frankfurts mag man hier vergessen. Und instinktiv ahnt man, daß Menschen, die inmitten einer solchen Stadtlandschaft leben, sich einen Rest von behäbiger Fröhlichkeit und natürlicher Gelassenheit bewahrt haben könnten.

Es war übrigens der erste württembergische König, vordem als Herzog residierend – und ein Onkel des russischen Zaren Alexander I. –, der, französischem Druck gehorchend und sein Land in den Rheinbund einbringend, zum König avancierte und sein Land reichlich vergrößerte, der also einen Entwurf seines Hofbaumeisters akzeptierte, aus der Wildnis rund um das Schloß eine gepflegte Gartenlandschaft zu machen. Sechs Kompanien, zweihundert Sträflinge und fünfzig Taglöhner wurden eingesetzt, nahezu tausend Lindenbäume, mehr als tausend Kastanienbäume und rund fünfundvierzigtausend Setzhölzer wurden gepflanzt, zwei künstliche Seen angelegt, und im Oktober 1808

konnte Württembergs König Friedrich I. bekanntgeben lassen, daß er „dem Publikum die Befugnis gnädigst eingeräumt habe, die Anlagen hinter dem königlichen Schloß zu Promenaden sowohl zu Fuß als auch im Wagen und zu Pferde zu benutzen". Aber auch die Königstraße verdankt eigentlich ihm, der möglicherweise ein recht vernünftiger Mann gewesen ist, ihre Existenz, denn durch ein Dekret, bekanntgemacht im Dezember des Jahres 1806, verfügte Friedrich, daß jedermann, der an der Königstraße zu bauen wünsche, ein Vierteljahrhundert Steuerfreiheit zu erwarten habe; und Ausländern wurde sogar die kostenlose Gewährung des Bürgerrechtes zugesagt. Ein Boulevard sollte entstehen, eine vornehme Adresse, würdig einer Residenzstadt, etwas, das man später einmal die gesellschaftlich-geistige Äquatorlinie Württembergs nennen wird, eine Paradestraße, „darauf sich die Genien des Landes begegnen", und da kam es dem ehrgeizigen König wahrlich nicht darauf an, den Bürgern städtischen Steinbruch und Stadtwald kostenlos zur Verfügung zu stellen. Diese Straße und das schwäbische 19. Jahrhundert gehörten zusammen, schreibt Otto Borst in einem Aufsatz über die Königstraße, um dann eine Idylle aus diesem 19. Jahrhundert zu zitieren: „An seiner Leine führt der Metzger zuweilen auch eine alte Kuh oder ein trauriges Schaf, oder schnattert auf ihr, besonders bei Beginn des Winters, die pure Einfalt vom Lande in Gestalt einer Herde Gänse. Trotz ihres stolzen Namens ist die Königstraße dennoch sehr populär."
Sie ist es natürlich heute noch, wenngleich unter gänzlich anderen Voraussetzungen. Die Idyllen sind verschwunden. Oder sie haben einen anderen, angestrengteren Charakter. Oder sie leben davon, daß Stuttgart nach Frankfurt und Offenbach den höchsten Prozentsatz an ausländischen Gastarbeitern aufzuweisen hat, was auch auf der eleganten, ein wenig turbulenten, ein wenig behäbigen Königstraße seinen Niederschlag findet und zu pseudoanatolischen, pseudo-balkanischen Szenen führt, denen das Ursprüngliche ihrer Heimat zwar fehlt, die aber inmitten des eher nüchternen schwäbischen Klimas doch gerade soviel an Exotik besitzen, daß beides, Exotisches und Schwäbisches, erträglich

und mitunter sogar erheiternd wirkt. Ich erinnere mich an einen auf beinahe frühlingshafte Weise anmutigen Oktobermorgen: halb neun Uhr morgens; die Königstraße, die nie wirklich verödet, beginnt sich rasch zu beleben; bei Hertie, dem großen Kaufhaus, wird geräuschvoll geöffnet, und schon drängen sich vorne an den Wühltischen mit den billigen Angeboten die Männer, die nicht wie Deutsche und schon gar nicht wie Schwaben aussehen; und an der lauten, intensiven Art, mit der sie mit dem preiswerten Angebot umgehen, mit der sie prüfen, wühlen, austauschen, auch feilschen oder den schönen Handel zumindest versuchen, mag man erkennen, aus welchen mediterranen Ländern sie stammen; und wie nützlich, gleichsam auflockernd und belebend für den prosaischen Alltag sie sind.
Endgültig zur Komödie des Lebens wird dieses Schauspiel dann auf dem berühmten Stuttgarter Flohmarkt, der jeden Sonnabend auf dem Karlsplatz stattfindet und wo das Deutsche, das bodenständig Schwäbische sich nur noch auf Restpositionen zurückziehen kann, weil das Personal wie das Publikum dieser Komödie hauptsächlich aus Griechen, Türken, Jugoslawen, Italienern, Spaniern und Portugiesen besteht, die in einem merkwürdigen, mitunter bis zur Unverständlichkeit verfremdeten Deutsch miteinander kommunizieren. Die Lebhaftigkeit, die hier auf verhältnismäßig schmalem Raum sich entfaltet, ist freilich eine reglementierte. Sie hält sich sozusagen an das unsichtbare Gesetz, niemals selbstverständlich und alltäglich zu werden. Es ist eine mit deutscher Gründlichkeit und Korrektheit inszenierte Lebhaftigkeit, die nur zwischen den einzelnen Ständen und Schaubuden stattfindet. Das gewaltige Reiterstandbild Kaiser Wilhelms I., das diesen Platz auf pompöse Weise beherrscht und mit seinen patriotischen Erinnerungen an den Krieg von 1870/71 in einem lächerlichen Widerspruch steht zur deutschen Wirklichkeit von heute, wird von dieser Lebhaftigkeit nicht im mindesten berührt. Es sind nur ein paar Schritte zwischen diesem Denkmal und den stets dicht belagerten Verkaufsständen; aber in Wahrheit liegt eine Welt dazwischen.
Und doch ist diese Ersatzkultur, ist dieses Ersatzleben von berüh-

render Herzlichkeit und Natürlichkeit, stellt es etwas ungemein Tröstliches dar, indem es die Menschen, die in diesem Flohzirkus auftreten, von ihrer Starrheit, von einem Zwang befreit, indem es sie gewissermaßen von allem entblößt, was allzu deutsch und damit allzu tüchtig und unbehaglich und streng und reglementiert erscheint, obgleich gewiß auch hier nur die Tüchtigen, Unbehaglichen, Strengen, also alle jene, die sich der deutschen Art am weitesten angepaßt haben, erfolgreich sein werden. Das Kuriose und zugleich Herzzerreißende dabei aber ist, daß sich nicht bloß die mediterranen Menschen den Deutschen angleichen, was allein schon durch die deutsche Sprache bedingt ist, derer sich alle bedienen müssen, die, aus welchem Winkel des Mittelmeerraumes auch immer sie kommen mögen, hier Geschäft und Unterhaltung miteinander verknüpfen wollen, sondern daß auch die Deutschen auf diesem Flohmarkt unversehens etwas Levantinisches oder Gestenreiches oder Leichtes, fast Lockeres annehmen, daß sie also unversehens, unmerklich aus ihrer Haut schlüpfen, sich von ihrer unsichtbaren Korsage befreien und für ein paar Viertelstunden so tun, als wäre es tatsächlich möglich, einander auf halbem Wege entgegenzukommen. Das hat möglicherweise auch ein wenig mit der merkwürdigen Begabung der Deutschen zu tun, jedem fremden Stil eifrig zu erliegen, jeder exotischen Lebensart auf den Leim zu gehen, was sich in Stuttgart wie in allen anderen Städten der Bundesrepublik unter anderem darin äußert, daß man den Genüssen der mediterranen Gastronomie huldigt – daß es sich um Genüsse aus zweiter Hand handelt, scheint bedeutungslos zu sein – und daß man sich insgesamt einer Romantik hingibt, die der intensiven ausländischen Befruchtung bedarf. Eisbein, Spätzle, Kasseler und Sauerkraut mögen gehaltvoll und gemütlich sein; aber erst das griechische, italienische oder französische Element verfeinert die bloße Nahrungsaufnahme zur Lebensart. Und ich entsinne mich, daß mir fast in jeder deutschen Stadt Adressen genannt wurden, wo man vorzüglich und preiswert und überdies in der angenehmsten Umgebung zu speisen verstünde; und immer waren es italienische, französische, griechische oder auch portugiesische Restaurants, Kneipen, Pizzerias, in

denen man, ohne daß dies den Deutschen wirklich zu Bewußtsein käme, nicht bloß gut essen, sondern auch aufs beste verweilen könne. Stuttgart macht in dieser Hinsicht keine Ausnahme.
Man sollte sich, wenn man selbst aus dem Süden kommt, wahrscheinlich davor hüten, ungerecht oder gar hochmütig gegenüber den Deutschen zu sein, obgleich beides, die Ungerechtigkeit und der Hochmut, gewiß daher rühren, daß man diesem beeindrukkenden und doch so unglücklichen Volk stets nur mit zwiespältigen Gefühlen gegenüberzutreten vermag, wobei immer auch ein Hauch von Unbehaglichkeit oder sogar Furcht aufkommt. In Stuttgart freilich schwindet diese Furcht. Und das mag auch ein wenig mit der Mundart zusammenhängen, derer man sich hier bedient. Es liegt etwas Rührendes und auch Anheimelndes in der Art, im Tonfall, den man sich gewissermaßen aufs liebevollste antut. Schwäbische Sturheit, Hintersinnigkeit, meinetwegen auch Verschlagenheit wirken unter dem Einfluß dieses Tonfalls plötzlich verniedlicht, sind harmlos, entbehren des Schroffen und Bedrohlichen der Sprache, dem man anderswo in der Bundesrepublik immer wieder unterliegt. Und manchmal, diesem singenden, lieblichen, möglicherweise sogar ein wenig lächerlichen Tonfall lauschend, vermag man sich sogar einzubilden, daß man Zugang fände zu der schwäbischen Seele, daß diese nasale, breite, ungemein gemütliche Sprache und die damit verbundene Freundlichkeit, die etwas Herzhaftes hat und nicht im mindesten einstudiert wirkt, daß also dies alles von einer Tiefe des Gefühls zeugt, die, gerade weil man ihr auf die Spur kommen kann, ungemein berührt. Der Schwabe ist, so meine ich, durchaus der Sentimentalität fähig. Und gerade deshalb dürfte ihm auch der gelegentliche emotionale Überschwang nicht fremd sein. Wie er allerdings mit dieser durchaus sympathischen Gemütsverfassung inmitten seiner ebenso kostspieligen wie kalten, nur einem menschenfeindlichen Funktionalismus gehorchenden Architektur zu existieren – und glücklich zu sein – vermag, ist mir ein Rätsel.
Der Schwabe sei vielleicht der komplizierteste, gewiß jedoch der spannungsreichste unter den deutschen Stämmen, urteilte der Schwabe Theodor Heuss, und Ernst Moritz Arndt, im Schicksals-

jahr 1848 unter anderem auch Parlamentarier zu Frankfurt, nannte sie sogar „die deutschesten der Deutschen". Rudolf G. Binding, deutscher Schriftsteller und sentimentaler Patriot, setzte dann den summarischen Schlußstrich unter das allgemeine Lob, mit dem die Schwaben, denen man anders anscheinend nicht zu Leibe rücken kann, überhäuft werden; er schrieb: „Wenn von mir verlangt würde, das Herz Deutschlands zu suchen, würde ich Schwaben als die Stelle bezeichnen, wo es schlägt."

Darf man wörtlich nehmen, was Deutschlands Patrioten behaupten? Ich, heraufkommend von der Königstraße, über die ein pastellfarbener Oktoberhimmel wehte und deren sorgfältig eingepflanzte Kastanienbäume – Kostenpunkt pro Stück an die zweitausend Mark, wie man mir nicht ohne Stolz erzählte – alle Mühe haben, sich gegen die Umklammerung durch Beton und Stahl zu wehren, ich tat und sah mich um auf dem Schloßplatz, dem Schillerplatz, dem Marktplatz, frühmorgens schon, untertags des öfteren und nachts, wenn die schöne Königstraße überhäuft war vom Abfall, den eine unter Konsumzwang und Existenzangst stehende Gesellschaft unentwegt produziert, und nachts also noch einmal, nachdem ich den Schwaben in ihren Kneipen und Vergnügungsetablissements betroffen zugesehen hatte, wie sie das Vergnügen genossen oder das, was sie unter Vergnügen verstehen, ernst, biedersinnig und mit Bedacht die Schoppen und das Gespräch und die Musik, oder was sonst ihnen angeboten wurde, genießend, ernst, biedersinnig und mit Bedacht des Lebens vermeintlich abwechslungsreiche Genüsse betrachtend, ohne unmäßig zu sein oder wenigstens in ein Übermaß an Konsumation und Freude zu verfallen, ich tat und sah mich um auf diesen Stuttgarter Plätzen, auf denen man, wenn die Patrioten die Wahrheit sagen, eigentlich ein wenig mitbekommen müßte vom Herzschlag Deutschlands: Und was ich sah, waren ordentliche Arrangements, war adrette Provinz, die gerade soviel mit der Welthaltigkeit kokettiert, daß man sich nicht wirklich als deutscher Michel und Tölpel vorkommen muß, daß man Distanz wahren kann zu jenen, die vielleicht welthaltiger und damit, wie das Gerücht besagt, auch hemmungsloser leben, denen es aber doch an der not-

wendigen Solidität mangelt und die nicht das Glück und das Geld haben, sich die kostspieligste und raffinierteste Wiederaufbau-Architektur leisten zu können. Die Sonne lag leicht und genießerisch auf dem weiträumigen Schloßplatz. In den Fontänen, die wie hellfarbene Fahnen vor den Schloßanlagen tanzten, spielte der Wind. Auf dem Schillerplatz, dem ältesten Zentrum der Stadt, war Blumenmarkt. Und ein paar Schritte dahinter spielte ein junger, blasser Mann ausdauernd auf einer Trompete, was ihm hin und wieder einige Groschen einbrachte. Auch die Schwaben bedürfen, so schien es, der Auflockerung, der Verführung zum Ungewöhnlichen; und wahrscheinlich genießen sie das nicht ohne heimliche Freude, zumindest so lange, als sie der Verführung nicht wirklich zu erliegen brauchen.
Später dann, am Vormittag, Szenen aus dem schwäbischen Wahlkampf, den man sich in diesem Oktober gerade leistete. Und das wirkte dann doch eher wie eine Groteske, der die Akteure nicht gewachsen sind und die das Publikum so ernst nimmt, daß es immer wieder und auf eine fast handgreifliche Weise mitspielen will. Junge Leute versuchen gegen die bürgerlichen Politiker Schläge unter die Gürtellinie; das Publikum schlägt verbal zurück. Politik ist eine ernste Sache. Spaß, Humor, Ironie, Zynismus sind in einem solchen Zusammenhang nicht erlaubt. Später werde ich erfahren, daß die Grünen gewonnen und die Konservativen – zumindest in Stuttgart – nichts verloren haben. Und ich werde wieder einmal dieses Land nicht verstehen, das ich, während es mich verwirrt, bewundere, ohne die Angst, die ich dabei empfinde, völlig ablegen zu können.
Allerdings sollte man schon feststellen, daß das Leben oder der Erfolg oder das deutsche Selbstbewußtsein oder das, was man etwas allgemein und auch ungenau „das Preußentum“ nennt oder vielleicht auch die seelische Selbstverstümmelung, die den Deutschen buchstäblich zum Schicksal geworden ist, daß also das, was lebensfeindlich und zutiefst gegen die Natur der Menschen gerichtet ist, sich in Stuttgart noch nicht durchgesetzt hat wie etwa in Frankfurt oder Hamburg. Und auch die Gesichter, in die man unterwegs blickt, haben noch nichts von dieser flachen Banalität

angenommen, die einen im Ruhrgebiet oder in Niedersachsen manchmal frösteln läßt. Irgendwann dachte ich mir, daß es zwar Opfer seien, Opfer ihrer eigenen Geschichte, ihres Temperaments, ihrer Neigungen und Tugenden, aber Opfer, die noch liebenswert zu sein vermögen. Und oben auf den begrünten, jetzt im Herbst schon launisch und vielversprechend verfärbten Hügeln, die Stuttgart beinah harmonisch umschließen, oben auf dem Fernsehturm, den die strengen und korrekten Schwaben liebevoll und auch fast temperamentvoll zu beschreiben vermögen, oben also der schöne Blick über Degerloch und Weinsteige hinab auf die Stadt, die klein, niedlich, gänzlich überschaubar und merkwürdig harmlos in dieser hufeisenförmigen Mulde liegt, auf die jetzt im Herbst das Grün, Gelbbraun, Ocker, Sepia, auch das allmählich sich eindunkelnde Violett und Karminrosa der Weingärten stürzt, die fast erdrückt wird von den Zudringlichkeiten einer Natur, die zwar nichts Titanisches oder Gewaltiges besitzt, die aber doch zu beeindrucken vermag durch die Beharrlichkeit, mit der sie sich der Stadt annimmt. Und das, so denkt man erstaunt, während man auf die Handvoll Architektur blickt, die unter den näherrückenden Farben der Hügel und Hänge den Charakter, die Ausmaße eines Spielzeuges angenommen hat, und das also soll ein Zentrum der deutschen Wirtschaft sein ... Man muß aufzählen, was hier alles stattfindet, geplant wird, was Fleiß und Tüchtigkeit und wohl auch Rücksichtslosigkeit zuwege bringen: Autos natürlich; und Maschinen jeder Art; und die chemische Industrie; und dann die Kunst, die dem schwäbischen Bürgerstolz, der schwäbischen Nüchternheit den romantischen Hintergrund liefert; kleines Gewerbe und große Konzerne, in dieser behäbigen Stadt – nicht einmal die schreckliche Wiederaufbau-Architektur vermag diese Behäbigkeit einzudämmen – begnügt man sich nicht mit Kleinigkeiten, wenn es um Geschäftliches geht, und wenn man durch ein Stadtviertel kommt, das „Bohnenviertel" genannt wird, weil früher einmal die alte Stadtmauer hier verlief und die Leute selbstgenügsam entlang des festen Mauerwerks ihre Bohnen züchteten, und wenn man jetzt die glatten, gesichtslosen, austauschbaren und gewiß brauchbaren Fassaden sieht, die

dieses „Bohnenviertel“ in einen beliebigen bundesrepublikanischen Stadtteil verwandelt haben, modern, funktionell, kostspielig, jeden südländischen Menschen, der noch mit den alten, gewachsenen Strukturen umzugehen gewohnt ist, beeindruckend und niederdrückend: dann bewundert man tatsächlich die verhältnismäßige Fröhlichkeit und Freundlichkeit auf den Gesichtern, dann fürchtet man nicht einmal ums Seelenheil jener Stuttgarter, die demnächst ins neuerrichtete „Schwabenzentrum“ einziehen werden, einem dieser handlichen Alpträume aus Beton, Stahl und Glas, die allenthalben in der Bundesrepublik aus dem Boden schießen und die ein Volk zu brauchen scheint, das auf andere Weise nicht mehr fähig ist, sich selbst zu bestätigen.
Ist Stuttgart schön? Nachts die Lichtkegel der Scheinwerfer über den Schloßplatz. Der Wind spielt mit den Abfällen. Das Geldverdienen hat Pause. Ein dünner Mond hängt über der Stadt, die jetzt wohl schläft. Was wird geträumt in ihr? Und was träumt Deutschland?

Wallfahrtskirche und Klosterbräu: Andechs

Mein Erstaunen, während ich mich Andechs von Osten, von der Salzburger Autobahn und dann über Wolfratshausen und Starnberg kommend, vorsichtig näherte, war erstens selbstverschuldet und zweitens ziemlich töricht, denn ich hätte ja wissen müssen, daß man nicht ohne Vorbereitung, nicht ohne ein behutsames Näherrücken in die glatte, geleckte Sauberkeit einer bayerischen Landschaft eindringen kann, deren vermeintliche Harmlosigkeit manche Überraschung verbirgt. Man ist dem doppelbödigen Charakter dieser Landschaft und ihrer Menschen um so hilfloser ausgesetzt, je rascher, unvorbereiteter man sich ihrer heimtückischen Freundlichkeit, ihren naiven und in ihren Wirkungen doch so raffinierten Verbrüderungszeremonien unterwirft. Ich kam schließlich nicht zum erstenmal nach Andechs, diesen heiligen Berg der bayerischen Katholiken und Biertrinker, der wie eine umgestülpte mittelalterliche Sturmhaube zwischen Ammer- und Starnberger See hockt, nur ein paar Autominuten südlich von München und daher nah' genug, daß sich praktisch jederzeit erschöpfte, weniger nach Frömmigkeit als nach Klosterbier dürstende Großstädter auf den Weg machen können, um hier in einem der weitläufigen Gastgärten, in einer der qualmerfüllten Bierstuben ihre Seele von neuem zu entdecken. Vor zwei Jahren war ich über den Pfaffenwinkel, also von Süden kommend, an Andechs geraten und hatte dabei das Glück gehabt, zuerst die berühmte Wallfahrtskirche mit ihren zahlreichen Kostbarkeiten und volkskundlichen Exponaten besichtigen zu können, bevor ich mich dann mit preußisch redenden Bayern bei dunklem Klosterbräu und riesigen, fast bis zur Geschmackslosigkeit zugrundegebratenen Kalbsstelzen verbrüderte.
In diesem Jahr hatte ich zu allem Überfluß auch noch den Fehler begangen, direkt aus der südlichen Toskana, aus den Maremmen, wo die Landschaft am urtümlichsten und die Menschen arm bis

zur Verwahrlosung sind, heraufzukommen in die adretten süddeutschen Landkreise mit ihren saftigen Wiesen voll gelbem Löwenzahn, herausgeputzten Kühen und eifrig strampelnden Radfahrern, denen katholische Pfarrtürme und die Markenzeichen berühmter Biere als Hinweisschilder dienen. Ich schleppte gewissermaßen noch die bittere Melancholie toskanischer Landarbeiter und Weintrinker mit mir, während ich, als wäre ich ein Gulliver, der unter die Riesen fällt, in bayerischen Gastgärten die Seelenruhe der Biertrinker beobachtete, die sich wie große träge Katzen in der Sonne den Schaum von den Lippen leckten. Das einzige, was mich ein wenig tröstete, war die leichte Verunsicherung dieser Genießer, wenn ihnen die verschiedenen deutschen Dialekte, mit denen sie sich von Tisch zu Tisch verständigten, gewisse emotionelle Schwierigkeiten bereiteten.

Aber ich fürchte, daß ich, sofern ich mich nicht einer vernünftigen Reihenfolge befleißige, durch meine konfuse Art des Erzählens eine Verwirrung hervorrufe, die im Gegensatz stünde zur peniblen Lebensart in dieser Landschaft. Mir, dem Österreicher mit der mittelmeerländischen Herkunft, kommt das alles preußisch vor, was die Bayern treiben ... und seltsamerweise doch auch wieder nicht. Ich entdecke zu viele Widersprüche. Denn Andechs, dessen Klosterkirche auf einem markanten Hügel steht, der mit seinem exhibitionistischen Buckel das darunterliegende Dorf beherrscht, ist nicht nur die älteste unter allen größeren bayerischen Pilgerstätten, nachweisbar seit rund zwölfhundertfünfzig Jahren als katholisch-klösterliches Zentrum, sondern es stellt zweifellos auch diejenige Form eines selbsterwählten Fegefeuers dar, wo man das schlechte Gewissen, das man vielleicht empfindet, weil man auch nach Jahren noch nicht die Kirche mit ihren interessanten Reliquien und dem sehenswerten Wachsgewölbe oder den originellen Votivbildern gesehen hat, am bedenkenlosesten mit Bier hinwegschwemmen kann. Mir vermittelt das seit langem schon den Anschein, als ob die schlauen Mönche beiden Möglichkeiten Rechnung trügen: den Gläubigen, die im Kirchenschiff irgendeine Art der Erlösung suchen, den dürstenden Seelen, die auf eine Linderung ihres Durstes hoffen. Immer wie-

der, wenn ich nach Andechs kam, ja wenn ich nur in die Nähe dieses heiligen Hügels geriet, versicherten mir Polizisten, Handwerker, Bauern, denen ich unterwegs begegnete, aber auch derb zupackende Hausfrauen, die in beiden Händen prallgefüllte Netze schleppten, daß das süffigste Bier noch allemal das schwarze Klosterbräu aus Andechs sei, weil es Charakter habe, was wohl soviel wie Geschmack bedeutet, weil man es mit einer an Wollust grenzenden Andacht zwischen Zunge und Gaumen zerdrücken und verkosten könne, weil seine Konsistenz, sein Aroma, seine Wirkung unvergleichlich seien. Daneben sei auch das Weißbier zu empfehlen, wenn man zum Beispiel einen schwächlichen Magen habe oder ein Ausländer sei.
Solche erschöpfende Auskünfte, solche Gespräche endeten freilich abrupt, wenn ich die harmlose Frage stellte, ob man wohl in der Kirche diesen Hauch von Verzauberung und Wunderbarem spüre, der jede berühmte Wallfahrtskirche, in der es das eine oder andere Unerklärliche gegeben hatte, fraglos auszeichnet. Es genügte manchmal schon, wenn ich mich bloß danach erkundigte, ob man die Reliquien besichtigen dürfe, die ein Teil des ehemaligen Andechser Schatzes sind, also etwa die sogenannten heiligen drei Hostien, die ihren Urheber noch im bedeutendsten aller frühmittelalterlichen Päpste haben, in Gregor dem Großen, der angeblich zwei der Hostien geweiht hat. Die dritte stiftete Papst Leo IX.; und das alles wurde dann dem Kaiser Heinrich II. geschenkt, in Bamberg, soviel ich weiß, von wo es nach einigen Umwegen im Jahre 1182 ins Eigentum der Andechser Grafen überging. Auch ein winziger Teil des Spottrohres, mit dem Christus vor seinem Tod verhöhnt worden war, ein Bruchstück aus der Dornenkrone, ferner Brustkreuz und Brautkleid der heiligen Elisabeth, aber auch ein legendäres Siegeskreuz Karls des Großen und andere Erinnerungsstücke, deren imaginäre und zugleich zeitlose Bedeutung auf der Hand liegt, gehören neben einer umfangreichen Sammlung origineller und prachtvoller Kirchenkerzen in allen Größen und Farben – ich schätze ihre Zahl auf mehr als zweihundert – zu den Dingen, derentwegen sogar ein Protestant, ein Ungläubiger diese Kirche aufsuchen sollte.

Man blickt hier tief in die rätselhafte Seele des bayerischen Volkes. Zumindest wird das von gewissen Volkskundlern und religiösen Autoren hartnäckig behauptet. Ich will daran glauben, obgleich ich in dieser Hinsicht recht eigenartige Erfahrungen gemacht habe.
Aber besteht die Bedeutung dieses katholischen Heiligtums mit angeschlossener Klosterbrauerei auch heute noch aus ideologischen Fakten? Sollte man hier nicht doch auf jenes altvertraute bayerische Sprichwort zurückgreifen, demnach man Kirchen von außen, Wirtshäuser aber von innen kennenlernen muß? Ursprünglich war dieser Hügel, auf dem früher einmal die Burg der Andechser Grafen stand, eine Art Depot für Reliquien, die unter anderem wohl auch von Kreuzrittern aus Palästina nach Bayern gebracht worden waren; und auch der Umstand, daß bei einem Überfall alle diese kostbaren Dinge vor Plünderung und Zerstörung gerettet werden konnten, schuf allmählich jene Aura des Geheimnisvollen und Feierlichen, die jeder heilige Platz benötigt, wenn er über den lokalen Anlaß hinaus bedeutend sein will. Als man zum Beispiel um die Mitte des 13. Jahrhunderts die Andechser Burg schleifte – bis dahin hatte die Burgkapelle die Funktion einer Ausstellungs- und Pilgerstätte innegehabt –, vergrub man voll Argwohn das kostbarste Stück der Sammlung, die heiligen drei Hostien, was sogleich einen dramatischen Rückgang der Pilgerbewegung nach dem Andechser Hügel zur Folge hatte. Hundertvierzig Jahre später wurden diese Hostien wieder gefunden, zufällig oder absichtsvoll, jedenfalls vollkommen unversehrt; in den Jahrzehnten danach begann man mit der Errichtung der Kirche, wie wir sie heute kennen, begründete man ein Kollegiatsstift und im Jahre 1455 schließlich eine Benediktinerabtei, die in der napoleonischen Ära zwar säkularisiert wurde, deren religiöse und kulturpolitische Ausstrahlung aber niemals gänzlich aufgehoben werden konnte. Nicht zuletzt auch eine spätgotische Marienstatue, die seit dem 17. Jahrhundert das bevorzugte Ziel der Pilger geworden war, schenkte dieser Kirche, diesem Kloster – das heute längst wieder seine alte Funktion ausübt – und diesem heiligen Berg der Bayern jenen reizvollen Zauber, von dem man sich

vorstellen kann, daß er auf tiefgläubige Menschen vergangener Generationen kraftvoll und dabei auf eine süße, somnambule Weise verführerisch eingewirkt haben muß. Es pilgerten immerhin nicht nur kleine Gruppen, Familien oder fromme Einzelgänger nach Andechs, sondern ganze Gemeinden, die Bevölkerung großer Dörfer und stattlicher Talschaften, die sich unter ihren Kirchenfahnen versammelten, ebenso riesige wie kostbare Kerzen mit sich trugen, die man der Andechser Kirche zum Geschenk machte, schwitzend und Staub aufwirbelnd durch diese hügelige Ebene ziehend, die als Aufmarschfeld für solche Umzüge geradezu prädestiniert anmutet; und der rauhe, wohl auch inbrünstige Gesang der Wallfahrer muß weithin hörbar gewesen sein. Im Kloster selbst, wo man das Vergnügen rasch wachsenden Reichtums kennenlernte, hatte man längst schon Bier zu brauen begonnen, weil selbst dem strengsten Abt bald bewußt geworden war, daß man sich dieser schönen und, gemessen an den landesüblichen Verhältnissen, auch durchaus moralischen Einnahmequelle nicht verschließen durfte. Die Pilger dankten es mit besonderer Anteilnahme. Aufsehenerregende Ereignisse und Zustände, die ein gläubiger Charakter als Wunder bezeichnen kann, vermehrten noch den Ruhm und die Anziehungskraft von Andechs.

Während ich das alles zu formulieren versuche und mich dabei an jene kleine Szene erinnere, die ich zuletzt im Gastgarten des Klosters miterlebte, wo die uniform gekleideten Burschen – es waren Kinder, Halbwüchsige – eines katholischen Internates unter der fürsorglichen Obhut eines dickbäuchigen geistlichen Herrn ebenso genußvoll wie selbstverständlich ihr Schwarzbier tranken, um später ein kleines Ständchen mit anschließender Kollekte zu veranstalten, währenddem also frage ich mich mit wachsender Verunsicherung, ob ich, indem ich vom heiligen Berg zu Andechs oberhalb des Ammersees erzähle, in Wahrheit nicht doch einen ganz anderen Hintergrund, einen völlig anderen Charakter, eine gänzlich andersgeartete Lebensweise als die fromme, katholische, nur der Muttergottes, ausschließlich dem Himmel zugewandte im Sinn habe. Ich bin kein Zyniker. Aber ich fürchte, daß es manchmal die Verhältnisse sind, die mir einen zynischen Zungenschlag beibringen. Ich erinnere mich an meine Besuche in der Wallfahrtskirche, deren vierkantiger Turm mit einer wilden Kraftanstrengung in die Höhe strebt, deren Inneres aber eher anheimelnd, vielleicht ein wenig überladen, im übrigen sehr farbig und sozusagen gemütvoll oder gemütlich ist. Stets war ich im Kirchenschiff so gut wie allein, während ich die kolorierten Votivbilder betrachtete, welche die Andechser Chronik veranschaulichen, oder die Kerzensammlung bestaunte, die Auskunft gibt über Geschmack und Vermögen bayerischer Wallfahrer; immer war ich der einzige Kirchenbesucher, abgesehen von diesen dürftigen Schatten ältlicher Frauen, die gelegentlich mehr zu vermuten als zu sehen waren; immer hörte ich nur den Widerhall meiner eigenen Schritte, obgleich draußen und unterhalb der Kirche in den Gastgärten und Bierschwemmen Hunderte Genießer saßen und tranken, sich über die Qualität des Andechser Klosterkäses unterhielten, den Radi – den Rettich – mit blumigen Bemerkungen lobten und sich unermüdlich über Geschmack und Wirkung der verschiedenen bayerischen Klosterbiere ausließen. Jetzt, bei meinem letzten Besuch, saß ich an einem Tisch, der von Liebespaaren aus Starnberg – was für eine merkwürdige Vorstellung, daß es dort Weizsäckers friedensfördernde Gründung innerhalb des Max-Planck-Institutes geben soll –, aus Herrsching, Gauting und Tutzing besetzt wurde, aus den umliegenden Ortschaften also, und es faszinierte mich, wenn ich sah, wie die Mädchen, die das Aussehen bunter Kolibris hatten, alle sorgfältig und reichlich geschminkt, alle sehr gut bis modisch gekleidet, selbstbewußt, modern, fast emanzipiert ... wenn ich sah, wie sie die schweren Biergläser an den Mund hoben und das schwarze Gebräu tranken, in langen vollen Zügen und so genießerisch, auf eine so gesunde, vollmundige Weise schmatzend und den süßlichen Biergeschmack nachschmeckend, daß man selbst Appetit bekam auf eine solche Maß, um sie mit einem Zug zu leeren. Ich dachte an die verkniffenen, gelblichen Gesichter toskanischer Landarbeiterinnen, die ich am Tag zuvor schluckweise den mit Wasser verdünnten Wein aus kleinen Tonkrügen hatte trinken sehen, die, mit feuchten Tüchern umwickelt, im Schatten eines Ölbaums lagen. Und während ich hier ringgeschmückte Finger mit blutrot- oder weißlackierten Nägeln Hühnerfleisch zerreißen sah, hatte ich das Bild vor mir, wie die abgearbeiteten, ungepflegten Finger einer Arbeiterin in den Maremmen, deren Fingernägel schwärzlich-schmutzig waren, ein Stück Weißbrot zerbrachen und darauf gebratene Zwiebelscheiben legten.

Wahrscheinlich begehe ich einen schlimmen Fehler, wenn ich jetzt nur diese scheinbar lukullische Situation von Andechs schildere, mich äußerstenfalls noch an die farbenprächtige Ausstattung des Kirchenschiffes erinnere, an dieses spektakuläre Bauernbarock mit seinen gar nicht protzigen oder gar ausladenden Formen, dabei auf mein Wissen pochend, daß ich wie ein düsterer Einzelgänger durch diese Kirche schlich, während draußen die Zecher lärmten. Vielleicht sollte ich die Landschaft miteinbeziehen, das Behagliche, Anmutige, ja Anschmiegsame einer breitgefächerten Schaubühne, auf der die feierlich bemalten Bauern- und Bürgerhäuser stehen, Zwiebeltürme hinter Waldschneisen sichtbar werden, Dorfplätze sich bauchig runden und langgestreckte, blaublitzende Seen hinter dicken Hügelkämmen liegen. Das im Grunde nichtssagende Schlagwort von einer reichen, satten Landschaft geht einem hier ziemlich leicht über die Lippen. Aber stimmt es auch? Eine behäbige Architektur läßt auf eine gemütliche, charaktervolle Mentalität der Menschen schließen, die darin wohnen, wahrscheinlich unter blauweißen Federdecken und mit einem Blick, der Frommes verrät, den sogenannten Hergottswinkel im Aug' habend, der in keiner guten bayerischen Wohnstube fehlen darf. Im übrigen setzt sich die Natur auf den Hauswänden, an den Gesimsen, ja sogar an den Fensterläden fort, wo ungemein ausdrucksstarke Fresken – ich habe mir erklären lassen, daß man hier dazu „Lüftlmalerei" sagen muß – den Häusern eine überraschend lebendige Physiognomie schenken. Da tanzen dann farbige Figuren, die ein wenig an Karikaturen von Riesen erinnern, graziös über die Hauswände, bedeckt ein Blumenreigen, ein Stück nachempfundenen Paradieses die Fassaden, bewachen strengblickende Heilige das Glück des Hauses oder haben Fensterläden plötzlich rosafarbene bis violette Augenbrauen, die sie mit gespielter Überraschung hochziehen, während draußen am Vorplatz einem hölzernen Christophorus, einer naiven Elisabeth, beide verwittert und vorzeitig gealtert trotz des Schutzdaches, etwas Wasser aus dem offenen Mund plätschert.

Aber alles ist von der penibelsten Ordnung, die man sich vorstellen kann. Die Straßen sehen aus, als fahre ununterbrochen eine Straßenreinigungsmaschine darüber hinweg. Nicht einmal die Pferdeäpfel, die weichen Kuhfladen, die man arglos vermutet, wenn man auf den Weiden die grasenden Tiere sieht, sind zu entdecken. Die Wiesen, die Äcker, die Waldsäume wirken, als hätte man sie händisch aufbereitet. Sogar der Feldplatz, auf den man unterhalb des Andechser Hügels eingewiesen wird, um gegen eine Gebühr von einsdreißig den Wagen abzustellen – ich weigerte mich anfangs kategorisch und wollte im Dorf parken, wo mich aber Bauernkinder verjagten, indem sie grinsend auf irgendwelche Verbotsschilder wiesen –, sogar dieser kostspielige Parkplatz inmitten der vermeintlich freien bayerischen Natur besaß etwas so ungemein Gepflegtes und Adrettes, daß ich später heftiges Mitleid hatte mit einem Autofahrer, dessen Wagen eine dunkle Flüssigkeit verlor, Öl wahrscheinlich, das zu Boden floß und die Sauberkeit schrecklich anschwärzte.

Warum trinken die Menschen, die in einer solchen Idylle leben, solche Unmengen Bier? Und noch dazu aus so schweren, vollkommen unhandlichen Literkrügen? Und mit dieser zornigen Entschlossenheit, die einem unangenehm ist, wenn man sie bemerkt, weil sie so ungemein verräterisch ist? Haben die Trinker das Gefühl, daß die Idylle rundum sie bedroht? Ängstigen sie sich davor, nüchtern ihre kostspieligen, hübsch herausgeputzten Fahrzeuge zu chauffieren? Benötigen sie das sättigende, schwere Gefühl schwappenden Bieres in ihren Bäuchen, damit sie die sanftmütige Sonne, den warmen Föhn, das lichte Grün der Wälder, das Blau der Seen besser ertragen können? Ich gebe gern zu, daß mich der Kontrast schon seit langem irritiert, der hier zwischen anmutiger Landschaft und fetten, schweren Mahlzeiten,

zwischen sorgsam gepflegter Naturidylle und riesigen Biermengen, zwischen katholischen Kirchen mit hübschen Zwiebeltürmen und der grimmigen Verweigerung davor allem Anschein nach besteht. Immer wenn ich in Andechs war, das Gespräch suchend, neugierig, unverfroren sogar, aber stets gern geduldet, weil man meinen österreichischen Akzent als harmlos empfand, forschte ich nach den Ursachen dafür, daß die Biertrinker, die Radi- und Klosterkäseesser die Wallfahrtskirche selbst zu meiden scheinen, daß sie, während sie eine beträchtliche Zeche machen, die natürlich dem Kloster zugute kommt, die Finanzpolitik dieses Klosters mit zornigen Verwünschungen bedenken. Ist das Gewalttätige, Spröde, das da so unverhüllt zum Ausdruck kommt, ganz einfach eine natürliche Reaktion auf zuviel Lieblichkeit, auf ein Übermaß landschaftlicher Anmut und Penibilität? Sind diese frommen Bayern, die ohne Heiligenfigur und katholischem Bildinhalt an ihren Hauswänden – „Lüftmalerei"! – nicht glücklich zu sein scheinen, die nach Möglichkeit auch heute noch einen geistlichen Herrn in der Verwandtschaft, einen stämmigen Christen in der Regierung benötigen, in Wahrheit ketzerische Bilderstürmer, verzweifelte Atheisten mit einer sonderbaren Neigung zum Atavismus?
Ich weiß es nicht ... nein, natürlich nicht! Es hat nur den Anschein! Es ist nur mein persönlicher Fehler, wenn ich im Vorfeld eines der ältesten, berühmtesten und schönsten bayerischen Pilgerplätze die Angetrunkenen zähle - darunter Halbwüchsige, auch Kinder –, die obszönen Flüche nicht überhöre, die jungen grellgeschminkten Mädchen beobachte, die mit rührender Unbeholfenheit einen Liter Bier in sich hineinwürgen. Es ist der Widerspruch in mir, der die Hemdsärmeligkeit dieser Biertrinker im Schatten des Andechser Kirchturmes wahrnimmt, ihre seltsame Entblößtheit nicht nur bei sommerlicher Hitze, ihr ausdauerndes Mampfen, ihre einsilbigen Gespräche, ihre schwerfällige Art des Zusammenlebens, während nur ein paar Schritte davon entfernt in der kühlen Dämmerung der Kirche eine bodenständige Kultur für zartes Ebenmaß und ästhetische Anmut sorgt. Es liegt zweifellos an mir, daß ich diesen eklatanten Widerspruch bis auf den heutigen Tag noch immer nicht begriffen habe ...

Szenen aus der deutschen Provinz

Irgendwann in jenem melancholischen Herbst und nachdem ich schon seit vielen Wochen wie ein verschmähter, jedoch nach wie vor hartnäckiger Liebhaber diesem sonderbaren Land namens Bundesrepublik meine Aufwartung gemacht hatte, begriff ich endlich, daß mich jede weitere methodische Annäherung an die Geschichte und an die Geschichten Deutschlands nur noch tiefer in Verwirrung stürzen und nur noch nachhaltiger verunsichern würde. Ich begann einzusehen, daß man mit Deutschland genauso umzugehen hätte wie mit jedem anderen Land in Europa, das Schuld auf sich geladen hatte und dennoch verführerisch wirkte. Und daß man gleichsam ziellos sein mußte oder Ziellosigkeit vorzutäuschen hätte, um wenigstens ein paar Fäden aus diesem verworrenen Knäuel in die Hand zu bekommen, das man unentwegt prüfen wollte, ohne eigentlich zu wissen, welcher Art diese Prüfung sein und welchen Nutzen sie haben sollte. Ich hatte, bildete ich mir eines Tages in einem dieser glatten, lautlosen und schrecklich sterilen Züge zwischen Wiesbaden und Würzburg ein, in einem dieser raschen und meist überpünktlichen Züge, die wie chromblitzende Paternoster durch die Bundesrepublik gleiten und im Grunde doch nur Anachronismen in einem Land sind, das nicht wie Italien oder Frankreich oder Spanien auf seinen Bahnhöfen beheimatet ist und auch nicht die urtümliche Lust am Reisen, am scheinbar planlosen Hin und Her zwischen den Küsten und Horizonten als ein selbstverständliches Lebensbedürfnis betrachtet, ich hatte, bildete ich mir plötzlich ein, während der Zug, der wohl „Germania“ hieß oder „Wetterstein“ oder sonst einen Namen trug, der gewichtig war und auch Neugier weckte, ich hatte ganz einfach zuviel Respekt vor Deutschland. Ich war wie ein tollpatschiger Amant, der sich unaufhörlich in Bewegung wähnt, während sich in Wahrheit bloß die Welt bewegt, auf die er teils gebannt, verzückt, betroffen und teils bloß eingeschüchtert blickt. Ich durfte, redete ich mir ein, während wir über den Rhein fuhren und ich auf trübes Wasser hinabsah, darin schwerbeladene Kähne mit kleinen Schaumwellen vor dem Bug unterwegs waren, begleitet von Kränen und hohen, schlanken Schornsteinen und Fabrikshallen und eindrucksvollen Industrievierteln, die zu beiden Seiten des Flusses die Landschaft – die man sich nicht einmal mehr als eine Landschaft im ursprünglichen Sinne dieses Wortes vorzustellen vermochte – in etwas Gewalttätiges, Herausforderndes, Betriebsames verwandelt hatten, ich durfte, befahl ich mir in einer Anwandlung von fröhlicher Aufsässigkeit, ganz einfach nicht mehr beeindruckt sein von diesem Land, auch nicht mehr – als wäre ich ein Rekrut auf dem Kasernenhof, mit stramm an die Hosennaht gelegten Händen – Fahrpläne befolgen, Produktionsziffern bewundern, mich reglementieren und beeindrucken lassen von einem Stil, mit dem ich doch nichts anzufangen wußte, mich hingeben an eine Betriebsamkeit, die, nur weil sie laut und herausfordernd und befehlshaberisch war, nur weil sie unendlich kostspielig zu sein schien, mir doch nichts Brauchbares oder Beispielhaftes geben konnte, mich nicht davon zu überzeugen vermochte, daß sich in ihr etwas Nützliches oder Wärmendes oder Tröstendes verbarg.

Ich rebellierte gegen die wiederaufgebauten Altstädte. Ich verweigerte mich den imponierenden Großkaufhäusern. Ich sah mir den Himmel über Wiesbaden, Frankfurt, Bayreuth, Würzburg an, studierte manches Abendrot, beobachtete das graziöse Fallen der Blätter oder, unterwegs in der „Germania“ oder im „Wetterstein“, die glänzende Felsschraffur oberhalb der rostbraunen Weinhänge vor Würzburg, während zur Rechten der Main, angeschwollen durch schwere Regenfälle, unter der plötzlich heftig scheinenden, die herbstlich leere Landschaft verzaubernden Sonne schimmerte. Ich begann sofort Abbitte zu leisten vor dem Römer in Frankfurt, entsann mich dankbar jener köstlichen Stunde unter den umgitterten Bäumen hinter der Paulskirche, als ich, flankiert von Wermuth-Brüdern und Schulmädchen, mich erholen durfte vom Parfumgeruch in den überfüllten Einkaufsstraßen. Und Abbitte für manchen schlimmen Gedanken leistete ich auch in der Wiesbadener Innenstadt, wo ich mit Augen, in denen ich Zuneigung, vielleicht sogar Zärtlichkeit spürte, die leicht verblichene Patina, die gerade noch nicht reparaturbedürftigen Fassaden der einstmals noblen Villen oberhalb des Spielcasinos und der koketten Kolonnaden vor dem Stadttheater musterte. Ich lehnte es ab, so zu tun, als sei ich von diesem Land über Gebühr beeindruckt. Und plötzlich fiel es mir leicht, mich beinahe glücklich zu fühlen. Ich strengte mich nicht mehr an, um mit der Bundesrepublik auf einen vertrauten Fuß zu kommen. Und unversehens gewann ich das Empfinden, mit diesem Land einen Umgang zu haben, der mir gefiel.

Diese Veränderung oder Entwicklung in meinem Gefühl für Deutschland hatte aber gewiß auch mit Würzburg zu tun. Mit dem Blick vom linksmainischen Ufer auf die vieltürmige Stadt, die, wie man in den Reisehandbüchern nachlesen kann, bis zum 16. März 1945 ein Stadtkunstwerk von europäischem Rang gewesen sein soll, das dann innerhalb von zwanzig Minuten, als englische Bomber Tausende Tonnen Sprengstoff abluden, in einem Flammensturm von ungeheurer Gewalt zugrunde ging. Die alte deutsche Geschichte: der Glanz und das Gloria und der Übermut und die Demonstration der Kraft und die Herausforderung und der Untergang in den Flammenstürmen und der vielfach maßstabgetreue, sorgfältig die Vergangenheit rekonstruierende Wiederaufbau und ein Selbstbewußtsein, das imstande ist, inmitten der schönen neuen Kulissen, die das Alte täuschend nachahmen, die Ursache der Flammenstürme rasch wieder zu vergessen. Aber das alles war mir jetzt gleichgültig. Die Vergangenheit der Deutschen fiel ab von mir wie ein Gewicht, das fremder Hand zugehörig, fremdem Schicksal zugeeignet war. Ich war plötzlich wieder dazu fähig, mich mit Rekonstruktionen zu begnügen, und imstande, nicht nachzuforschen, weshalb die Kunst der Nachbildung, der sorgfältigen Nachahmung gerade in diesem Land so unerläßlich ist. Ich nützte die Veränderung oder Entwicklung meines Gefühls für Deutschland weidlich aus. Und betrachtete Würzburg vom linksmainischen Ufer aus mit liebevollen Blicken und zugleich mit jener Gleichgültigkeit, die das Schicksal verleugnet, das eine Stadt wohl haben muß, um auch nach einem

16. März 1945 so anmutig und schön und ungeachtet seiner mühsam verheilten, seiner schmerzhaften Wunden, die unübersehbare Narben hinterlassen haben, auch so verführerisch zu wirken, daß man alles Häßliche, Gemeine, Banale, von der Geschichte auf üble Weise Angeschwemmte leichten Herzens übersieht.
Vögel wirbelten durch die Luft. Ein Föhnsturm wütete. Man schrieb Ende November. Über die rasch ansteigenden, kräftig das wellige Land akzentuierenden Weinhänge tanzten ein paar hellgraue Wolken. Der Main schäumte und rumorte in seinem längst begradigten Flußbett. Und ich trieb mich, als wäre ich über Nacht ein Vagabund geworden, zwischen der Festung Marienberg und der Residenz, dem Dom und dem Käppele, der imponierenden Wallfahrtskirche oberhalb des linksmainischen Ufers umher, stemmte mich auf der alten Mainbrücke, die um die Mitte des 16. Jahrhunderts an Stelle einer aus römischer Zeit stammenden Brücke errichtet worden war, gegen den fröhlich blasenden Wind, der mit den lebensgroßen Heiligenfiguren auf dieser anmutig gebogenen, jetzt leise schwankenden Brücke umsprang, als wären es Puppen. Und vielleicht war es auch das, was mich heiter stimmte: überall diese katholischen Statuen mit ihrer verschmitzten Würde, ihrem frommen Blick, der hier im Mainfränkischen eher wie zufällig die gerundeten Weinberge streift, die sich den Städten und Märkten mit dem Ausdruck einer beinah wollüstigen Freude nähern. Und vielleicht war es auch die Nachbarschaft geduldiger Zecher in den behaglichen alten Kneipen – ich weiß: Wiederaufbau, Rekonstruktion, Gefühle aus zweiter Hand und eine Geschichte, derer man sich nur andeutungsweise entsinnt –, diese behäbigen Männer vor ihren Weinproben und den gehäuften Tellern, abends, wenn deutsche Tüchtigkeit und deutscher Fleiß umschlagen dürfen in Geselligkeit und frohsinnigen Gesang. Und vielleicht war es auch der morgendliche Blick hinauf zur Festung, hinauf auf den Marienberg, der, ganz eingetaucht ins hellfarbene Licht der Novembersonne, wie ein Gemälde aussah oder eigentlich wie ein Ausschnitt aus einem Gemälde, bedeckt von gedämpften Farben, ein sanfter Buckel, graugrün, erdbraun, auch rostfarben oder mattbraun, und darüber das Elfen-

beinfarbene dieser alten Festung, darin einst die Würzburger Fürstbischöfe residierten, die unumschränkten Herrscher dieses Landes, dem sie mit ihrem Willen auch ihre Vorstellungen von Kunst und Architektur aufzwangen.

Es war, wenn ich es recht bedenke, viel, was mich in Würzburg heiter stimmte, beschwingt sein ließ auf eine gänzlich undeutsche Art und mich die denaturierten, uniformen Großstädte vergessen ließ, die zerstörte Landschaft, die leeren Gesichter, den verlorenen Himmel, es war plötzlich wie eine Rückkehr in eine Heimat, darin fromme Gesten und geduldige Heilige und die Behäbigkeit deutscher Provinz und eine Landschaft, die noch Charakter besitzt, und ein Himmel, den man sehen und empfinden kann, endlich wieder vorkommen. Und ich ging, unentwegt eingeholt vom heftig blasenden Wind, frühmorgens schon über den menschenleeren Residenzplatz, dessen verwitterte, leicht angeschwärzte Barockfassaden mit einer unendlich majestätischen und zugleich rührenden Gebärde die ganze Altstadt zu umarmen schienen; ich umschritt den Dom, von dem man sagt, daß dies die viertgrößte romanische Kirche Deutschlands sei, und in seiner Nachbarschaft dann das Neumünster, eine romanische Basilika aus dem 11. Jahrhundert, in dessen Lusamgärtchen, das man über einen Zugang nördlich vom Chor der Kirche erreicht, die Grabstätte Walthers von der Vogelweide liegt; und hier, wo der Föhnsturm nur als fernes Rumoren kaum noch wirksam war und der Himmel, durch den eine fiebrige Novembersonne stürzte, wie ein aquamarinfarbenes Seidentuch aussah, darin einige graugemusterte Sprünge und Risse eilfertig hin und her liefen, und hier, wo in ummauerten Nischen kunstvoll, liebevoll arrangierte Blumen eine altmodische, herzerwärmende Dekoration vervollständigten und ein würdevoller Sarkophag stand, hier mochte man auch etwas von diesem anderen Deutschland begreifen, das in alten Lesebüchern vorkommt und in patriotischen Erzählungen, deren Sinn man nicht mehr versteht, in Erinnerungen, die nichts mit Preußen oder mit Hitler, nichts mit Bismarck, der DDR oder diesen Verhältnissen zu tun haben, die heutzutage aus diesem Land einen ständigen Widerspruch machen. Hier im Lusamgärtchen oder auf der alten Brücke mit ihren windumwehten Heiligenstatuen oder im Blick auf den Marienberg mit seiner elfenbeinfarbenen Bischofsburg oder vor den Portalfiguren an der spätgotischen Marienkapelle, die, geschaffen von Tilman Riemenschneider, Adam und Eva darstellen auf eine Weise, die betroffen macht, oder in den mainfränkischen Weinstuben in der guten Nachbarschaft bedächtiger, genießerischer, rotwangiger Männer und pausbäckiger Frauen, für die man unbesehen Zutrauen fassen möchte, hier und in St. Burkard, einer anderen romanischen Basilika am linksmainischen Ufer, von wo aus die Stadt wie ein gewaltiger Scherenschnitt aussieht, umflossen von einem Licht, dessen Intensität an südländische Küsten erinnert, hier also fällt alles ab, was einem in diesem Land am Hals würgt, was gegen die Natur gerichtet und lebensfeindlich anmutet, alles, was man, weil man naiv oder mißtrauisch oder auch bloß empfindsam ist, nicht mehr verstehen kann. Würzburg bedeutete für mich endlich einmal eine Rechtfertigung meiner Zuneigung für Deutschland. Und es war mir gleichgültig, daß man mir anderntags in Frankfurt sagen würde, wie provinziell diese Stadt im Grunde doch sei, wie abhängig von dieser katholischen Haltung, die nicht mehr zeitgemäß sei, wie rückständig, verschlafen, bieder und bigott das Leben hier sei, zurechtgestutzt auf ein Maß, das der heutigen Zeit längst nicht mehr entspreche.

Heinrich von Kleist, der schroffe, unnachsichtige Dichter aus Preußen, schrieb vor mehr als hundertachtzig Jahren über Würzburg, es liege ganz im Grunde an einer Krümmung des Main, von kahlen Hügeln eingeschlossen, denen das Laub fehlt und die von den kurzen Weinstöcken, die hier, aufgefädelt und geordnet zu geometrischen Mustern, grün schimmern; und das Ganze habe ein katholisches Ansehen; die Stadt wimmle von Heiligen, Aposteln und Engeln, „und wenn man durch die Stadt geht, so glaubt man, man wandle durch den Himmel der Christen. Aber", so Heinrich von Kleist, „die Täuschung dauert nicht lange ..."

Vielleicht, so überlege ich mir das jetzt zögernd, während in meinen Erinnerungen immer noch das gute, anheimelnde Gefühl nachschwingt, das ich in Würzburg durch diese behäbige Art des

Daseins kennengelernt habe, die hier etwas Selbstverständliches zu sein scheint, vielleicht bin auch ich bloß einer Täuschung aufgesessen; und war nur glücklich, weil der Föhnsturm den Himmel leergefegt hatte; und war beeindruckbar, weil die Konturen der alten Stadt sich deutlich abhoben vor einem landschaftlichen Hintergrund, darin noch etwas von der Natur zu spüren war, die den Deutschen immer mehr verlorengeht; vielleicht wollte ich bewußt nicht wahrhaben, daß auch hier das Alte, Einprägsame, Beispielhafte bloß eine Rekonstruktion ist; und den Atem der Geschichte, den ich zu spüren glaubte, habe ich mir vielleicht auch nur eingebildet; und zudem die Gespräche nicht verfolgt, die auch in Würzburg von Stalingrad handeln oder von Rommels Erfolgen in Nordafrika oder vom vaterländischen Geist, dem man gehorchen müsse. Einige Tage später, unterwegs in einer kleinen De Havilland am nächtlichen Himmel über Franken, im ovalen Bordfenster eine flache, farblose Mondsichel und tief unten, wo es manchmal gelblich flackerte oder weißlich blitzte, die langgestreckten Nebeltümpel, die das schwärzliche Land wie mit vielen weißen Augen bedeckten, die mich stumm anblickten, einige Tage später, von Frankfurt über Würzburg nach Bayreuth, dachte ich schon wieder voll Mißtrauen an diesen katholischen Himmel, an diese Würzburger Idylle, die mir nun, da ich langsam darüber hinwegflog, wie Einbildung vorkam, wie die Flucht in eine Vergangenheit, in der es rührselig zugeht, heimatverbunden und ungemein fromm. Und ich redete mir ein, daß ich mir zu viele zutrauliche Gedanken gemacht hätte über dieses Land, das schlaf- und nebelverhüllt und novemberlich kahl unter mir hinwegglitt mit seinen Frustrationen, Irrtümern, Einbildungen und auch mit seinen Waghalsigkeiten und ungelösten Problemen; und ich dachte mir, daß dennoch niemand sich zu schämen brauche, wenn er an Würzburg Gefallen finde; oder an Landshut, Eichstätt, Augsburg oder Friedrichstadt; und ich freute mich plötzlich auf Bayreuth; oder ich war neugierig auf Bayreuth, von dem ich nur wußte, daß es mit Richard Wagner zu tun hatte, auch noch mit Jean Paul und mit einer preußischen Prinzessin namens Wilhelmine, der Schwester Friedrichs des Großen, Markgräfin war

sie und Bauherrin der Eremitage draußen vor der Stadt, einem zu farbigem Stein und skurriler Vielfalt des Ausdrucks verdichteten surrealen Traum, den ich anderntags kennenlernen würde, gerade befreit vom morgendlichen Nebel, der noch in den akkurat gesetzten Bäumen und in den spätherbstlich nackten Irr- und Lustgärten hing.
Franz Liszt ist hier gestorben und hat, wie Richard Wagner, sein freilich nur noch selten besuchtes Grab in der Stadt. Mozarts berühmtes Bäsle, das von Augsburg eifrig für den eigenen Ruhm reklamiert wird, verlebte in Bayreuth die letzten 27 Jahre seiner banalen Existenz als Gattin eines hochwohllöblichen und dementsprechend langweiligen bayerischen Postexpeditors. Jean Paul, Deutschlands vielleicht liebenswertester und zugleich phantasiebegabtester Poet des 19. Jahrhunderts, drängte hartnäckig nach Bayreuth, das er als ersehnte Wahlheimat begriff, bis er, endlich seßhaft geworden, nüchtern feststellen mußte, daß die Stadt den einen entscheidenden Fehler habe, zu viele Bayreuther zu beherbergen. Und 1837 schrieb Karl Immermann, bürgerlicher Autor einer Gesellschaft, die zwischen Gartenlaube und imperialen Träumen schwankte, daß, wer Deutschlands geheimste und jungfräulichste Reize genießen wolle, nach Franken gehen müsse. Da bedeckte die Markgräfin Wilhelmine längst schon der schöne grüne Rasen, wurde das von ihr mitinitiierte markgräfliche Opernhaus, wo einst „die Primadonnen und Ballerinen die erotischen Verhältnisse durcheinander gewirbelt" (Wolfgang Koeppen) hatten, nur noch von gelegentlich gastierenden Operngruppen benützt, welkte die farbenfrohe Eremitage, einst ein Lustschloß im Sinne und im Stil der großen Europäischen Komödie, lautlos vor sich hin, hatte Jean Paul, auf den sich später einmal Frankreichs Surrealisten berufen sollten, seine herzerwärmenden und völlig unrealistischen Idyllen über das Leben in Bayreuth (und in einem imaginären Deutschland) geschrieben und stand Richard Wagner der Stadt sozusagen noch ins Haus.
Nun, anderntags am frühen Vormittag, und der Novembernebel – der die Landschaft draußen vor der Stadt mit weißem Rauhreif überzogen hatte, daß die kahlästigen Bäume, die wie erstarrt da-

liegenden Wiesen und das bizarre Gewölk der Büsche auf den sanft ansteigenden Hügelkuppen wie überzuckert aussahen –, der Novembernebel lüftete sich, gab den Blick auf Einzelheiten frei, auch auf den blaßblauen Himmel Frankens, der mir dünnhäutig, blutarm vorkam und nicht wie dieser kräftige, fast ein wenig prahlsüchtige katholische Himmel über Würzburg, und nun, anderntags, spazierte ich langsam zur legendären Villa Hügel hinauf, vorbei an Bahnanlagen und durch einen Park, der wie abgehäutet aussah, wie abgestorben unter dem fröstelnden Zugriff des fränkischen Herbstes. Später, wenn ich schon auf die Einfahrt des Eilzuges nach Nürnberg warten würde, später auf dem Bahnsteig würde ich immer noch diesen plumpen, roten, derben Ziegelbau sehen, dieses Festspielhaus mit seiner antikisierenden Gebärde, die auf mich einen unsagbar komischen und zugleich traurigen Eindruck machte. Bayreuth sei nicht bloß Wallfahrtsort, Kultstätte, Opferaltar für die sogenannten Wagnerianer, versichern einander die Autoren, wenn sie über die Stadt der Festspiele schreiben; „es ist ein Stück abgetragen worden vom Festspielhügel, er nähert sich menschlichem Maß“, schreibt Peter Wapnewski in einer Hommage auf Bayreuth, während Joachim Kaiser einmal meinte, nicht alle Festspiele hätten ein so emphatisches Zentrum wie Bayreuth. Ich weiß nicht, was ich von allen diesen Meinungen halten soll. Ich vermag mit Richard Wagner nichts Vernünftiges anzufangen. Ich bin außerstande, fröhlich zu applaudieren, wenn man mir erzählt, daß es in Bayreuth heute noch musische Naturen gibt, die sich voll Entzücken an ihre Kindheit erinnern, als ihre Mütter sie, die Lippen gespitzt zu Pfiffen, in denen Wagnersche Melodien vorkamen, zum Mittagstisch riefen. Ich bin gänzlich unbegabt, Weihevolles zu empfinden oder in stummer Andacht zu verharren, wenn sich das dunkelrote, kolossale Festspielhaus, das die kleine und nicht ohne Anmut zwischen den fränkischen Hügeln eingebettete Stadt zu erdrücken scheint, in mein Blickfeld schiebt. Mir kommt das beinahe wie ein Alptraum vor, wovon man in Bayreuth auch lebt und nur mit respektvollem, freilich ahnungslosem Zungenschlag spricht: der organisierte Kult und die Selbstdarstellung einer Gesellschaft, die sich in Wagners Musik wiedererkennt. Das Markgräfliche Opernhaus in der Münzgasse, hörte ich alteingesessene Bayreuther loben, Hinterlassenschaft der theaterbesessenen Markgräfin Wilhelmine, sei ein Schatzkästlein in jeder Hinsicht; der Akustik und der originellen Ausstattung wegen, deren barokkes Interieur heute noch bezaubert; und bedauernswert sei, daß nur so selten Gebrauch davon gemacht würde. Über das Festspielhaus kein Wort. Und Wagners Villa Wahnfried wirkt wie ein preußisches Kammeramt oder wie eine dieser Potsdamer Villen, in denen sich längst irgendeine Kommandantur eingenistet hat. Alles schmeckt nach Ruhm, Größe, Bedeutung; aber mir kam es vor, als habe sich da auch ein Geruch nach Bohnerwachs festgesetzt, als wehte da auch kleinbürgerlicher Mief durch die Szene, die sich so unendlich bedeutungsschwer gebärdet.

Natürlich bin ich ungerecht. Selbstverständlich bin ich voreingenommen. Und natürlich kann man nichts über Bayreuth aussagen, wenn man bloß über die Maximilianstraße oder den Hohenzollernring flaniert, langsam am Alten, rascher am Neuen Schloß vorbeigeht, wo heute Finanzamt und Regierungsämter untergebracht sind; oder wenn man draußen vor der Stadt, etwa beim baumumstandenen Anstieg zur Eremitage, einen nachdenklichen und liebevollen Blick auf Bayreuth wirft, das jetzt, nachdem das plumpe Festspielhaus und die preußische Villa Wahnfried in der furchigen Landschaft verschwunden sind, wieder so aussieht, wie man sich eine kleine, hübsche, beschauliche und gemütvolle deutsche Provinzstadt vorstellt: „Die großen Alleen, die bis in die breiten Straßen hineinführen, die stattlichen, im Stil des vorigen Jahrhunderts erbauten Häuser, die hallenden Brücken, alles dies gibt der Stadt einen großartigen Anstrich ..." (Emanuel Geibel). – Und daran, daß auch diese Stadt wie beinah jede andere in diesem Land nur eine Erzählung aus zweiter Hand ist, nur ein mehr oder minder gut ausgestatteter Torso, erstellt aus Vorlagen, die die Bombennächte des Zweiten Weltkrieges überdauert haben, daran gewöhnt man sich. Man übersieht die Narben. Und hält Nachgeahmtes fürs Original.

Zwischen den Meeren

Die meisten Vorstellungen, die man hat, wenn von deutscher Provinz die Rede ist, stimmen mitunter gerade dort, wo diese Provinz eigentlich am banalsten oder lähmendsten sein sollte, nicht im mindesten mit der Wirklichkeit überein. Ich erinnere mich in diesem Zusammenhang stets an Friedrichstadt, das, ein paar Kilometer südöstlich von Husum gelegen, auf mich den Eindruck einer mit kundiger Hand erstellten Filmkulisse macht mit seinen prachtvoll altmodischen Häusern im niederländischen Stil des 17. und 18. Jahrhunderts, mit den schnurgeraden Kanälen, darin im schwärzlichen Wasser blau- und rotbemalte Kähne dümpeln, mit den großen, leeren Vierecken seiner Plätze, die sich, umweht vom auffrischenden Wind, der von der nahen Küste übers ebene Land fegt, langsam aus dem milchigen Nebel schälen, der die winzige Stadt, die saftig grünen Wiesen, die dunklen Striche der Kanäle immer wieder von neuem in seine Umarmung zwingt. Und dieses Friedrichstadt, übrigens eine Gründung niederländischer Remonstranten, die im September 1621 hier gelandet waren und für sich eine neue Heimat gefunden hatten, dieses Friedrichstadt, seinerzeit ein Refugium für Katholiken, Lutheraner, Calvinisten und Juden, 1850 dann, als die Stadt dänisch war, von der schleswig-holsteinischen Artillerie unter Beschuß genommen und fast zur Gänze zerstört, was den Wiederaufbau der ursprünglichen Anlage zwischen Sielzügen und Grachten notwendig machte, dieses Friedrichstadt also, das eine verschlafene Idylle zu sein scheint, vielleicht auch eine falsche Idylle, dahinter sich Arbeitslosigkeit, Überalterung und andere krisenbedingte Symptome verbergen, ist in Wahrheit von diesem unzerstörbaren Optimismus erfüllt, dem man gerade im Norden der Bundesrepublik, an den friesischen und schleswig-holsteinischen Küsten, so häufig begegnen kann. Die Gesichter der Menschen besitzen hier noch jene Unverbrauchtheit und Ursprünglichkeit, die man in den großen Städten, in den Ballungszentren der Industrie vergeblich sucht. Nichts Abgestumpftes, Flaches, Gleichgültiges oder

hoffnungslos Angepaßtes begegnet einem hier; und wenn auch in dieser alten Stadt das Alte überwiegt und nicht bloß die Architektur, sondern auch der Charakter der Menschen diese besondere Patina angenommen hat, die sich aus Erfahrung, Beharrlichkeit, Schläue und Eigenwilligkeit zusammensetzen mag, so stößt man doch auf soviel Frisches und auf soviel ungebrochene Originalität, daß man rasch begreift, weshalb an den Wochenenden scharenweise Touristen aus den großen Städten Niedersachsens nach Friedrichstadt strömen; und weshalb man sich selbst als Südländer, dem das Mediterrane Heimat und Widerspruch bedeutet, wohlfühlt in dieser nordfriesischen Provinz.
Ich bin mehrmals nach Friedrichstadt gekommen und immer mit einem Gefühl der freudigen Zuneigung in die kleine, ungemein saubere und mustergültig angelegte Stadt eingefahren, das holprige Kopfsteinpflaster spürend, im Blick die unvermeidlichen Grachten mit ihren begrünten Böschungen, davor die schmalgiebligen, buntbemalten Häuser mit ihren winzigen Fensterchen und diesen grünen, roten oder gelben Fensterläden, die wie kräftig übermalte Augenbrauen aussehen; und die alten Grabsteine auf dem evangelischen Friedhof; die dekorativen Ladenschilder mit ihren verschnörkelten Buchstaben, die sich zu kuriosen, längst aus jeder Mode gekommenen Inschriften formen; der frische, salzige Geruch und Geschmack des Meerwindes; die kreischenden Möwen über den Dächern; und hin und wieder ein leiser, knarrender Ton, ein Tor, das in den Angeln hängt, ein Bootskiel, der über eine Untiefe schleift, ein dünnes Glockenstimmchen, das sich im Orgelton des Windes verliert. Die Welt ist weitab. Die Zeit scheint aufgehoben. Und in den dunkel getäfelten, verrauchten Kneipen mit ihrem seemännischen Interieur, das romantische Erinnerungen wachruft an Ostindien und Kap Horn, die erhitzten Gesichter über Pharisäer und steifem Grog, Gesichter, die man weder übersehen noch vergessen kann, weil sich in ihnen nicht bloß ein Leben, sondern auch ein wenig von der Biographie dieses Landes eingegraben und Spuren hinterlassen hat.
Wenn ich, über Landkarten gebeugt und Namen buchstabierend,

die für mich einen recht eigenartigen und auch fremden Klang haben, diese vom Meer bedrängten Landschaften noch einmal zu rekonstruieren versuche als etwas, das Geschmack und Geruch, Farbigkeit und eine fast sinnliche Intensität besitzt und nicht bloß eine beliebige Gegend ist, darin Begriffe wie Halligen oder Nordstrand, Gezeiten oder Watt vorkommen, dann sind es stets Bilder, Stimmungen, Momentaufnahmen, aus dem Nebel auftauchende oder im sanften Sonnenglast verschwimmende Gesichter, die in mir eine beinah zärtliche Erinnerung wachrufen an Husum oder St. Peter-Ording, an Friedrichstadt oder auch an Kappeln, Eckernförde oder Glücksburg. Da ist der schwere graue Regenstrich über Leck und Niebüll dicht hinter der dänischen Grenze, dem das flache, vielleicht sogar ein wenig monotone Land wehrlos erliegt; da ist der Nebel, der, während er bei ablaufendem Wasser landeinwärts treibt, wie Rauch aussieht, während man langsam vom Nordstrand hinüberfährt zur Insel Pellworm, im Norden die Halligen, im Süden den tiefen Einschnitt der Bucht von Husum mehr erahnend als begreifend, weil dieser rauchige Nebel sich ringsum in eine kompakte Wand verwandelt hat, die scheinbar nachgiebig, oft veränderbar, stets irritierend und letztlich undurchdringlich ist. Da ist der peitschende Sturm in den dünnen Kiefern- und Birkenschonungen im Dreieck zwischen Husum, Rendsburg und Schleswig, der die Vögel himmelwärts schleudert, das Wasser in den Grachten und Flüssen, das einen Augenblick lang wie bläuliches Eis schimmert, zuerst heftig aufrauht und dann in zahllose winzige Scherben und Splitterchen zerbricht, ein Wüten, das immer wieder in sich zusammenzusinken scheint, als ob es sich an seiner eigenen Leidenschaftlichkeit erschöpfte, um dann mit verstärkter Gewalt über das Land herzufallen. Da ist der spröde Glanz der grünen Wiesen drüben an der Ostsee zwischen Eckernförde, Kappeln und Glücksburg, während draußen im offenen Meer, das hier manchmal so aquamarinfarben sein kann wie auf Ansichtskarten, ein schneeweißes Schiff klein und zierlich unterwegs ist. Und da sind die gewaltigen Betonwälle südlich von Husum, die das nordfriesische Binnenland von der Deutschen Bucht trennen, Barrieren, hinter denen es rumort, lärmt, mahlt, saugt und die Welt ein schreckliches Ende zu nehmen scheint, bis man hinaufklettert und hinausblickt über die Nordsee, die scheinbar friedlich und regungslos unter dem bleifarbenen Dunst liegt, den eine blasse Sonne nicht zu zerreißen vermag.

„Der Deich streckt seinen Rücken und dehnt seine Meilen zu einer für unsere Schrittbeine unermeßlichen Länge", schrieb Ernst Barlach 1899 über Husum; „er ringelt sich um die Meeresbuchten und kriecht zwischen Häusern und Brandung hindurch wie eine grüne Schlange ohne Kopf und Schwanz; er wächst, so schnell und weit unsere Augenschärfe auch zielspähend schießt, immer aufs Neu und in Unendlichkeit lang und länger." – Nichts hat sich in diesen vielen Jahrzehnten seit damals, als diese Darstellung entstand, verändert. Vielleicht, daß sich das Meer ein wenig vom Husumer Hafen zurückgezogen hat; und einige flache Backsteinbauten die graue Stadt vergrößern und mit ihrem derben Ziegelrot einen Kontrapunkt zur stumpffarbenen Melancholie dieser Heidelandschaft setzen; und die unvermeidlichen, für das Glück der Bundesrepublik scheinbar unabdingbaren Großkaufhäuser auch den äußersten Norden des Landes erreicht haben; und seit Theodor Storm, der hier geboren wurde und dem die Stadt einige schöne Schauplätze als Gedenkstätten gewidmet hat, immer wieder Literaten aus allen Teilen Deutschlands in Husum heimisch zu werden versuchen, was ihnen aber nicht wirklich gelingt, weil sie, die an dieser nordfriesischen Küste wohl das Exotische suchen, selber zu exotisch sind, um in dieser Landschaft Wurzeln schlagen zu können.

Aber was, so muß man sich wohl fragen, wenn man aus dem Südösterreichischen oder vielleicht sogar aus dem Mittelmeerländischen kommt, den Blick noch durchtränkt von kraftvollen Farben, das Gefühl noch aufs schönste belastet von einer Sinnlichkeit des Lebens, die schon jenseits der Alpen nur mehr in Bruchstücken vorstellbar wird, aber was schlägt hier wirklich Wurzeln in einer Welt, die auf eine so unnatürlich anmutende Weise offen ist, voll von leeren oder diffus verschwimmenden Horizonten oder auch vermummt vom Nebel, heimgesucht vom ewig blasenden Wind, verwüstet, zerrissen von Sturmfluten und immer wieder aus sich selbst fallend, eintauchend ins gefräßige Meer oder zerfurcht von Gewässern, denen etwas Trügerisches und auch Heimtückisches anhaftet: Was hat wirklich Bestand in dieser Landschaft, die manchmal von zarter, beinahe filigraner Schönheit und dann wieder so gesichtslos, so körperlos ist, daß schon die torkelnde Flugbahn einer Möwe oder die auflaufende Flut oder das Klappern grellbemalter Fensterläden in einem scheinbar menschenleeren Dorf einer Sensation gleichkommt? Ich erinnere mich an Spaziergänge durch Husum, Friedrichstadt, Schleswig, Kappeln, Lübeck, Flensburg... und ich erinnere mich eigentlich an nichts, was das Gefühl wirklich bewegt, was Neugier erweckt und Anteilnahme hervorgerufen hätte. Mir fallen keine klaren, im Handumdrehen beschreibbaren Anhaltspunkte für des Lebens einprägsamste Reize ein. Mir fehlen die Gerüche, an denen man sich orientieren kann. Nicht einmal vor den ambulanten Verkaufsbuden der Fischer am Husumer Innenhafen roch es nach Fisch oder Tang oder nach sonst etwas, das die Gedanken in Aufruhr versetzen und das dahinterliegende, so gut wie unsichtbare, eingedämmte, eingezäunte Meer näherbringen könnte. Nach Öl roch es, erinnere ich mich, nach Abgasen, nach Industrie und Auto und Hausbrand; und in Friedrichstadt, von dem ich mir vorstellen könnte, dort für ein paar Tage oder vielleicht sogar für ein paar Wochen heimisch zu werden, wie man an einem fremden Ort nur heimisch sein kann, in Friedrichstadt wehte immer Tabaksgeruch durch die Luft; aus den Grachten, so bildete ich mir ein, stieg etwas Modriges, Geheimnisvolles auf; aber immer dann, wenn ich diesem Geruch nachgehen und auf die Spur kommen wollte, wenn ich das Geheimnisvolle identifizieren wollte, roch es nach gar nichts, lag das schwärzliche Wasser unbeteiligt vor mir; und wenn Wind aufkam oder Regen vom Himmel schüttete oder der Nebel das Land einhüllte, roch es stets nur nach etwas, das ich mir heftig einbilden mußte.

Was kann also in einer solchen Landschaft, so schön oder interessant sie auch sein mag, tatsächlich Wurzeln schlagen? Und welche Art von Menschen mag hier wirklich ihre Heimat gefunden haben? Wortkarge Bauern. Stoppelbärtige Fischer. Mürrische Hafenarbeiter. Immer wieder gesichtslose Soldaten, die auf den Flughäfen und in den Kasernen Nordfrieslands ein merkwürdiges Dasein führen, von dem man sich nicht vorstellen kann, daß es in irgendeiner natürlichen Beziehung zu dieser Landschaft steht. Frauen und Kinder in diesen gelben Jacken, die wie Signale aussehen; aber das, was ein Gesicht ausmacht, was Charakter oder Eigenwilligkeit demonstriert, was manchmal atemlos und manchmal betroffen machen kann, fehlt fast völlig, ist nicht oder nur äußerst selten ausmachbar in diesen verschwimmenden Linien, darin sich nicht einmal das Gelb der Windjacken spiegelt. Dabei müßte, wenn man mit den Menschen in Nordfriesland zu tun hat, unentwegt Unruhe aufkommen. Tausende von Flüchtlingen aus allen Teilen des zerbrochenen Großdeutschen Reiches haben sich hier nach dem letzten großen Krieg niedergelassen, Katholiken und unverbesserliche Nationalisten, Eigenbrötler, Querulanten, Optimisten, viel gemischtes Blut eben, das aus den verlorengegangenen Gebieten kam ... und jetzt, als hätte die Natur mit harter Hand eingegriffen, diese erschreckende Gesichtslosigkeit! Und jetzt, als hätte Deutschlands Geschichte der letzten fünfzig Jahre nicht wirklich stattgefunden, Andeutungen, Gespräche, Gemurmel, vielsagende Blicke und ein Verschwörertum, eine aufdringliche, peinliche Heimlichkeit, die betroffen macht, wenn man ihre Ursache erkennt. In Husum, in Schleswig, in Flensburg, auch in Kappeln mit seinem fjordähnlichen Hafen, auch in Lübeck, wo, wie einem unaufgefordert versichert wird, in mancher alten schmalen Gasse noch der unverlierbare hanseatische Geist beheimatet sei, auch in manchem langgestreckten Dorf zwischen den beiden Meeren trifft man unversehens auf etwas Vaterländisches, Aufbegehrendes, scheinbar Mythisches, einem sogenannten größeren Deutschland Verpflichtetes, das einen in Verlegenheit bringt, das auch bestürzt, nachdem man erst einmal begriffen hat, welche Gedanken durch manchen nordfriesischen Kopf gehen (wobei man nicht vergessen sollte, wieviele Schlesier, Ostpreußen, Banater Deutsche, Siebenbürger seit 1945 in eine nordfriesische Haut geschlüpft sind). Und erschreckend wird das, was

man lange nur als Gerücht verstehen will, als schlimmen Witz einer falsch verstandenen Geschichte, wenn dieser eine Name, diese eine Idee, an der das sogenannte größere Deutschland erbärmlich zugrunde gegangen ist, immer wieder voll Ehrerbietung genannt wird, wenn stets von neuem etwas beschworen wird, an das man selbst niemals glauben mochte, vor dem man sich ängstigt und von dem man ganz genau zu wissen glaubt, daß es Unheil brachte nicht bloß über Deutschland, sondern über den ganzen Kontinent: Hitler und immer wieder er. Unvergessen sei er, kann man in Variationen feststellen zwischen Flensburg und Lübeck. Dienst am Vaterland sei mehr als bloß die Bezahlung der fälligen Steuern. Es müsse wiederkommen, was einst Deutschland groß gemacht habe. Und noch einmal: Hitler. Und noch einmal: unvergessen. Die Gesichter, die man dabei anblickt, haben etwas Vertrauenerweckendes, wirken klar und aufrichtig und zutraulich. Und das Land, darin so gesprochen, so doppelsinnig gemurmelt wird, ist reizvoll trotz seiner Flachheit, wirkt schön ungeachtet seiner leeren Flächen. Aber man versteht nichts. Und man fürchtet sich neuerlich vor diesem Land, darin man sich nur schwer zurechtfinden kann. Hitler ein Mythos in Schleswig-Holstein; eine nicht zu Ende erzählte Geschichte; ein Drama mit Variationen und ohne Aktschluß.
Gordon A. Craig schrieb über den Tod Hitlers: „Ein recht endgültiger Tod, hätte man meinen sollen, aber er verhinderte dennoch nicht, daß sein Schatten mit erstaunlicher Leichtigkeit das Leben derer, die ihn überlebten, und das Leben ihrer Kinder beunruhigt. Im heutigen Deutschland fällt es schwer, auf eine Landkarte zu sehen, Wagnermusik zu hören, über den Lehrplan der Grundstufe zu diskutieren oder an die Vergangenheit zu denken, ohne daß dabei die Erinnerung an ihn auftaucht; und immer wieder machen sich viele Deutsche Sorgen, daß ein Rehabilitierungsprozeß im Gange sei, der ihn wieder zu Ehren bringen könnte." – Ich weiß nicht, ob Craig jemals in Schleswig-Holstein gewesen ist, ob er das vielstimmige, in seiner letzten Konsequenz eindeutige Gemurmel vernommen hat, das dieses schreckliche Thema hier begleitet. Aber genauer, auch nüchterner kann man

nicht ausdrücken, was in verrauchten Kneipen, bei vaterländischen Versammlungen, auf Kirchgängen und vor Friedhöfen wie selbstverständlich stattfindet: der unaufhörliche Versuch einer Rechtfertigung dessen, was Deutschlands Ansehen vermindert und in manchen Teilen der Welt sogar zerstört hat. Eine breitgefächerte Wiederholung dessen, was oberhalb Berchtesgadens auf dem ehemaligen Adlerhorst Hitlers heute an Pilgerhysterie und sogenannter vaterländischer Begeisterung beinahe täglich inszeniert wird. „Dieser Hitler“, schrieb Horst Krüger einmal, „der bleibt uns lebenslänglich.“ – Zwischen Husum und Flensburg, Kappeln und Niebüll ist er, so scheint es, den Menschen nie wirklich abhanden gekommen.

Widersprüche also auch hier. Die honetten, ein wenig gesichtslosen, gewiß funktionstüchtigen neuen Siedlungen am Rande der alten Städte; glatte Fassaden, flache Dächer, viel Glas und dieser einschüchternde Ausdruck von Sachlichkeit; und dahinter das beschwörende Gemurmel, die vielsagenden Blicke, die unheimliche Sehnsucht nach unbewältigter Vergangenheit und eine Erbschaft, die man sich selbst aufgebürdet hat. Ich weiß, daß man nicht verallgemeinern darf; und daß es gefährlich, auch ungerecht ist, aus einer Handvoll Stimmen eine repräsentative Meinung zu machen. Und daß einer, der im ernsten Tonfall von seinem Vaterland redet, noch lange kein Faschist sein muß. Aber die Art, wie hier vom Vaterland geredet wird, wie hier Vergangenheit beschworen und daraus eine eigenartige Konsequenz gezogen wird, ist doch beängstigend.

Mehrmals war ich eingeladen worden, in Schulen der dänischen Minderheit, die in Schleswig-Holstein eine eigene Partei und dementsprechend auch politische Mandatare auf lokaler Ebene stellt, Vorträge zu halten. Ich, gut ausgestattet mit meinem Wissen über die Problematik einer Minderheit in meiner südösterreichischen Heimat, wollte leichten Herzens dieser Einladung nachkommen; ich konnte mir nicht vorstellen, daß in einem so flachen, so vollkommen überschaubaren, so ungemein sauberen Land sich Risse zeigen könnten, daß gleichsam häßliche Falten entstünden, darin Argwohn und Abneigung oder auch bloß scheele Blicke und das Gefühl einer Benachteiligung sich eingenistet haben könnten. Ich dachte, daß in Dörfern und Städten, wo eine andere Minderheit heute noch mit Hitler umgeht, als stünde er davor, heiliggesprochen zu werden, nicht auch noch eine dänische Minderheit mit der Mehrheit umgehen könnte, als trage diese Mitschuld an Hitlers Heiligsprechung. Ich dachte das nicht so eindeutig, auch nicht so böse, wie das nun klingt, wenn man es niederschreibt. Ich habe keine üble Nachrede im Sinn. Ich sah, hörte, spürte, entdeckte bloß viele kleine üble Nachreden oder eigentlich die Ansätze zu üblen Nachreden. Vorsichtiges Mißtrauen, Zurückhaltung, zweideutige Bemerkungen, resignierendes oder zorniges Achselzucken. Die Deutschen nehmen ihre Geschichte so bitter ernst, daß sie inzwischen längst schon auch ihre Minderheiten und Nachbarn mit diesem bitteren, bedrohlichen Ernst angesteckt haben. Manches, was mir im Zusammenhang mit der Minderheit in meiner südösterreichischen Heimat sonderbar oder sogar furchteinflößend vorgekommen war, erhielt nun, da ich die dänische Minderheit im äußersten Norden der Bundesrepublik und die Resonanz, die sie erweckte, kennenlernte, eine andere, eindeutigere und doppelt bedenkenswerte Bedeutung. Wer mit den Deutschen umgeht, wer sie nachahmt, wer sich einläßt auf ihre Art, die Dinge zu sehen und der Geschichte eine eigenwillige und stets patriotische Meinung abzugewinnen, läuft wohl selbst stets Gefahr, so zu werden wie diese Deutschen. Und daran Schaden zu nehmen. Und gleichfalls in ein Gemurmel zu verfallen, das jede unbewältigbare Vergangenheit unaufhörlich in die Gegenwart heimholt.

Aber hat man, gleichsam auf flüchtiger Durchreise in einer deutschen Provinz, tatsächlich ein Recht, Urteile abzugeben, die selbst nur ein Torso sein können, weil sie sich auf Bruchstücke der Wirklichkeit beziehen? Darf man bloß deshalb, weil hier die Vergangenheit manchmal die Gegenwart zu erdrücken scheint, alles Spontane, Herzliche, Offene, Unvoreingenommene verschweigen, mit dem man in diesen Küstenlandschaften so oft konfrontiert wird? Soll man wirklich darauf verzichten, so etwas wie Sehnsucht nach Friedrichstadt und eine Art Heimweh nach

Husum oder Niebüll, Kappeln oder Schleswig zu empfinden, nur weil manches sonderbar ist in einem Land, wo das Sonderbare so oft alltäglich wirkt?

Vom Ulmer bis zum Konstanzer Münster

Unverzüglich, nachdem ich in Ulm angekommen war, meine Reisetasche in einem auf dezente Weise altmodisch eingerichteten Hotel abgegeben und mich beiläufig orientiert hatte, machte ich mich auf den Weg zum Ulmer Münster. In den vergangenen Wochen und Monaten, wenn ich durch Ulm gekommen war, hatte mich der gewaltige Turm, der wie eine stumpffarbene Nadel zwischen Himmel und Erde pendelte, stets magisch angezogen. Etwas Großartiges und zugleich Größenwahnsinniges, gegen die biederen Gefühle der schwäbischen Menschen Gerichtetes, die flache, eher eintönige Landschaft Entlarvendes drückte, so schien es mir immer, diese gewaltige Masse Stein aus, die, solange man nicht eindringt in ihre Gewölbe und sie aufmerksam, gleichsam mit ernüchternden Blicken durchforscht, eine etwas übertrieben heroische Geste zu sein scheint.

Ich näherte mich dem kolossalen Bau jedenfalls in der demütigsten Haltung. Einen Sex-Shop, ein sogenanntes intimes Kino, darin angeblich erotische Filme gezeigt wurden, türkische, griechische und italienische Kneipen, einige Kaufhäuser, die mir wie überall in diesem Land wie riesige Jahrmärkte vorkamen, ein paar Gassen und Straßen, die eine entfernte Ähnlichkeit mit einem orientalischen Basar besaßen: das alles ließ ich an mir abgleiten, das alles nahm ich zwar wahr auf meinem raschen Weg zum Münster, blieb aber unbeeindruckt davon, weil ich immer wieder zur steinernen Nadel emporblickte, die mir so etwas wie ein Wegweiser war in eine andere Welt, darin Deutschland, wie ich es in den letzten Monaten kennengelernt hatte, nicht mehr vorkam, darin es diese Tugenden nicht mehr gab, vor denen ich mich heillos ängstigte oder die ich instinktiv verabscheute, und auch nicht diese Widersprüche, die einen verletzen und verunsichern, wenn man bloß damit beginnt, sie ernst zu nehmen.

Und dann, endlich, vor mir das Münster! Ein langgestrecktes Steinschiff mit zahllosen bizarren Verzierungen und Wülsten. Ein stumpfes Hellgrau, ein verwittertes, nachgedunkeltes Braun. Der

zerfurchte Turm aufragend wie eine Herausforderung. Dahinter ein blasser Novemberhimmel, der schmal, fast zerbrechlich wirkte. Später wird sich aus der Tiefe der Altstadt – die hier in Ulm so wenig wie anderswo eine wirkliche Altstadt ist, sondern wie überall in der Hauptsache nur noch aus Rekonstruktionen, aus Wiederaufgebautem, geschickt Nachgeahmtem besteht –, später wird sich also eine dickhäutige Nebelwand erheben. Langsam, schubweise wird sie sich des Münsters bemächtigen, zuerst den Schuppenleib des langgestreckten, von Türmchen, Bastiönchen, Figürchen bedeckten, bekleckerten Kirchenschiffes unter sich begrabend, dann den Turm emporkriechend, bis lediglich die Spitze des steinernen Pendels sichtbar bleibt, weit ausholend über der Stadt, die jetzt im Nebel unauffällig ertrinkt. Das blasse Blau des Himmels wird sich eindunkeln. Das heftige Licht der Kaufhäuser wird vom Nebel fast verschluckt werden. Und die Donau, deren schwärzliches Wasser rumort, wird ein triefender Nebelfluß sein.
Eine Monarchie ohne Tyrannen, eine Aristokratie ohne Parteiungen, eine Demokratie ohne Tumult, Wohlstand ohne Luxus, Glück ohne Übermut ... so rühmte einst der Humanist Erasmus von Straßburg die freie Reichsstadt Ulm, die im übrigen, wenn man sie im Stil eines Reiseberichtes beschreiben wollte, mit etlichen Besonderheiten aufwarten kann. Denn seit 1890, seitdem der Münsterturm endlich vollendet war, verfügt man hier über den höchsten Kirchturm der Welt; immerhin ragt er 161 Meter hoch in den Himmel. Im Münster selbst gibt es mit dem rund fünfhundertjährigen Chorgestühl das schönste spätgotische Schnitzwerk Deutschlands. Im Jahre 1641 wurde in Ulm aber auch das erste Stadttheater des deutschen Kulturraums gegründet, 1439 der Grundstock zur ältesten öffentlichen Bibliothek Deutschlands gelegt, und in der prähistorischen Sammlung der Stadt gibt es eine Elfenbeinstatue, deren Alter auf rund 20.000 Jahre geschätzt wird und die damit zu den ältesten bisher bekannten Menschendarstellungen des eurasischen Raumes zu zählen ist.
Aber auch mit Namen, die einen guten Klang haben in der deutschen, in der europäischen Kulturgeschichte, kann Ulm auf eine

durchaus respektgebietende Weise aufwarten. Der Astronom Johannes Kepler lebte hier zwei Jahre lang, 1626 und 1627, um seine astrologischen „Rudolfinischen Tafeln" herauszubringen; in dieser Zeit fertigte er auch den Kepler-Kessel an, darin alle zu jener Zeit gültigen ulmischen Maßeinheiten zusammengefaßt waren. Daran kann man sich, sozusagen einen gedanklichen Umweg einschlagend, heute noch erinnern – obgleich das mit Kepler eigentlich schon nichts mehr zu tun hat –, wenn man die große runde Platte betrachtet, die, eher unscheinbar im Platz vor dem Hauptportal des Münsters eingelassen, fein säuberlich die Entfernungen zu den verschiedenen wichtigsten Städten Europas angibt: Ulm als hochmütiger Mittelpunkt eines Imperiums, das sich deutsche Tüchtigkeit, Intelligenz, Phantasie und wohl auch ein wenig die Sehnsucht der Deutschen nach fremden Horizonten heftig einbilden. Wieviele Ulmer mögen wohl schon vor dieser Platte, den Blick auf sagenhafte Distanzen gerichtet, ihr Fernweh geprüft haben? Die Reisebüros jedenfalls, so nimmt man an, wenn man ihre Zahl nicht bloß in Ulm, sondern auch in der ganzen Bundesrepublik erstaunt zur Kenntnis nimmt, müssen zufriedenstellende Umsätze machen.
Kepler ist nicht der einzige Name von Rang und Bedeutung, mit dem die städtische Biographie aufwarten kann. In der Wagnerschen Offizin, meldet der offizielle Stadtführer, habe der sogenannte Ulmer Druck eine schöne Nachblüte erlebt. Die umfangreichen kulturhistorischen, wissenschaftlichen Sammlungen begüterter und, was noch bedeutsamer war, gebildeter Ulmer Bürger sollen für das geistig interessierte Deutschland des 18. und mehr noch des 19. Jahrhunderts gewichtige Sehenswürdigkeiten gewesen sein. Chor- sowie Orgelmusik hätten vor allem im Münster eine Heimstätte gefunden, die keinen Vergleich zu scheuen brauche, während auf Deutschlands Universitäten Ulms hervorragendste Köpfe als Historiker und Rechtsgelehrte im Dienste der Aufklärung tätig waren. Dazu kämen noch die vielfältigen Bemühungen hochbegabter Bildhauer, Kunstgießer und Goldschmiede vor allem in der Zeit zwischen dem 16. und 18. Jahrhundert, als in Ulm qualitativ hochrangiges Kunsthandwerk pro-

duziert wurde. Nicht zuletzt sind auch der Mathematiker Johannes Faulhaber und der Architekturtheoretiker Joseph Furttenbach zu erwähnen, derer man sich in den Aufzeichnungen der Stadt mit der befriedigten Feststellung annimmt, daß „beide ihr außergewöhnliches Wissen in den Ingenieurswissenschaften, der Artillerie- und Festungsbaukunst durch Schrift oder Lehre weitergaben", was auf die enorme strategische Bedeutung Ulms im 19. Jahrhundert als deutsche Bundesfestung verweist; denn im Jahre 1840 hatte der Deutsche Bund beschlossen, die Stadt zur uneinnehmbaren Festung für jeden aus dem Westen, dem Südwesten vordringenden Feind auszubauen, was wiederum zur Folge hatte, daß innerhalb weniger Jahre ein gewaltiger Festungsgürtel rund um die Stadt entstand, darin annähernd fünfzig Festungswerke und kleine Fortifikationen integriert waren, von denen man heute noch manche wie urweltliche Höcker und Buckel aus den sanften Anhöhen aufragen sieht, grasüberwachsen, buschumstanden, verwittert und versunken, urtümliche, häßliche und dennoch merkwürdig faszinierende Relikte aus einer Vergangenheit, als Deutschlands Armeen noch allmächtig schienen und die hervorragendste Neigung der Deutschen ein fast als Leidenschaft empfundener Militarismus war. Ganz Ulm ein Exerzierplatz mit dem dunkel und streng emporragenden Münster als strategischem Mittelpunkt: Die Folgen im Zweiten Weltkrieg dann waren auch dementsprechend. Fast 85 Prozent der Altstadt wurden durch Bombenangriffe zerstört. Lediglich die nutzlos verwitterten Festungswerke, die nie einem anstürmenden Feind hatten widerstehen müssen, blieben unversehrt.

Das Schaubild dieser Stadt sei ebenso großzügig wie malerisch, meinte einmal Hermann Baumhauer, lokaler Chronist Ulms; er erwähnte rühmend den rostroten Gürtel der Stadtmauer, akzentuiert vom schiefen Metzgerturm; dahinter Häuser mit hohen Giebeln und Steildächern und darüber das dreitürmige Massiv des Münsters. Es ist Deutschlands zweitgrößter Kirchenbau und doch nur, wenn man den kirchlichen Rang berücksichtigt, eine ganz gewöhnliche Pfarrkirche einer Stadt, die einst eine freie Reichsstadt war. Heute zerfällt sie ins alte württembergische Ulm

und, getrennt durch die Donau, ins bayerische Neu-Ulm, das, als es nach einem Pariser Staatsvertrag im Jahre 1810 sozusagen auf dem diplomatischen Reißbrett gegründet wurde, nur einige wenige Einwohner zählte, aber jetzt, seit 1869 zur Stadt erhoben, auf rund 50.000 Einwohner verweisen kann. Bemerkenswert an dieser Kunststadt am bayerischen Donauufer ist freilich vor allem der Blick auf das Münster, auf diesen dunklen Koloß, der so tyrannisch alles um sich her verkleinert, wie das Eduard Mörike formuliert hat. Und voll des eingebildeten Machtanspruches ist auch das Innere des gewaltigen Kirchenbaus. Denn da ist nur wenig, was zur religiösen Einkehr verführen könnte, was fromme Nachdenklichkeit hervorrufen würde, sofern man überhaupt imstande wäre, den Blick von den martialischen Figuren abzuwenden, die, aufgefädelt zu beiden Seiten des Kirchenschiffes, in gleichermaßen würdevoller und strenger, fast herrschsüchtiger Pose daran erinnern, daß dieses Münster längst schon eine evangelische Heimstätte ist. Die wortgewaltigen, streitsüchtigen, erbarmungslosen und die protestantische Sache insgesamt so erfolgreich vertretenden Helden der Reformation thronen da, in Stein gehauen, oberhalb der Köpfe der Besucher, von denen mancher dann doch etwas verwirrt sein mag, wenn er im Mauerwerk noch Spuren eines farbigen Katholizismus entdeckt, verwischte Fresken, auf denen die Geschichte der christlichen Religion in einer Weise dargestellt wird, die einem überzeugten Protestanten böse gegen den Strich geht. Aber man scheint nicht ohne berechnende Konzilianz zu sein in Ulm, denn schließlich vervollständigt auch ein Herrscher wie Karl der Große diese merkwürdige Ahnengalerie des Protestantismus, hängen an den hochaufragenden Wänden des Kirchenschiffes zahlreiche Wappen, die eher mit der weltlichen als mit der religiösen Geschichte der Stadt zu tun haben, und erinnert überhaupt manches in diesem Münster eher an ein sonderbares Raritätenkabinett deutscher Geschichte und deutschen Provinzialismus als an ein Gotteshaus, darin man den Lärm und die Unruhe der Welt abzustreifen vermöchte.
Abends dann in einer winzigen Kneipe gegenüber dem Münster, auf das, halb erstickt vom Nebel, das gelbe Licht der Scheinwer-

fer fällt. Das Lokal, schmal, auch verwinkelt und natürlich raucherfüllt und dabei von zutraulicher Wärme, das Lokal, das auch als Galerie dient, ist im ersten Stockwerk untergebracht. Junges Publikum, alternativ, wie sich das an einer solchen Stätte gehört, aber freundlich und ein wenig verunsichert, wenn die Sprache auf die Verhältnisse kommt, mit denen man in Ulm und anderswo zu tun hat. Draußen noch das feurige Lichtspiel der Reklame, die Köpfe der Menschen, die sich unaufhörlich durch die Einkaufsstraßen bewegen, als wären sie auf der Suche nach dem Sinn des Lebens oder als hätten sie eine nationale Pflicht zu erfüllen, indem sie die vorweihnachtlich geschmückten Kaufhäuser stürmen. Hier in der Kneipe die jungen Leute, die noch nicht gelernt haben, mit dem offiziell verordneten Wohlstand so umzugehen, daß man sich einbilden kann, des vollkommenen Glückes teilhaftig zu sein. Mädchen, die aussehen, als wären sie den verwischten Fresken drüben im Münster entstiegen, beugen ihre gotischen Gesichter über wolliges Strickzeug. Langhaarige, honette Burschen, die sich noch nicht als deutsche Männer zu fühlen brauchen, die noch nicht mit gewichtigem, bierschwerem Ernst die Lage der Welt an ihrer eigenen provinziellen Zuständigkeit messen müssen, rennen in ihren Gesprächen gegen eine Mauer an, von der sie in wenigen Jahren selbst schon ein Teil sein werden. Das Licht ist gedämpft, die Stimmen fließen durcheinander, ein unbestimmter Optimismus liegt in der Luft. Ein Deutschland könnte das sein, denkt man beinahe gerührt, das dem entspräche, was man sich wünschte von diesem Land der sonderbaren Gegensätze.

Tagsüber freilich urteilen die Richter in Ulm wie anderswo im heilen, gemütlichen Schwaben gegen die meist jugendlichen Demonstranten, die amerikanischen Armeefahrzeugen, unterwegs mit Pershing-Raketen, die Zufahrt zu den Raketensilos für ein paar Minuten, für ein schwaches Viertelstündchen versperrten. Geldstrafen werden wie am Fließband ausgesprochen. Und in der lokalen Presse, deren Schlagzeilen immer neue Enthüllungen melden im Fall Flick, machen sich kluge Kolumnisten Gedanken über den Sinn sowohl der Demonstrationen als auch der Verurteilungen. Ein Gefühl des latenten Unbehagens schlägt sich in diesen Zeitungen nieder, die so gern vom überschaubaren, faßbaren Glück der Menschen in der württembergischen, bayerischen Provinz berichten würden, unterbrochen gelegentlich von kleinen Sarkasmen oder gar von bitterbösen Anmerkungen zum leidigen Thema der sogenannten Gastarbeiter, denen man offiziell durchaus verständnisvoll und mit Sympathie gegenübersteht, denen man wohlwill, solange man nicht selbst unmittelbar davon berührt ist. Man wäscht einander in aller Unschuld den Pelz, ohne sich naß zu machen. Man tritt ein für Wiederaufrüstung und Raketen und die Kaufkraft der Deutschen Mark und die Ordnung, die das Maß aller Dinge sein soll, man vertritt die Idee der Nächstenliebe und einen humanen Liberalismus, aber irgendwo empfindet man unentwegt Unbehagen, empfindet man, ohne es allzu deutlich einzugestehen, doch alles das als etwas anstößig, was man mit subtilen Begriffen umschreibt: da die Millionen, die aus industrieller Hand in Parteikassen fließen; und dort die kleinen Geldbußen für Demonstranten, die möglicherweise Deutschland davor bewahren wollen, Opfer einer mutwillig heraufbeschworenen Apokalypse zu werden. Und immer wieder die halb verschämte, halb herausfordernde Frage, was denn die levantinischen Gesichter, das mittelmeerländische Volk der deutschen Gesellschaft, der bundesrepublikanischen Wirtschaft, dem eigenen Ansehen noch nützen ... und in den Auslagen der Reisebüros locken südländische Landschaften, über die eine große dicke gelbe Sonne ihr verheißungsvolles Licht verströmt; nur die Menschen, die zu diesen Landschaften gehören, passen nicht recht ins Bild der deutschen Wirklichkeit.

Wäre jener phantasiebegabte, kühne Schneidermeister namens Berblinger, nutzlos berühmt geworden als Schneider von Ulm, der im Jahre 1811 ein merkwürdiges Fluggerät konstruierte, über das damals die braven Ulmer mitleidlos den Kopf schüttelten, wäre er nicht auch heute wieder ein Stein des Anstoßes? Sind Phantasie und Idealismus überhaupt vorstellbar in diesen deutschen Provinzlandschaften, in denen die jungen Menschen kaum eine Chance haben, wirklich jung zu bleiben und sich ihren Idea-

lismus zu bewahren? Und ist es tatsächlich lebensgefährlich, in einer Stadt wie Ulm oder in einem Land wie der Bundesrepublik naiv und reinen Herzens zu sein?
Der Nebel zeichnet Figuren über Ulm, verwischt immer wieder das Bild, das man sich machen will von einer altberühmten schwäbischen Stadt, die doch nur, durcheilt man sie mit dem Intercity von Stuttgart nach München, ein zweiminütiges Intermezzo bleibt. In der Erinnerung schwingt der dunkle Turm des Münsters über ein diffuses Stadtbild hinweg, das manchmal anmutig schien und dann wieder bedeutungslos blieb im Blick, den man aus dem Abteilfenster auf die langsam zurückweichende Stadt warf. Und dann die jungen Leute in dieser Kneipe: zutraulich und freundlich, auch unvoreingenommen und noch nicht wirklich belastet vom Wissen um Zustände und Verhältnisse, die dieses Land gelegentlich wie amputiert aussehen lassen.
Erinnerungen auch an eine ruckende, vielfach unterbrochene, beinahe gemütvolle Bahnfahrt hinunter an den Bodensee und nach Konstanz, das einfach so daliegt „am Eingang des unendlichen Sees und an beiden Rheinufern, ein kleines friedliches Konstantinopel", wie es Gérard de Nerval vor fast hundertfünfzig Jahren beschrieb; und es scheint sich seit damals nichts oder nichts Wesentliches verändert zu haben. Ich war voll unmäßiger Neugier, endlich in eine deutsche Stadt zu kommen, in der ich es nicht mit kunstvoll arrangierten Kulissen, nicht mit diesen einschüchternden und zugleich desillusionierenden Beispielen eines geschickt inszenierten Wiederaufbaus zu tun haben würde, weil Konstanz eine der wenigen deutschen Städte ist, die vom Bombenhagel des Zweiten Weltkriegs verschont blieben. Ich war ungeduldig und trieb mich fröstelnd auf den Bahnsteigen der schwäbischen Bahnhöfe herum, auf denen man unentwegt umsteigen muß, wenn man nach Konstanz gelangen will. Immer war da dieser bleiche Herbstnebel, der im rauhreifbedeckten Geäst der Bäume hing und um die hübschen, sauberen Märkte und Dörfer kroch und über die ordentlich asphaltierten, gut ausgebauten Straßen wehte. Und ich dachte mir, was für ein adrettes Land das doch sei, wohlhabend, geordnet, überschaubar und kor-

rekt, mit pünktlich ankommenden Zügen und höflichen Schaffnern und gemütlichen Nachbarn im Abteil, die von ihren Kriegserinnerungen schwärmten und sich über die Jugend sorgenvolle Gedanken machten und streng von der Ordnung redeten, die sie liebten; ich dachte mir, was für ein wunderbares Land das doch sei, in dem es diese besondere Art der gemütvollen Ordnung gibt. Und während ich das dachte, hütete ich mich davor, einen Blick in die Zeitungen zu werfen oder den Nachbarn im Abteil eine Antwort zu geben oder mir selber auch nur eine einzige dieser Fragen zu stellen, die mich schon seit vielen Wochen und Monaten auf eine unangenehme Weise beschäftigten.

In Konstanz spazierte ich zwei Vormittage lang durch die verwinkelte Altstadt. Und orientierte mich an Erinnerungstafeln und vergilbten Inschriften über die Biographie dieser schönen und auf eine merkwürdig somnambule Weise erstarrten Inselstadt, in der Johannes Hus am Feuer gestorben, der Wanderprediger und Dominikaner Heinrich Seuse möglicherweise geboren worden war, Oswald von Wolkenstein ein Jahr lang gelebt, Niccolo Machiavelli und Michel de Montaigne Aufenthalt genommen hatten, aber auch Schwabens große Poeten Hölderlin, Schwab, Kerner, Uhland und Mörike mehr oder minder ausdauernd zu Gast gewesen waren. Ich versuchte eine ungefähre Rekonstruktion jener Ereignisse, die als das Konzil von Konstanz im 15. Jahrhundert eine Bedeutung erreichten und über Jahrzehnte hinweg das politische Antlitz zumindest Mitteleuropas nachdrücklich prägten. Ich hatte einige Mühe, mir vorzustellen, wie das damals gewesen sein könnte, wie das wirklich ausgesehen haben mochte, als hier vom Herbst 1414 bis zum April 1418 an die 50.000 Vertreter der geistlichen und weltlichen Macht in der kleinen Stadt auf engstem Raume zusammengedrängt lebten, gemeinsam natürlich mit den rund 6 000 Konstanzer Bürgern, die nach anfänglicher neugieriger Anteilnahme an den hochpolitischen Geschehnissen bald abstumpften, denen das Spektakel bald alltäglich wurde und die, sofern sie nicht beträchtlichen materiellen Gewinn zu ziehen vermochten aus dieser Konferenz, eher teilnahmslos blieben ge-

genüber den gewaltigen Erschütterungen und Veränderungen, die durch dieses Konzil verursacht wurden.
Weniger aufsehenerregend und auch weniger im Bewußtsein der Deutschen verankert ist der Umstand, daß in Konstanz am 12. April dcs Jahres 1848 die erste deutsche Republik ausgerufen wurde. Ein gewisser Friedrich Hecker – ein Mann voll ungestümen Tatendrangs und wohl auch beseelt von der Leidenschaft, den Deutschen endlich jene Freiheit zuzumuten, mit der sie dann doch nur wenig anzufangen wissen – inszenierte am sogenannten Konstanzer Stephansplatz eine schöne patriotische Feier, die den Bürgern aber nicht sonderlich beeindruckend in Erinnerung geblieben sein dürfte. Denn forscht man heute nach dieser für die Biographie der Stadt und des ganzen Bodenseeraumes doch bedeutsamen Geschichte, so erhält man nichtssagende, ausweichende Bemerkungen oder ein stummes Achselzucken als Antwort. Hingegen weiß fast jedermann darüber Bescheid, daß in Konstanz, und zwar im wuchtigen Konzilsgebäude, die einzige Papstwahl auf deutschem Boden stattgefunden hat. Diese Wahl begann am 8. November 1417. Immerhin mehr als fünfzig Kardinäle und Diplomaten nahmen am Konklave teil, das lediglich drei Tage dauerte. Dann hatte man sich auf Otto Colonna geeinigt, der als Martin V. römischer Papst wurde. Diese Wahl beendete das unselige Schisma jener Jahre, als drei Gegenpäpste die damals längst heillos gewordene Welt der römischen Kirche vollends zu zerstören drohten. Und Konstanz war für einen kurzen Augenblick in seiner Geschichte ein Zentrum von welthistorischer Bedeutung, ohne daß sich am tragischen Schicksal der Deutschen selbst dadurch irgend etwas geändert hätte.

Aufenthalt in Niedersachsen

Unterwegs im Intercity zwischen Bad Hersfeld und Kassel hinauf nach Göttingen und Hannover. Die Eisenbahntrasse verläuft nördlich von Eschwege, zwischen Bad Sooden-Allendorf und Witzenhausen, für ein paar Kilometer entlang der sogenannten Zonengrenze; man sieht gelbliche und braunverfärbte Hügel, dazwischen aufgelockerte, erdfarbene Schollen, die wie Brüche in der Landschaft aussehen, wie frische Wunden, ausgeblutet zwar, aber noch offen und besorgniserregend, und immer wieder diese Türme, die wie Hochsitze für Jäger, freilich auch wie Wachtürme in den ehemaligen Konzentrationslagern aussehen, und immer wieder dieser Stacheldrahtzaun; und das alles ist eigentlich nicht das Schlimmste, daran hat man sich im Verlaufe der Jahre, in denen Deutschland immer nachhaltiger auseinandergebrochen ist, immer nachdrücklicher voneinander abgerückt ist, längst schon gewöhnt; das kennt man von zahlreichen Anlässen, den Zaun und die Wachtürme und die aufgebrochene, erdfarbene Ackerscholle, aus der nichts wächst... Wirklich schlimm ist die Leblosigkeit im Schatten dieser Grenze, ist das fast vollkommene Fehlen von Leben, denn sogar vom Zug aus erkennt man, daß zu beiden Seiten dieser stacheldrahtbewehrten Grenze der Natur und den Menschen etwas abhanden gekommen ist, daß dieses mißbrauchte Stück Landschaft, durch das diese Grenze verläuft, eine Eigenständigkeit gewonnen hat, die freilich nichts mit dem Leben zu tun hat, wie man es sich fröhlich und eigensinnig einbildet. Es dauert ohnedies nur ein paar Minuten; und es kann schon vorkommen, daß man zwischen Bad Sooden-Allendorf und Witzenhausen zufällig mit etwas anderem beschäftigt ist als damit, die merkwürdig verfärbten Hügel, die nach Osten hin zurückweichen, und die frisch aufgebrochene, völlig nutzlose Ackerscholle neben dem Stacheldrahtzaun zu betrachten. Es kann schon vorkommen, daß man übersieht, was da passiert ist, daß man achselzuckend den schmalen Fluß und die kaum befahrene Straße und die wenigen Gehöfte auf der bundesrepublikanischen Seite dieser

Grenze gerade nicht im Blick hat und zugleich auch das dahinterliegende Land übersieht, das eigentlich gar nicht wie irgendein beliebiges Stück Land aussieht, nicht einer gewöhnlichen mitteldeutschen Landschaft ähnlich ist, obgleich auch das nur eine Vermutung, eine Einbildung sein kann, denn schließlich, so denkt man gleichgültig, während der Zug unterwegs ist zwischen Bad Sooden-Allendorf und Witzenhausen, denn schließlich haben sich die Deutschen doch wohl damit abgefunden, daß es diese ausgeblutete Wunde, die stets ein wenig besorgniserregend und auch ekelhaft wirkt, in ihrem Land gibt.
Und anderntags – es ist ein sogenannter langer Sonnabend, ein verkaufsoffener Samstag in der umsatz- und gewinnträchtigen Vorweihnachtszeit, und seit vielen Wochen schon hatte ich mich allmählich daran gewöhnen müssen, daß in der Bundesrepublik eine ganz eigenartige, eigenständige Verkaufshysterie herrscht, daß die Menschen in diesem sonderbaren Land wie unter einem Zwang unaufhörlich unterwegs sind, um sich in den Großkaufhäusern animieren und verführen zu lassen, daß sie die Wühltische mit den Billigangeboten und die überquellenden Regale und die Sonderangebote und überhaupt das alles, was sie in immer neue Abhängigkeiten zwingt, was sie nicht bloß begehrlich, sondern auch ungemein verletzlich macht, anfällig für Krisen und Phrasen und Aufmärsche, daß sie das alles also wie die Luft zum Atmen brauchen, daß ihnen das alles auf eine unheimliche Weise unentbehrlich geworden ist –, und anderntags, kaum angekommen in Bremen, kaum mit dem Taxi zum Ostertorviertel gefahren und dann langsam eingedrungen in die langgestreckte, ausgedehnte Fußgängerzone, die, anstelle einer zerbombten Altstadt, buchstäblich wie aus dem Ei gepellt ausschaut, anderntags diese Demonstration zugunsten Nicaraguas und eines besseren oder menschlicheren oder demokratischeren Marxismus, eine wilde, wüste Demonstration, eine ungemein lärmende Demonstration, in die ich völlig unvorbereitet hineingeriet, obgleich ich eine ganze Reihe ähnlicher Demonstrationen schon erlebt hatte zwischen Hamburg und München. Aber es traf mich jedesmal von neuem; es war ein Erschrecken oder ein hilfloses Erstaunen oder

auch bloß so etwas wie kopfschüttelnde Ungläubigkeit, weil stets, wie auch diesmal in Bremen, einige Dutzend junger Leute blutfarbene Transparente schwangen, dazu Fahnen und zerknitterte, verschmutzte Plakate, weil sie immer irgend etwas schrien, ein schriller Chor junger Stimmen, der freilich vollkommen unterging in der rastlos schiebenden, drängenden, schlurfenden Menge dieser schaulustigen, einkaufswütigen Bürger. In einer Fußgängerzone, in einer Einkaufsstraße, dachte ich überrascht, sollte man in der Bundesrepublik keine Demonstration veranstalten. Dort, wo sich dieses auf unaufhörlichen Einkauf und steigenden Umsatz eingeschworene Volk dem vermeintlich Unentbehrlichen hingibt, wo es Wühltische wittert und Sonderangebote und raffinierte Dekorationen, dort, so dachte ich fast ein wenig fassungslos angesichts solcher Unvernunft, kann man nicht gegen den Hunger oder gegen das Unrecht oder gar zugunsten irgendeiner Ideologie demonstrieren. Das schickt sich in Deutschland nicht. Das muß erfolglos bleiben. Gegen reduzierte Preise kann man keine Revolution ausrufen.
Die Straßenbahnen, ohnedies vorsichtig unterwegs in den Fußgängerzonen Bremens, fuhren im Schritt. Hinter dem farbig getönten Glas konnte man die Motorführer lächeln sehen. Aus dem tief herabhängenden Nebel nieselte es eisig. Die jungen Stimmen schrien sich heiser. Aber da war niemand, der Zeit und Lust gehabt hätte, ihnen zuzuhören. Nur zwei Polizisten, das Funkgerät am Ohr, beide noch sehr jung, beide gleichaltrig mit den Demonstranten, blickten aufmerksam auf die blutroten Fahnen.
Ich komme mit diesem Land nicht zurecht. Immer das Gefühl, als müßte man sich auf einen Schlagabtausch einlassen. Aber man weiß nicht, wen oder was man treffen will. Man möchte auf die Geschichte ausweichen, Stadtbeschreibungen liefern, Anekdoten erzählen, Bedeutendes in Erinnerung rufen, Idyllen beschwören, Rudolf Alexander Schröder zitieren, der 1933 über Bremen geschrieben hat, daß um sein Häuschen, „hier im flachen Felde vor der Stadt", die Sonne wie um eine Insel herumlaufe. „Und wer einmal", schrieb er im Jahr der Machtergreifung Hitlers, „mit mir im Boot durch unsere Wasser- und Wiesenwelt fah-

ren würde, der würde begreifen, warum ich auch heute lieber hier wohne, dichte und male als anderswo. Zudem", schrieb Schröder, „ist der geistige Begriff der Provinz für Deutschland ebenso unerheblich wie für Italien. Volk- und geistesfressende Hauptstädte kennen Frankreich und England, wir nicht." – „Im Krieg zu sechzig Prozent zerstört", notiert Jürgen Petersen fünfzig Jahre später, „aber in seinem Wesenskern nicht getroffen, ein Bild der Beständigkeit. Dom und Rathaus, die über Jahrhunderte das städtische Leben bestimmten, bieten sich dem Besucher wie schon immer. Daß hier der schönste Marktplatz in Deutschland ist, hört der Fremde immer wieder." – Bremer Stadtmusikanten, „Roland, der Riese am Rathaus zu Bremen", hanseatischer Fleiß ... Und bei Geno Hartlaub lese ich: „Das Schönste am Dom waren die begrünten Turmspitzen und die romanischen Tor- und Fensterbögen, die so unzerstörbar aussahen, als hätten sie im Laufe der Jahrhunderte nie eine Renovierung nötig gehabt. Der wuchtige Südturm der Liebfrauenkirche gegenüber konnte ihm nicht ganz das Gleichgewicht halten, erst recht nicht die geradezu zierlich wirkenden Renaissancefassaden vom Schütting, dem vierhundertjährigen Kaufmannshaus, die sich am sympathisch intimen Marktplatz gegenüberstehen."
So und nicht anders, denke ich mir immer, wenn ich über Deutschland nachzudenken beginne, müßte man dieses Land beschreiben: das Geistige betonen, der Geschichte respektvoll seine Reverenz bezeugen, die Architektur rühmen und den Fleiß der Menschen bewundern. Warum erschrecke ich dann vor den grauen Kolossen der Großkaufhäuser in Bremen? Und in Köln, Hamburg, München, Frankfurt, aber auch in Konstanz oder in Ulm? Warum ängstige ich mich vor den Erzählungen über die Zustände in Bremen, über Gewalt und Drogen und Anarchie? Und während mir eine resolute Fünfzigjährige aufzählt, welche Gassen, welche Bezirke man meiden müsse in der schönen alten Hansestadt, während sie mit bösem Unterton in der scharfen Stimme davon spricht, wie gerade die ältesten und früher einmal angesehensten Straßen jetzt verkommen, sehe ich Gesichter, die gar nicht dazupassen zur protzigen, hochmütigen Welt der

grauen Kolosse, in denen es die Verführung der Wühltische und Sonderangebote gibt: junge Gesichter, darin Zorn, Enttäuschung und Langeweile Spuren gegraben haben, die häßlich sind; oder auch bloß widersprüchlich. Das sind Gesichter, die aussehen wie diese aufgelockerten, erdfarbenen Schollen zwischen Bad Sooden-Allendorf und Witzenhausen, Wunden, schon ausgeblutet, aber immer noch offen und besorgniserregend, Gesichter, die man nicht beschreiben kann wie die Architektur einer Stadt; und die man nicht darstellen, nacherzählen kann wie die Geschichte eines Landes, mit dem man nicht zurechtkommt.
Erinnerungen an Hannover, an Braunschweig; dort eine feuchtschwüle, erbarmungslos dampfende, schweißtreibende Septembernacht, tagsüber tropische Temperaturen wie im Juli auf Kreta oder Sizilien; und hier raschelnder Winterregen, der zu Eis gefriert, kaum daß er auf dem Asphalt aufschlägt. Und hier wie dort die aufsässigen Gesichter junger Menschen, Gesichter, die aussehen, als wollten sie nichts mehr zu schaffen haben mit dem Staat, in dem sie leben. Die Spannung, die zwischen akademischer Jugend und Gesellschaft besteht, sei keineswegs etwas Neues in Deutschland, schreibt Gordon A. Craig in seinem Buch „Über die Deutschen“, denn „seit dem 18. Jahrhundert herrschte ein latenter Reibungszustand zwischen Studenten und Bürgerschaft, der in gewissen Abständen zum Ausbruch kam.“ – Und in der Zeitschrift „Stern“ konnte man in diesem Zusammenhang nachlesen, daß „Millionen junger Leute auf ihre politische Gesinnung überprüft“ wurden; dabei „blieben viertausend auf der Strecke. Die Bundesrepublik aber ist auf dem Rückweg zum autoritären Staat, der seine Bürger vor allem als Sicherheitsrisiko begreift.“
Aber waren die jungen Leute mit ihren aufsässigen Gesichtern in Hannover und Braunschweig Studenten? Und die Demonstranten in Bremen? Und die jugendlichen Radaubrüder in Köln, unterwegs auf der langen Chaussee von Müngersdorf hinein in die Domstadt, auch sie die Fahnen schwenkend, wimpelbehaftet, fußballbegeistert und doch schon – gerade erst dem Stadion entkommen, wo ihre Mannschaft verloren hatte – heftig dazu im-

stande, Juden und Gastarbeiter in die Hölle zu wünschen, eine kompakte Masse Mensch, die grölend ihren Haß herausschrie, junge Gesichter, verzerrt, aufsässig auch sie ... Und in Ulm, Trier, Augsburg, Würzburg oder Bayreuth: überall die Entfremdung gegenüber einer Gesellschaft, die sich ihrer Frustrationen vor den Wühltischen und auf den Flohmärkten zu entledigen sucht, überall junge Gesichter, die fremd aussehen, manchmal haßerfüllt und manchmal bloß gelangweilt wie beispielsweise in Minden, Osnabrück oder auch in Münster, wo sich viele Studenten an der hoffnungslos überfüllten Universität längst schon fragen, ob es denn überhaupt noch einen Sinn habe, in diesem Staat und zugunsten dieses Staates ein Studium abzuschließen, das dann doch nutzlos sein würde, weil die Arbeitslosigkeit auch und vor allem die jungen Akademiker treffe. Und was ist mit den jungen Arbeitern? Und mit der Masse jener, die weder Arbeiter noch Studenten sein können, weil sie gar nichts sind, weil sie den Eintritt ins sogenannte Berufsleben nicht geschafft haben, weil sie keine Lehrstelle haben oder eine Lehre abgebrochen haben aus Gründen, die so mannigfaltig sein können wie die Schwierigkeiten, die sich in diesem Land für jeden auftun, der eigenwillig sein will, aufsässig oder bloß nachdenklich?
Braunschweig, die alte Welfenstadt, im 12. Jahrhundert Lieblingsaufenthalt Heinrichs des Löwen, einst bedeutender Umschlagplatz für den innerdeutschen Binnenhandel und zwischen 1753 und 1918 Residenz des gleichnamigen Herzogtums, Braunschweig, so erzählte man es mir während der unvermeidlichen Stadtrundfahrt, so kann man es nachlesen in den nützlichen Reisehandbüchern, habe mit seiner Burg Dankwarderode und mit dem romanisch-gotischen Dom – darin im Mittelschiff die Grabmale Heinrichs des Löwen und seiner Gemahlin Mathilde eingebettet sind – bemerkenswerte Zeugnisse deutscher Geschichte vorzuweisen; und erwähnenswert sei auch noch das Rathaus in der Altstadt, die im Jahre 1157 geweihte Michaeliskirche oder, südlich des sehenswerten Burgplatzes, St. Ägidien, eine katholisch gebliebene Kirche, dekorativ umschlossen vom Fachwerkbau des Ottilienteils, der ein ungeachtet aller Kriegseinwirkungen

erhalten gebliebener Rest deutscher Vergangenheit ist, heute Zeugnis ablegend für eine Geschichte, derer man sich stets entsinnen sollte, wenn das Vaterland in Gefahr gerät.
Derlei Material füllt die Gräben, kittet die Sprünge, die entstehen, wenn man unvoreingenommen über Deutschland nachzudenken beginnt. Hannover zum Beispiel: die alte Marktsiedlung, als vicus Honovere 1150 erstmals urkundlich erwähnt, dann durch Heinrich den Löwen zur Stadt erhoben, seit 1636 Residenz, später unter Kurfürst Ernst August ein kulturelles Zentrum Niedersachsens. Der Philosoph Gottfried Wilhelm Leibniz war hier als Bibliothekar und Geschichtsschreiber des Welfenhauses tätig. 1714, so wird einem mit Nachdruck erzählt, wobei man sich einbildet, beinahe Stolz in der Stimme des Stadtführers zu spüren, der dieses Detail der hannoveranischen Geschichte besonders ausführlich behandelt, 1714 also bestieg ein Kurfürst namens Georg Ludwig den englischen Thron, und das Kurfürstentum selbst, seit 1815 immerhin auch ein Königreich, blieb bis 1837 mit England in Personalunion verbunden. Und nachlesen kann man dann, was in allen Reiseführern über deutsche Städte als selbstverständliche Notiz kaum noch Beachtung findet: Die im Krieg stark zerstörte Stadt zeige heute ein vorbildlich modernes Gesicht. Auch in Osnabrück, einer Gründung Karls des Großen, darf derlei natürlich nicht fehlen; auch Bremen, wo gleichfalls Karl der Große entscheidend tätig gewesen war bei der Gründung der späteren Hansestadt, beschließt seine Biographie seit den sechziger Jahren mit diesem Hinweis; und Münster, Hildesheim, Minden, Herford; und München, Frankfurt, Stuttgart; und Köln selbstverständlich, Hamburg, Berlin; auch in Leipzig, Erfurt oder Dresden darf diese Anmerkung niemals fehlen: im Krieg zerschmettert, zerbombt, niedergebrannt, ausgeblutet und dann wiederhergestellt, als ob nichts gewesen wäre, als ob es Hitler und die Konzentrationslager niemals gegeben hätte ... Könnte es wohl sein, daß man über die Wiederherstellung der Städte auf die Menschen vergessen hat? Und wäre es wohl vorstellbar, daß die jungen Deutschen heute, aufsässig, verbittert, frustriert, auch und dringender noch der Renovierung bedürften als einst die Schuttlandschaften zwischen Rhein und Elbe?

Ich fuhr tagelang scheinbar ziellos durch Niedersachsen, wanderte durch Bremens Einkaufsstraßen, ließ mich treiben in Braunschweig, Hannover, Osnabrück und Münster, sah manchmal den Regen wie aufgefädelt vom Himmel hängen und manchmal eine heftige Sonne über flaches Land hinwegrollen, über eine Landschaft, die leer schien, verödet, vergessen, obgleich sie ordentlich unterteilt war, ausgenützt, gleichsam in eine strenge Disziplin genommen, reglementiert, so daß sie nur erträglich wirkte, wenn man ihr vom langsam niedergehenden Flugzeug aus begegnete. Eine Landschaft ist das wie eine beiläufige, fast ein wenig lieblose Dekoration; in den Städten vermißt man sie nicht mehr; und draußen vor den Städten übersieht man sie. Wer im Norden Deutschlands Konturen zeichnen, Beispielhaftes beschreiben will, muß sich wie Jürgen Petersen an andere Dinge als an Baum, Busch, Hügel, Acker halten: „Der Reisende erkennt Vorzeichen niederdeutscher Weidelandschaft. Der Zug überquert einen Wiesenfluß, dunkel, gemächlich strömend: die Weser weit oberhalb der Stadt. Er denkt an die beiden anderen Hansestädte, ihre Silhouette in der Ferne: Lübeck, wie es sich mit nadelfeinen Türmen aus dem Dunstschleier des Horizonts erhebt, bis es aus dem magischen Schimmer kraftvoll in seine steinerne Wirklichkeit wächst. Hamburg: im Donnern der Brücke über die Süderelbe ist der Ankommende schon in seinem städtischen Bannkreis, fast ohne Übergang Hafenarme, schwarze Piers, die ersten Schiffe, Masten und Kräne. Dann die Innenstadt um die Binnenalster, die stolze Stadtkrone, ein Bild von Reichtum und Würde."
Von steinernen Wirklichkeiten ist also die Rede; von stolzen Stadtkronen, von Reichtum und Würde. Und nicht von der verzweifelten Aufsässigkeit in den jungen Gesichtern, die sich als Demonstranten verkleiden, als Raufbolde, Dealer, Arbeitslose, Ausgeflippte, Aussteiger. Ideale werden häufig beschworen in diesem Land, dessen Jugend mit den beschworenen Idealen freilich nichts anzufangen weiß. Tugenden sind gefragt, die von den jungen Menschen verachtet werden. Und eine Geschichte, die den Demonstranten, Arbeitslosen, Ausgeflippten kein Ersatz sein kann für die Wüste, in der sie überleben müssen, stellt so etwas

wie das Unterfutter dar, aus dem sich die Deutschen unverdrossen ihr nationales Kleid schneidern.
Es ist nicht immer einfach, Deutschland mit den naiven Augen eines Reiseschriftstellers zu betrachten. Es ist nicht gut, durch Deutschland zu reisen und über die Geschichte dieses Landes nachzudenken und sich dabei einzubilden, die Aufsässigkeit in den jungen Gesichtern habe etwas mit dieser Geschichte zu tun. Irgendwann einmal in Bremen, gelegentlich in Hannover, Münster oder drüben jenseits der Elbe in Leipzig und Dresden, auch im südlichen, hochmütigen, seines Glückes auf fast zynische Art bewußten München und sogar im stillen Konstanz, im vermeintlich idyllischen Bayreuth, in Würzburg, Wiesbaden und selbst im frommen, katholischen Trier: immer wieder fiel mir ein, daß ich demnächst nachzufragen hätte, wieviele Konzentrationslager, Außenlager und Gestapogefängnisse es eigentlich in Niedersachsen, Bayern, Baden-Württemberg oder in der Mark Brandenburg gegeben hatte. Ich nahm mir vor, die tüchtige Stadtführerin in Augsburg nach dem Standort des ehemaligen Gestapogefängnisses zu fragen; und zwischen Gardelegen und Bergen-Belsen im flachen, grüngrauen, nebelverhangenen Niedersachsen war ich mehr als einmal versucht, mit Schaffnern, Taxichauffeuren, Hotelangestellten, Gastwirten und Polizisten darüber ins Gespräch zu kommen, ob sie wüßten, daß zwischen Elbe und Weser bis 1945 ein dichtes Netz von solchen Lagern existiert hätte; wie unregelmäßig verstreuter Fliegendreck auf weißem Papier sieht das aus, wenn man eine Karte des niedersächsischen Grauens zeichnet; oder des bayerischen Elends, des gezielten Verbrechens in Konstanz, Ravensburg, Friedrichshafen und Vaihingen; der Infamie in Bayreuth; des Grauens in Flossenbürg; der Niedertracht in Esterwegen. Und manchmal, wenn ich wie benommen durch das wiederaufgebaute Niedersachsen, durch das köstlich restaurierte Bremen, durch das fast bis zur Unkenntlichkeit neukonstruierte Frankfurt wanderte, fiel mir ein drückend heißer Sommernachmittag in Sachsenhausen unweit von Oranienburg ein, Gewitter standen grollend am Horizont, die Fliegen bissen wie verrückt, das welke Laub hing schlaff von den Bäumen, und ich

ging langsam über das weite, scheinbar endlos sich dehnende Lagergelände, hatte knirschenden Kies unter meinen Füßen und fühlte mich unbehaglich, weil ich unfähig war, irgendeine Schuld zu empfinden, irgendein Gefühl der Scham angesichts dieser maßlosen Geschichte, in deren erdrückendem Schatten ich mich aufhielt zwischen Schaubildern und leeren Baracken und belanglos gewordenem Stacheldraht. Aber das Gefühl der Schuld und der Scham, das ich nicht bloß in Sachsenhausen vermißte, sondern auch in Buchenwald, Dachau und überhaupt überall dort, wo ich in diesen beiden deutschen Ländern auf der Suche nach der wahren Biographie der Deutschen war, dieses Gefühl kam plötzlich und ohne Vorwarnung, als ich in Bremen die Gesichter der jungen Demonstranten sah; und zugleich die ironische Gleichgültigkeit in den Augen der einkaufsbereiten, auf Wühltisch und Sonderangebot fixierten Menge, die zwischen den hochaufragenden Großkaufhäusern hin und her schwankte und keine Zeit hatte, sich das Gekreisch der Demonstranten anzuhören. Dieses Gefühl überkam mich in Bayreuth wie ein Fieber, als ich langsam den Weg emporging, der zum Festspielhaus führt, eine Art Chaussee, flankiert von Parkanlagen und honettem Bürgersinn, und niemand kümmerte sich mehr um das unmißverständliche Schicksal jener, die einst vom Bayreuther Gestapogefängnis nach Flossenbürg oder Weiden gebracht worden waren. Dieses Gefühl holte mich ein, als ich im Intercity entlang der Grenze zwischen Deutschland und Deutschland unterwegs war, im Blick die aufgebrochene, blutleere Scholle, den Stacheldrahtzaun und die erstarrte, von allem Leben befreite Landschaft. Ich begann lautlos die Lager aufzuzählen, die hier einst eingerichtet waren; und ich kam zwischen Bebra und Eschwege, Kassel und Göttingen, Goslar und Braunschweig auf mehr als ein Dutzend. Aber das war dann ohnedies nur ein Bruchteil dessen, was die meisten Deutschen längst schon wieder verdrängt und vergessen haben.

Dieses Land ist nicht auf einen vernünftigen Nenner zu bringen. Es widerspricht sich unaufhörlich selbst. Es stellt sich auf eine Weise dar, die seinem Charakter entgegengesetzt ist; oder die völlig andersgeartet ist, als man sich seinen Charakter vorstellt. Das Kleinbürgerliche, Adrette, Tugendhafte, Emsige, alles das, was dieses Land auszumachen scheint, wovon es lebt und groß geworden ist, alle diese bequemen Tugenden, auf die man sich in diesem sonderbaren Land stützt, sind zugleich auch immer sein Untergang gewesen. Man fährt durch Deutschland und ist, während man die Bundesrepublik bewundernd anstaunt, wie vor den Kopf geschlagen. Man hat mit Geschichten zu tun, mit Biographien, mit Momentaufnahmen, die stets abwechslungsreich und häufig bemerkenswert sind. Aber man sollte sich davor hüten, hinter diesen Geschichten, Biographien und Momentaufnahmen die eigentliche Geschichte zu entdecken.

Legende vom erloschenen Feuer

Vor nunmehr bald sechzig Jahren fragte der Österreichische Dichter Joseph Roth, damals unterwegs im Auftrag der legendären „Frankfurter Zeitung“, unterwegs im Ruhrgebiet, über das er eine Reihe erstaunter, betroffener Aufsätze schrieb: „Wozu hier Essen, da Duisburg, Hamborn, Oberhausen, Müllheim, Bottrop? Wozu so viele Namen, so viele Bürgermeister, so viele Magistratsbeamte für eine einzige Stadt?“ – Und im Intercity-Zug, der am frühen Vormittag das schöne, auch luxuriöse und fröhliche Düsseldorf, wo so gut wie nichts in Verbindung zu bringen ist mit dem benachbarten Ruhrgebiet, wo nichts an ein von Menschen überquellendes Land erinnert, darin man vor Verlassenheit fröstelt, wo diese Ruhrgebiet-Städte, die weder beginnen noch aufhören, nicht vorstellbar sind, im Intercity-Zug, der Düsseldorf in Richtung Bremen und Hamburg verläßt, hat man sich kaum im Abteil eingerichtet, sich kaum behaglich zurückgelehnt, im Blick eine vorbeigleitende Landschaft, der etwas Melancholisches und zugleich Widerspenstiges innewohnt, weil gleich hinterm verhuschten Bahndamm das verfilzte, strähnige, graugrüne oder auch farblose Gebüsch immer wieder durchbrochen wird von langgestreckten Reihen einförmiger Siedlungshäuser, auf deren Dächern Tausende von Fernsehantennen einander zuwippen, im Intercity-Zug hinauf nach Norden hat man sich also kaum darauf vorbereitet, in den nächsten paar Stunden wieder einmal einen Teil der Bundesrepublik zu durchqueren, als sich draußen vor dem Abteilfenster das verfilzte Gebüsch und die uniformen Siedlungshäuser und die wippenden Fernsehantennen zu einer Stadt verdichten, die wie aus dem Nichts auftaucht: Duisburg. Und man erinnert sich, daß Horst Krüger einmal erwähnt habe, wie es kurz vor Duisburg zu riechen beginne, nicht gerade stark oder durchdringend, „aber doch so, als wenn zwischen all die Auspuffgase der Autobahn etwas von Mülleimer und etwas von Kohlenkeller geraten sei.“

Und während draußen Wassertürme, graue Betonklötze und rostrote, dunkelrote Fabriksgebäude auf und nieder tanzen und der Zug mit leise ächzendem Geräusch über die Weichen fährt, die ihn in die gewünschte Richtung bringen, entsinnt man sich, daß diese Stadt mit ihrem ärmlichen Bahnhof, der mehr an eine beliebige Schnellbahnhaltestelle als an den Bahnhof der drittgrößten Stadt des Ruhrgebietes erinnert, daß Duisburg – daran sich Namen knüpfen wie Meiderich, Hamborn und Ruhrort und wo der größte Binnenhafen der Welt angesiedelt ist, um alljährlich so und so viele respektgebietende Millionen Tonnen Umschlag zu bewältigen, und wo der Himmel an allen Tagen und zu allen Jahreszeiten, in denen man Duisburg sozusagen mit hochgeschlagenem Mantelkragen durchquerte – stets diese passende trübgraue Färbung besaß, in die sich etwas Gelbliches, Bräunliches und mitunter auch Ockerfarbenes mischte, von dem man kopfnickend annahm, daß es ganz einfach dazugehörte zum Ruhrgebiet, ein Himmel, den man sich anders, heller, aufgelockerter, freundlicher überhaupt nicht vorzustellen vermochte . . . und dann erinnert man sich plötzlich, daß dieses Duisburg mit seinen Walzwerken, Betriebsgeländen, Lagerplätzen, Hafenanlagen und Stahlwerken ursprünglich einmal eine Königspfalz gewesen war – man schrieb damals das 9. Jahrhundert –; und drei Jahrhunderte später entwikkelte sich aus der kleinen Ansiedlung, die rings um diese Pfalz entstanden war, eine richtige mittelalterliche Stadt, die im 17. Jahrhundert brandenburgisch wurde und von 1655 bis 1818 auch Universitätsstadt war, daß es hier demnach eine Geschichte zu rekonstruieren gilt, die bedeutsam und eindrucksvoll ist; und würde man, die Augen scheu niederschlagend vor den Walz- und Stahl- und Hüttenwerken, vor den Arbeitersiedlungen und den ernüchternden Schrottplätzen mit ihrem unangenehmen Geruch nach Plunder und Verlorenheit, und würde man sich umsehen in Duisburg, Hamborn oder Mündelheim, könnte man eine spätgotische Pfarrkirche aus dem 15. Jahrhundert mit romanischem Turm und Kreuzgang oder eine Pfarrkirche aus dem 13. Jahrhundert entdekken, gediegen und romantisch und ein Stück der deutschen Seele bloßlegend, wie man es hier, unterwegs zwischen Düsseldorf und Unna oder Hamm, wahrlich nicht vermuten würde.

Denn im Ruhrgebiet, so denkt man im Intercity oder in irgendeiner abgewohnten, schmuddeligen Pension in Gelsenkirchen oder Bergkamen, denn im Ruhrgebiet sind nur Assoziationen möglich, die mit Krupp und Kanonen, mit Bergleuten und Stahlkochern, mit Macht und Ruß und Geld etwas zu tun haben dürfen. Das Wort habe sowohl mythischen Beiklang wie den Unterton begrifflicher Sprödigkeit, schreibt Heinrich Böll. Und vor allem rieche es dort, wo die Ruhr fließt, „dieser kleine Fluß, der aus lieblichen sauerländischen Tälern kommt", nach Menschen, nach Jugend, Barbarei und Unverdorbenheit. „Jede vierte Großstadt hat dort ihren Platz, jeder zehnte Bundesdeutsche seine Heimat; in hundert Jahren ist die Bevölkerungszahl ums Fünfzehnfache gestiegen, während sie in Deutschland kaum ums Dreifache stieg."
Der Himmel hing tief und war grau oder eigentlich farblos, ein Himmel ohne Anfang und Ende und auch ohne Hoffnung, ein körperloses Etwas, das mit den grauen Dächern und grauen Fassaden verschmolz, während auf den Bahnhöfen graue Gesichter in die nur kurz anhaltenden Züge drängten, auf diesen Bahnhöfen, die „im Ruhrgebiet keine Hoffnung für Fremde" sind (Horst Krüger), weil das Revier wie ein einziger, endloser Verschiebebahnhof ist; ich erinnere mich an die sich verästelnden, abzweigenden, unversehens wieder auftauchenden, die Stadtlandschaft zerteilenden, den unsichtbaren Horizonten nacheilenden und den Zug unaufhörlich umklammernden Gleisstraßen, die von überall her auf einen eindringen und nach überall hin wieder enteilen, ein stählernes Verwirrspiel, nur kurz unterbrochen oder aufgelokkert von diesen trostlosen Bahnhöfen im Revier, die immer wie Vorortebahnhöfe aussahen oder wie zufällig eingerichtete Haltestellen, an denen eigentlich alle Züge vorüberfahren müßten; und der Himmel hing tief und war eine Zumutung, weil ihn irgendwelche Schlote und Wassertürme und Kräne durchlöcherten, und die ganze Zeit mußte man sich vorstellen, daß unterhalb der bebauten, ausgenützten, angekleckerten Erde, unterhalb dieser perfekten und ungeachtet ihrer Scheußlichkeiten und Trostlosigkeiten beeindruckenden Industrielandschaft eine andere Welt existierte, eine zweite Ebene sozusagen, auf der noch einmal das

alles stattfindet, was man verstört im Blick hat. „Dort unten werden ganze Gebirge bewegt, verlagert, gefördert; ein unendliches Netz von Straßenzügen, Bahnhöfen, Schienensträngen, Kraftwerken, Werkstätten; Stürme frischer Luft werden in die Erde gepumpt, ganze Wälder verschwanden als Stützmaterial in den Tiefen. Diese Welt, über die die Züge so ahnungslos dahinbrausen, ist so unfaßbar, daß die Realität von der Phantasie nicht eingeholt werden kann“ (Heinrich Böll). – Und das alles versucht man sich vorzustellen, einzuprägen, durch Bilder, die nur ungenau und unvollständig sein können, durch eine Nachdenklichkeit, die irritiert wird durch die vorbeihuschende Landschaft draußen, die nicht wie eine beliebige Landschaft aussieht, sondern wie eine Karikatur, wie etwas ganz und gar Verfremdetes oder Denaturiertes. Und man sagt sich: Das also ist es, woraus dieses Land seine unheimliche Kraft bezieht. Dann fragt man sich erschrocken, was für eine Kraft das eigentlich sei ... denn alles, was man zu sehen bekommt, ist im Grunde häßlich und riecht nach Armut, schaut aus wie ein Provisorium, ist gegen die Natur des Menschen gerichtet. Und nur das Gewalttätige, das man hinter allen diesen Bildern spürt, nur das Rücksichtslose, Ungestüme, Drängende, Heftige, das, was keine Rücksicht nimmt auf Instinkt und Gefühl und Empfindsamkeit, nur dieses Geballte und ungeachtet seiner architektonischen Verkleidungen Rohe und auf eine brutale Weise Auftrumpfende ist überzeugend und zugleich furchteinflößend. Aus einer solchen Landschaft, denkt man sich und ist versucht, die Augen zu schließen, um sich nicht endgültig an diese „erzkonservative Landschaft mit etwas schlechtem Gewissen“ (H. Krüger) zu verlieren, aus einer solchen geballten Ansammlung von Häßlichem und Nützlichem kann nichts anderes entstehen als ein unglaublicher Sinn fürs Praktische, dem alles andere untergeordnet wird. Goethe wäre hier fehl am Platz, Hölderlin würde sich nur komisch ausmachen, das Edle, Schöne und Gute, von dem die Deutschen so gern träumen, hätte hier keine Ursache, sich hervorzutun; und selbst Wagners vollmundige und den Deutschen so treffend ins Gefühl passende Musik wäre ein Mißton im Gekreisch der Maschinen und im Keuchen der Menschen.

Und doch wäre es ganz und gar irreführend, wollte man das Revier jetzt als etwas Kulturfeindliches darstellen, als eine Landschaft, in der nur das Banale und das Praktische vorkommen. Die Widersprüche, die es einem so schwer machen, die Bundesrepublik mit unvoreingenommenem Blick zu betrachten, und die doch manchmal die einzige Möglichkeit sind, um Deutschland wirklich zu verstehen, diese Widersprüche hören im Revier keinesfalls auf. In Recklinghausen gibt es ein Ikonenmuseum, das zu den beachtlichsten seiner Art zumindest in Mitteleuropa zählt; in Haspe, 1929 eingemeindet nach Hagen, kann man die Kunst des 20. Jahrhunderts im sehenswerten Osthaus-Museum bewundern; die Deutsche Oper und das Wilhelm-Lehmbruck-Museum in Duisburg sind weit mehr als nur sogenannte bedeutende kulturelle Einrichtungen; die städtische Kunstsammlung von Gelsenkirchen bietet einen erstaunlich umfassenden Überblick über die Meisterwerke des Impressionismus und des Expressionismus; der Kirchenschatz von Selm gehört gewiß zu den kostbarsten seiner Art nördlich des Main; und wer sich in Pfarrkirchen aus dem 11. bis 14. Jahrhundert umsehen will, kann dies in der spätstaufischen Gewölbebasilika von Duisburg-Mindelheim oder in der zweijochigen Hallenkirche von Dortmund-Brechten auf beeindruckende Weise tun oder aber auch die dekorative und bilderreiche Architektur- und Wandmalerei in der ehemaligen Wallfahrtskirche von Bochum-Stiepel bewundern; allein in Dortmund gibt es mehr mittelalterliche Kirchen als sonst in einer deutschen Stadt, Köln und Regensburg ausgenommen. Und wer sich umtut in der Biographie des Reviers, wird überrascht feststellen, daß Städte wie Essen, Bochum, Duisburg, Dortmund, Recklinghausen, Schwerte, Unna oder Waltrop zwischen dem 9. und 11. und nicht erst im 18. oder 19. Jahrhundert entstanden sind. Das etwas großspurige Wort, daß im Ruhrgebiet alles mit Karl dem Großen begonnen habe, hat schon seine Richtigkeit, denn mit ihm kam in der Tat die sichtbare, darstellbare Geschichte ins Land, als er für seine Feldzüge gegen die Sachsen entlang der alten Heer- und Handelsstraße nach Osten Militärstationen, Missionskirchen und Klöster errichten ließ. Daraus entstanden dann

die künftigen Städte des Reviers, das ja erst vor rund hundert Jahren zum Industriezentrum Deutschlands wurde, als man die Kohlenflöze systematisch abzubauen begann und die ersten Stahlwerke baute. Jahrhunderte zuvor war in der Abtei Werden bei Essen der Heliand entstanden, war das legendäre Essener Frauenstift unter ottonischer und staufischer Herrschaft „ein Hort der Bildung und des Reichsgedankens“ gewesen. Und was die exemplarische Essener Situation angeht, wo eine ehemalige Stiftskirche heute die Domkirche des Ruhrgebietes ist und jedermann glaubt, in dieser Stadt lediglich die einstige Waffenschmiede des Deutschen Reiches sehen zu dürfen, so schrieb der Dichter Konrad Weiß einmal: „Es überrascht uns immer wieder die Wahrnehmung, daß mitten zwischen der Stattlichkeit von Hochbauten und den großen Baumalen der Gegenwart gerade doch zusammen mit dem Abendgefühl die alten Bauformen, wenn sie in ihrer geschlossenen Ruhe auftauchen, stärker auf das Gemüt wirken. Auch empfinden wir wieder, daß nach dem deutschen Norden zu die Bauten der alten Geschichte immer strenger in sich stehend erscheinen als im Süden. Und so steht nun in Essens Mitte an einem etwas schrägen, neuen und raumvollen Platz ein tausendjähriges Denkmal alter Baukunst wie eine Bauinsel für sich da.“
Es hat also auch die deutsche Innerlichkeit ein Anrecht, aus dem Revier manche Anregung zu beziehen. Und der patriotische, poetische Blick zurück auf eine Geschichte, die diesem sentimentalen Volk mitunter Tränen der Rührung in die Augen treibt, ist rund um Essen, Dortmund, Bochum oder Duisburg durchaus möglich. Mythen entstehen hier leichter als anderswo. Man braucht sich nur der Namen Alfred Krupp, August Thyssen, Hugo Stinnes, Albert Vögler oder August Schmidt zu entsinnen, um zu begreifen, wessen deutsche Tüchtigkeit und deutscher Fleiß fähig sind. Wer in einer solchen Feststellung einen ironischen oder gar zynischen Unterton zu entdecken glaubt, wer meint, daß nicht erst seit Flick die deutsche Großindustrie ihren gemäßen Anteil an dem habe, was man in diesem Land die Macht nennt, worunter man auch versteht, wie mit dieser Macht umgegangen wird, wer

also Fatales, Gefährliches im Mythos zu erkennen glaubt, der in dieser Landschaft entstanden ist, dem sollte nicht widersprochen werden.
Es fehle hier, behaupten manche Kritiker, aller Glanz, aller Charme, auf den die Bundesrepublik gelegentlich doch wohl verweisen dürfe. Und der erste Eindruck sei überhaupt niederschmetternd. „Unglaublich überaltet, erzkonservativ und sehr provinziell liegt das Ruhrgebiet mitten in unserer Republik", schreibt Horst Krüger. „Es hämmert und dröhnt, es zischt und sprüht, es glüht und rostet zugleich. Es spiegelt die verspätete Bewußtseinslage der Arbeiter. Es stellt seine beschädigten Kleinbürgerträume aus, spielt seine Paradiese durch." – Und es wäre gar nichts dagegen zu sagen, besäße dieses Revier nicht noch Alternativen, die überraschen. Es mögen die Kleinbürgerträume beschädigt sein – wo in diesem Land namens Bundesrepublik sind sie es eigentlich nicht? –, es mag überaltet, erzkonservativ und ungemein provinziell anmuten, was sich der kritischen Betrachtung darbietet. Und es mag die Bewußtseinslage der Arbeiter im Revier tatsächlich eine hoffnungslos rückständige, eine von gewerkschaftlichen Bindungen und ideologischen Frustrationen eingeengte sein. Was bleibt, ist dennoch bewundernswert und zugleich beunruhigend auf eine recht heilsame Art. Die faszinierende Architektur der Technik und daneben das saftigste Grün, das berauschendste Himmelbau, dem man in Deutschland begegnen kann. Die Eleganz von Düsseldorf findet eine verblüffende Fortsetzung in mancher Einkaufsstraße Essens oder Duisburgs; und noch in den kleineren Städten des Reviers herrscht nicht nur Betulichkeit oder gar Rückständigkeit, sondern eine ungemein lebendige und zugleich lebensfrohe Geschäftstüchtigkeit, der man nicht ansieht, daß sie im Schatten stillgelegter Zechen, krisengeschüttelter Stahlwerke und einer ständig steigenden Zahl von Arbeitslosen existiert. „Auf der Höhe von Bochum schwimmen Segelboote durch die Wiesen", schreibt Theodor Geus im Jahre 1983, „und das Land hinter der Autobahn ist grün und gesund." – Das stimmt merkwürdigerweise genauso wie die Feststellung Horst Krügers vom unverwechselbaren Geruch des Reviers, dem man vor Duisburg erstmals begegnet.

Es haben, fast notiert man das aufatmend, endlich einmal alle Widersprüche Platz. Das scheinbar Unvereinbare ergibt hier ein bemerkenswertes Ganzes. Die Pioniere der Gründerzeit, die Stahlfabrikanten und Geschützgießer der preußischen Krone, die Heroen des Reviers, wie sie eine begeisterte Geschichtsschreibung vor noch gar nicht allzu langer Zeit zu bezeichnen pflegte: Sie haben, wie das ein Chronist des Ruhrgebietes einmal nüchtern bezeichnete, die Landschaft zwar zugrunde gerichtet, aber dafür eine Welt erobert. „Anfangs kamen sie mit dem Knotenstock in der Hand zu den Aufsichtsratsitzungen", erzählt Helmut Domke, „einige trugen den blauen Leinenkittel der westfälischen Bauern, während ihre Frauen schon Cercle hielten und Bälle veranstalteten, zu denen erst naserümpfend, dann die Augenbrauen emporziehend, endlich mit geschmeidiger Verbeugung die adeligen Offiziere der preußischen Regimenter erschienen." – Diese Männer der Gründerzeit waren sparsam, unerbittlich, auch grausam, aber immer rechtschaffen, kirchenfromm, auch immer national gesinnt und auf eine erschreckende, heute längst schon unbegreifliche Weise puritanisch, die im merkwürdigen Kontrast stand zu den Geschäften, die sie betrieben. Sie schufen der Macht, mit der sie sich kalten Herzens verbündeten, der zuliebe sie über manchen Schatten zu springen bereit waren, ein Imperium. Sie gestalteten die Voraussetzungen, derer die Macht in Deutschland bedurfte. Sie waren die eigentlichen Fürsten des 19. und 20. Jahrhunderts, die den Potentaten, ob diese nun Wilhelm oder Hitler hießen, den Weg bereiteten. Man vergißt derlei, wenn man heute durch das Revier streift und auf der Suche ist nach der guten Nachbarschaft des scheinbar Unvereinbaren: hier das Grün idyllischer Weidelandschaft und dort die bizarren Muster industrieller Architektur. Man übersieht, was hier wirklich gespielt wurde und welche unheiligen Allianzen notwendig waren, um aus dem Deutschland der Dichter und Denker ein Land der treffsicheren Kanonen und der darauf gründenden Macht zu gestalten.

Aber das Feuer in den Waffenschmieden Preußens und Hitlerdeutschlands sei längst erloschen, sagte zu mir ein freischaffender

Journalist in Dortmund, tätig für den WDR und an einer Chronik des Reviers arbeitend, die, wie er beiläufig erwähnte, doch niemals abgeschlossen werden könne, weil sich dieses Revier unaufhörlich verändere und entwickle. Ob ich wüßte, daß man vor ein paar Jahren erst bei der Renovierung des Burgplatzes in Essen Überreste der alten fränkischen Burg gefunden habe, die einst wie jede andere Festung in diesem Gebiet gegen die unruhigen Sachsen errichtet worden war. Und daß hier, wo man doch meinen möchte, eine einzige riesige Industriestadt vor sich zu haben, eine Megalopolis sozusagen, wo der Mensch beweisen könne, wessen er fähig sei, wenn natürliche Voraussetzungen und menschliche Willenskraft einander ergänzen, und daß hier also immer Unruhe geherrscht habe, immer eine Geschichte stattgefunden habe, in der das Gegeneinander und nicht das Miteinander dominiert habe. Vom wild gepeinigten Herz der Landschaft sprach der Mann, während draußen, als ob die Natur mithelfen wollte, die alten Klischees vom Ruhrgebiet zu bewahren, grauer Nieselregen auf die Hochhäuser fiel. Ich wurde an Jürgen Lodemanns Bemerkung erinnert, daß dieses Gebiet eine erstaunlich lange Geschichte innerer Reibereien habe, die in ihrer Gewichtigkeit nur noch übertroffen werde von jener der Kirchenfürsten, der Preußen, später der Konzerne und Behörden in Münster, Düsseldorf und Arnsberg, in Zentren also, die außerhalb des Reviers liegen. Anderthalb Jahrhunderte lang hatte man alles darangesetzt, der eigentlichen Geschichte des Ruhrgebietes eine andere, hektischere, spektakulärere, lärmendere aufzusetzen, gleichsam eine völlig neue Biographie, bis tatsächlich alles verdrängt, vergessen wurde, was einst wesentlich gewesen war in diesem Land und wie das hier an Ruhr, Rhein und Lippe angefangen hatte. Bochum zum Beispiel: 1041 erstmals erwähnt, 1321 das Stadtrecht, Steinkohlebergbau seit dem 16. Jahrhundert, aber erst um die Mitte des 19. Jahrhunderts Beginn der Industrialisierung. Dann Dorsten: erste dokumentarische Erwähnung im Jahre 889; 360 Jahre später wird der Ort eine kurkölnische Stadt, im 17. Jahrhundert dann zur Festung ausgebaut; eigentlicher Beginn der Industrialisierung in der Mitte der fünfziger Jahre unseres

Jahrhunderts. Dortmund: begründet durch Karl den Großen, der hier einen Königshof anlegte; im Jahre 990 das Marktrecht und seit 1220 freie Reichsstadt; bedeutende Messe- und Hansestadt; und die Industrialisierung setzt ein, als 1832 eine erste Eisengießerei errichtet und acht Jahre später mit dem Abteufen der ersten Tiefbauzeche begonnen wird. Essen, größte Stadt des Ruhrgebietes und untrennbar verknüpft mit dem unseligen Begriff von der Waffenschmiede Deutschlands, entwickelte sich aus zwei Klöstern, die um die Mitte des 9. Jahrhunders entstanden; ein rundes Jahrtausend lang erwarben sich hier Handwerker und Kaufleute eher bescheidenen Wohlstand, bis Alfred Krupp mit einer Gußstahlfabrik im Jahre 1811 das Antlitz der ehemaligen Hansestadt zu verändern begann. Der Abbau der Kohle setzte dann drei Jahrzehnte später ein. In Mülheim an der Ruhr, wo Stinnes regierte und Thyssens Bergwerksverein entstand, erhob sich einst die Burg Broich, die den Ruhrübergang bewachte; und das war Ende des 9. Jahrhunderts. Recklinghausen wird erstmals im Jahre 1017 genannt, Waltrop 1032, Selm entsteht aus einer im frühen 12. Jahrhundert gegründeten Prämonstratenserabtei ... Von Geschichtslosigkeit kann man hier also wahrlich nicht sprechen. Es haben sich nur die Akzente verschoben, sozusagen die Gewichte verlagert. Und es hat sich, indem sich das Ruhrgebiet veränderte, wohl auch Deutschland verändert.

Schwäbische Idylle vor ernstem Hintergrund

Am schwäbischen Wesen könne man den Charakter der Deutschen messen und erkennen. Und wenn dieser Deutsche sich selbst als fleißig, arbeitsam, tüchtig, strebsam, gewissenhaft, pflichtbewußt und tapfer sieht – Rolf Dahrendorf, aber nicht nur er allein, hat diese Wertskala einmal zusammengestellt –, dann treffe das alles in vermehrtem Maße auf den Schwaben zu. Auch die gefährliche Legende vom unpolitischen Deutschen, in der Bundesrepublik wie in der DDR nach wie vor ein häufig interpretiertes Thema, erfährt im Schwäbischen noch eine besondere Nuancierung. Das „animal politicum", beklagen Politologen und Publizisten übereinstimmend, habe in Deutschland nie eine besondere Wirksamkeit besessen, denn die Politik sei hier nie eine nationale Leidenschaft oder gar ein geachteter Bestandteil der nationalen Kultur gewesen. Daraus schließen manche Autoren, daß dieser unpolitische Deutsche in Wahrheit Ursache und Wirkung sei für das permanente politische Versagen dieses Volkes. Auf schwäbische Zustände übertragen, bedeutete dies, daß rund um Stuttgart ein Stamm beheimatet sei, der, durchaus fleißig und arbeitsam, tüchtig und pflichtbewußt und stets tapfer bis zur schieren Furchtlosigkeit, sich dennoch voll dumpfer Selbstgenügsamkeit ins jeweils Unvermeidliche ergibt, eine Gemeinschaft braver Untertanen, die ihre Ruhe haben will, die nichts wissen will vom stürmischen Geschäft der Politik. In einer bedenkenswerten Analyse des schwäbischen Charakters heißt es einmal: „Der stark profitorientierte Wesenszug der Schwaben läßt sich ebensowenig leugnen wie die Scheu vor großen Worten und Gebärden. Mag sein, daß dies die Folge einer über Jahrhunderte hinweg auf schlichtes Überleben ausgerichteten Daseinsform ist. Auffallend ist jedenfalls, daß die schwäbische Geistesgeschichte zwar reich an literarischen und philosophischen Werken ist, sich aber kaum ein nennenswerter Beleg in der bildenden Kunst und

erst recht kein musikalisches Schaffen von Rang findet. In keiner Deutung dieser Besonderheit fehlt zudem der Hinweis auf die Bilderstürmer der Reformation und auf das gestörte Verhältnis der Schwaben zu den Musen wie zur Muße." (Bruno Bienzle)
Der Schwabe also als Biedermann, der sich aller politischen Kultur und allen Künsten gegenüber hartnäckig, schamhaft oder sogar störrisch zeigt, weil ihm vermeintlich nichts anderes im strebsamen Sinne steht als das Nützliche; und darunter versteht er eben nicht das politische Handwerk, eben nicht die schöne Kunst, das Unmögliche begreifbar zu machen, eben nicht die Lust an der schöpferischen Unruhe und der daraus resultierenden Gestaltung. Fleißig, arbeitsam, tüchtig, pflichtbewußt, gewissenhaft und immer tapfer: Derlei Tugenden haben zu genügen. Das ergibt einen Charakter, mit dem Staat zu machen ist. Friedrich Nietzsche freilich sah es noch anders: „Gutmütig und tükkisch – ein solches Nebeneinander, widersinnig in Bezug auf jedes andere Volk, rechtfertigt sich leider zu oft in Deutschland: man lebe nur eine Zeitlang unter Schwaben."
Mehr als bloß „eine Zeitlang unter Schwaben" lebte auch jener legendäre Johann Faust – dessen Vorname allerdings Georg gelautet haben dürfte –, der das Urbild für den Dr. Faustus war, für Goethes umfassendstes und schmeichelhaftestes Porträt der Deutschen schlechthin. Irgendwann um das Jahr 1480 im schwäbischen Knittlingen unweit von Maulbronn geboren, betätigte er sich als Magier und Schwarzkünstler, wohl aber auch als Arzt und Astrologe. Tatsächlich studierte er nämlich Medizin, Astrologie und Alchemie und war nachweislich in der ersten Hälfte des 16. Jahrhunderts in einigen deutschen Städten als eine Art Wunderheiler und vielfach gefragter Zauberer ziemlich erfolgreich tätig. Im Rathaus zu Knittlingen gibt es ein Faust-Museum und ein Faustarchiv, darin man allerdings nichts Wesentliches über Leben und Werk dieses vielleicht berühmtesten aller Schwaben erfahren kann. Im benachbarten Maulbronn hingegen, in einem Kloster, das 1147 gegründet worden war, wird einem heute noch der sogenannte Faustus-Turm gezeigt, wo Johann (Georg) Faust im Jahre 1516 mit Unterstützung eines Abtes namens Entenfuß

seinen verwegenen Experimenten nachgegangen sein soll. Johannes Kepler und Ludwig Hölderlin waren in diesem Kloster Schüler, Friedrich Theodor Vischer und David Friedrich Strauß unterrichteten hier als Lehrer, und im 19. Jahrhundert war der im schwäbischen Calw geborene Hermann Hesse für etliche Monate ein höchst unglücklicher Zögling des klösterlichen Internats. Vierzig Jahre später würde er dann freilich schreiben: „In den Zellen und Sälen des Klosters, zwischen den runden schweren Fensterbogen und den strammen Doppelsäulen aus rotem Stein wurde gelebt, gelehrt, studiert, verwaltet, regiert; vielerlei Kunst und Wissenschaft wurde hier getrieben und von einer Generation der anderen vererbt, fromme und weltliche, helle und dunkle Bücher wurden geschrieben und kommentiert, Systeme ersonnen, Schriften der Alten gesammelt, Bilderhandschriften gemalt, des Volkes Glaube gepflegt, des Volkes Glaube belächelt."
Derlei hört sich beinahe schon wieder idyllisch an, läßt einen daran glauben, daß in diesem Land, wie Johannes R. Becher das einmal zugunsten Tübingens formulierte, „alles geordnet sei, einfach und doch reich gegliedert, wie ewiges Gespräch", darin man keine Stimme vermisse. Das ist schön gedacht und poetisch ausgedrückt und zumindest am Beispiel Tübingen eine korrekte Aussage. Denn Hölderlin, der Klosterschüler aus Knittlingen, bewohnte hier gemeinsam mit Hegel und Schelling vorübergehend nicht nur ein gemeinsames Zimmer, sondern wandte wie sie „eine beachtliche Zeit" aufs Studium, das in seinem Fall das theologische war und das er im Herbst 1793 beendete, ohne freilich, wie das geplant gewesen war, in die Dienste der württembergischen Landeskirche zu treten. Und hier wurde er auch, beginnend im September 1806, nach vorübergehender ärztlicher Behandlung der Pflege des Schreinermeisters Zimmer überantwortet, als Nervenkranker, der, abgeschieden von der Welt, in seinem Turm am Neckar bis zu seinem Tod am 7. Juni 1843 der deutschen Kultur- und Geistesgeschichte einige der schönsten, ergreifendsten, geheimnisvollsten und beispielhaftesten Texte schenkte.
Das alles hat freilich nur bedingt mit den Idyllen zu tun, wie sie von Deutschlands Autoren immer wieder dann beschworen wer-

den, wenn von der schwäbischen Welt die Rede ist. Eher entspricht da schon der in Tübingen geborene und später auch als Rechtsanwalt tätige Ludwig Uhland diesem schönen Klischee, obgleich man in diesem Zusammenhang daran erinnern sollte, daß er, nachdem er endlich als Professor für deutsche Sprache und Literatur an der ehrwürdigen Universität von Tübingen eine akademische Heimat gefunden hatte, 1833 seiner „politischen Betätigung" wegen entlassen wurde. Da war Uhland, der 1862 in seiner Heimatstadt verstarb, längst schon Landtagsabgeordneter; und 1848 würde er auch als Abgeordneter in das „Professoren-Parlament" der Frankfurter Nationalversammlung einziehen. Geblieben ist allerdings nur die Erinnerung an den beschaulichen, betulichen Poeten deutscher Gemütlichkeit und Innerlichkeit, zitiert werden nicht mehr seine politischen Reden und Traktate, in denen er für ein besseres und fortschrittlicheres Deutschland eintrat, sondern seine gemütvollen Verse.

Tübingen, die alte Universitätsstadt, durchaus reizvoll im Tal des mittleren Neckar gelegen und mit seiner malerischen Altstadt, die sich gleichsam stufenförmig über dem steilen Neckarufer aufschaukelt, auch in einem allgemeinen touristischen Sinne sehenswert, Tübingen war immer schon durch seine im Jahre 1477 gegründete Universität sowie durch das 1536 ins Leben gerufene Evangelisch-Theologische Stift „eine wichtige Pflanzstätte württembergischen Geisteslebens", wie man das in allen brauchbaren Handbüchern gleichlautend nachlesen kann. Denn nicht nur Hölderlin und Uhland waren mit dieser Stadt aufs engste verbunden, sondern auch Johannes Reuchlin, Heinrich Bebel, Philipp Melanchthon – Luthers bemerkenswertester Jünger war nicht bloß als Student inskribiert, sondern hielt später an der Universität selbst Vorlesungen über griechische und lateinische Literatur –, Nicodemus Frischlin, Johannes Kepler, Christoph Martin Wieland, Wilhelm Hauff, Eduard Mörike, Hermann Hesse – der vier Jahre lang in einer Buchhandlung gegenüber der Stiftskirche arbeitete – und Ernst Bloch oder Walter Jens, um nur die wichtigsten, berühmtesten Namen zu nennen: Sie alle sind mit Tübingen in eine mehr oder minder enge Verbindung zu bringen. Dazu aber sollte man in Erinnerung haben, was die Schwaben selbst von Kunst und Wissenschaft halten, sie, deren sprichwörtlicher Erwerbssinn ihnen das realistische Motto erlaubt, daß alles das, was etwas einbringe in einem handfesten materiellen Sinne, wahrlich nichts Unrechtes sein könne. „Das Wort von der brotlosen Kunst, das Bild vom Künstler als Hungerleider – dem Schwaben ist beides als Spott und Schreckbild nur zu geläufig", schreibt Bruno Bienzle. „Das heißt aber nicht, daß er bildungsfeindlich wäre. Im Gegenteil, Landesexamen mit anschließendem Seminarbesuch auf Staatskosten, die Lateinschulen der Landstädte und das Tübinger Stift, 1536 vom bilderstürmenden Herzog Ulrich gegründet, um dort ‚armer frommer Leut Kinder' zu Pfarrern und Beamten auszubilden, standen allen Schichten offen. Generationen von Pfarrern und Schulmeistern, Wissenschaftlern, Schriftstellern und Philosophen zeugen von einer weitverzweigten Bildungstradition. Dieses Bildungsstreben war freilich niemals zweckfrei, stets zielgerichtet: Ausbildung als Besitzerwerb mit anderen Mitteln. Wer wie Mörike oder Hölderlin den Studienzweck und damit den Broterwerb vernachlässigte, der war nicht wohlgelitten." – Da überrascht es dann nicht mehr, wenn man bei Schelling in einem Brief an den ehemaligen Tübinger Studienkollegen nachlesen kann: „Es wird mir alles zu eng hier in unserem Pfaffen- und Schreiberland. Wie froh will ich sein, wenn ich einmal freiere Luft atme."

Man braucht sich bloß etwas genauer umzusehen in den schwäbischen Städten mit ihren manchmal entzückenden und dann wieder alptraumhaften Altstädten, mit ihren pietistischen Dekorationen und dem niemals ganz ausrottbaren Geruch nach eifernder Selbstgefälligkeit und Intoleranz, um eine Vorstellung davon zu erhalten, daß in diesem Land alles Leichte, Spielerische, Genießerische tatsächlich als eine Art Todsünde gilt. „Sparsamkeit, die leicht zum Geiz ausartet, gilt im Land der Häuslebauer, in dem sich nicht zufällig das Bausparen am raschesten entwickelte, unverändert als Tugend" (B. Bienzle), und die blanke Lebensfreude wird, wie das vernünftige Schwaben selbst resignierend eingestehen, immer noch als Genußsucht beargwöhnt. Das alles ist kein

Widerspruch zum sogenannten Tübinger Klima, zu Figuren wie Faust, Hölderlin oder Uhland, und der Sprachforscher Fritz Rahn meint in diesem Zusammenhang: „Längst ist erkannt, daß der schwäbische Stamm der schwierigste, rätselhafteste aller deutschen Stämme ist. In ihm sind die heftigsten Gegensätze zusammengespannt, oft treffen sich in ein- und demselben Individuum äußerste Kühnheit mit befremdlicher Zaghaftigkeit, Rebellentum mit Philisterei, gewinnende Freundlichkeit mit verstimmendem Mißmut, Geschicklichkeit mit Tollpatschigkeit, Standfestigkeit mit Labilität, Mißtrauen mit Zutraulichkeit, Höhenflug mit Horizontlosigkeit."

Das Geistige also als Selbstzweck und niemals als Anlaß zur Freude am schöpferischen Spiel! Bildung als Pflicht und nicht als Genuß! Und die Kunst nichts weiter als Dekoration, derer man gelegentlich bedarf, um dem eingefleischten Erwerbssinn so etwas wie eine spielerische Note zu schenken. Wer tüchtig ist, fleißig, arbeitsam und tapfer, bedarf des Musenkusses nur im eher ungewohnten Ausnahmefall. Und eine Idylle ist dem Schwaben das, was andernorts Argwohn erweckt. „Eine Wirtschaftslandschaft, gezeichnet durch ihren Menschentyp", schrieb Deutschlands führendes Nachrichtenmagazin „Der Spiegel" über Baden-Württemberg. „Ein Menschentyp, gestaltet durch seine Landschaft. Die Hermann-Hesse-Gesichter aus Württemberg, die handverlesenen Tüftler aus Stuttgart und Umgebung, die Häuslebauer im kanalisierten Neckartal haben dem Ländle damit beschert, was kein anderes Land mehr hat – knapp über fünf Prozent Arbeitslose und eine Wirtschaft, die brummt. Das Land vom Neckar bis zum Bodensee, einst eine Insel der Kargheit zwischen üppigen Kohle- und Kornrevieren, ist die Kernzone westdeutscher Wirtschaftsherrlichkeit geworden. Penetrant und eckig, sogar beim Remstäler Wein, mit einem Schuß Schulmeisterei und mit pietistischer Moral, haben die Schwaben ihr Land nach vorne gebracht. Aus dem alten industriellen Nord-Süd-Gefälle ist das neue Süd-Nord-Gefälle geworden."

Der ausgeprägte Sinn fürs Praktische, die Lust an der Erwerbstätigkeit, der manchmal unheimlich anmutende Fleiß: Das alles ist freilich keine Erfindung des 20. Jahrhunderts, das resultiert aus einem zwangsläufigen Prinzip des Überlebens um jeden Preis, dem die Menschen, ehedem abhängig beispielsweise vom kargen Boden der Schwäbischen Alb, gehorchen mußten. Denn hier, zwischen Tuttlingen und Nördlingen, Tübingen und Sigmaringen, in einer eigenwilligen, charakterstarken und dabei gleichsam auf die Grundelemente süddeutscher Natur reduzierten Landschaft, durchzogen, durchfurcht von den strengen, fast asketisch anmutenden Hügelketten der Hohenzollern Alb, der Münsinger Alb und der Heidenheimer Alb, hier begann als Folge bitterer Armut frühzeitig schon, was anderswo erst im 20. Jahrhundert unter dem eher fragwürdigen Begriff „Nebenerwerbsbauerntum" registriert wurde. „Zum Acker und der Kuh kam der eigene Webstuhl", notierte Renate Schostack. „Schon Ende des 16. Jahrhunderts wurde in Urach eine Leinwandhandlungs-Compagnie gegründet." – Der schwäbische Bauer als Ahnherr schwäbischer Strebsamkeit? Im Tagebuch eines Tübinger Theologiestudenten namens Friedrich August Köhler, der 1790 die Schwäbische Alb durchwanderte, kann man nachlesen, wie die soziale Wirklichkeit damals aussah: „Der Leinwandhandel der Stadt ist bekannt als sehr groß, schade nur, daß er ein Monopol weniger Kaufleute ist, die dadurch den vielen Webern der Gegend die Preise nach Belieben setzen, wenn auch die Materialien noch so sehr im Preise steigen. Deswegen sind auch die Weber meist arme Leute, die zum Teil durch erhaltenen Geldvorschuß, dazu sie die Not treibt, noch mehr an die Kaufleute gefesselt werden." – Renate Schostack vergleicht die Symbiose von Dorf und Industrie von damals mit dem heutigen Zustand, wenn sie schreibt: „Nehmen wir als Beispiel Oberstetten, irgendwo auf der Hochfläche der Alb gelegen. Am Ortseingang ein niederer, in die Landschaft eingebetteter Bau, in dem, wie ein Schild besagt, moderne Maschenstoffe produziert werden. Ein Neubaugebiet drückt Wohlstand aus. Doch sonst sitzen die Misthaufen noch vor den Bauernhäusern, Wäsche trocknet auf Schnüren an der Hauswand, Scheiterholz ist mannshoch aufgetürmt. Aus den offenstehenden Stalltüren das Muhen der Kühe. Über den Stiefmütterchen auf dem Friedhof

summen die Bienen. Die Kirche ist, wie in altprotestantischen Gegenden üblich, verschlossen."
Heute unterwegs zwischen Aalen, Marbach, Urach und Zwiefalten, unterwegs in einer immer noch kärglich anmutenden, immer noch spröden Landschaft, der alles Üppige, aber auch Weiche und Anmutige fehlt, die nur eine Voraussetzung zu sein scheint für Anstrengung und Nachdenklichkeit, unterwegs in einem Land, das von der Geschichte erschöpft ist und dessen Menschen, wie Thaddäus Troll das einmal ausdrückte, in ihrem Stammbaum immer einen frommen Stundenbruder vorzuweisen hätten, unterwegs im Spannungsfeld zwischen Bauern- und Industriekultur, ahnt man etwas vom Opfer, das die unwiderrufliche Absage an Lebensgenuß und fröhliche Sinnlichkeit die Menschen dieses Landstrichs einst gekostet haben muß. Nicht zufällig ist in den meisten Darstellungen, die sich mit dem Schwäbischen, mit dem Schwabentum beschäftigen, von Pietismus die Rede, wobei man freilich nicht vergessen sollte, daß der ehedem kleinbäuerlichen Gesellschaft des protestantischen Württemberg, geplagt von Armut und höfischer Willkür, das irdische Jammertal nicht erst von der Kanzel herab gepredigt werden mußte. Und Gustav Schwab, Sänger von Landschaft und Legende schwäbischer Regionen, beschrieb auch nicht zufällig die langgestreckten Albhügel als „eine dunkle Mauer wie eine Menge aneinandergereihter Särge". Aber auch den historischen Nährgrund für alles Epochale, Großspurige, jedoch auch Fragwürdige, das über Deutschland kam wie ein unabwendbares Schicksal und das vielfach im Schwäbischen begann, sollte man nicht vergessen. „Diesem Boden, dem alten Schwaben, das allerdings andere Dimensionen hatte als das, was man heute gemeinhin unter dem Wort versteht, entsprossen die geschichtsmächtigsten deutschen Dynastien: außer den Zollern die Staufer, die Welfen, auch die Habsburger" (R. Schostack).
Einen gleichzeitig faszinierenden und irritierenden Querschnitt durch die Geschichte der Deutschen entdeckt man ohnedies beinahe zwangsläufig, wenn man durch schwäbisches Land fährt. In Lautlingen beispielsweise, halbwegs in der Mitte zwischen Tübin-

gen und Tuttlingen gelegen, befindet sich eine Gedächtniskapelle für die nach dem 20. Juli 1944 hingerichtete Familie des Grafen von Stauffenberg, die sich freilich, wie man unschwer in Erfahrung bringen kann, keines sonderlich übertriebenen Zuspruches erfreut. Auf dem jüdischen Friedhof von Buttenhausen wiederum, einem malerischen Dorf im Zentrum der Schwäbischen Alb, mag man sich daran erinnern, daß hier seit dem Jahre 1787 eine beachtliche jüdische Minderheit existierte, die einst der Gemeinde neben einer Schule auch eine Bibliothek stiftete; am 10. November 1938 ging allerdings die Synagoge von Buttenhausen in Flammen auf; und ein Jahr später war auch der letzte Jude aus Buttenhausen verschwunden. Das ehemalige Augustiner-Chorherren-Stift von Beuron, umrahmt von den romantischen Burgen Bronnen, Wildenstein und Werenwag, seit dem Jahre 1887 eine Erzabtei, genießt Weltruf durch die hier eingerichtete Kunstschule, der ein sogenanntes Palimpsest- und Vetus-Latina-Institut angeschlossen ist, extravagante Beispiele für das scheinbar Nutzlose, denen man gerade im Schwäbischen nicht häufig begegnen kann. Blaubeuren, wo die Benediktiner seit dem Jahre 1085 siedeln, ist eine wildromantische Idylle mit kunsthistorischen Sehenswürdigkeiten von internationalem Rang; und der Kontrast, den der schwäbische Alltag dazu liefert, ist mitunter fast schon beängstigend und in jedem Falle ernüchternd. Die alte Stauferstadt Göppingen wurde mit Steinen erbaut, die man aus der niedergebrochenen, 1525 im Bauernkrieg völlig zerstörten Burg Hohenstaufen holte, während Schloß Hohenzollern, Stammsitz des seit 1061 urkundlich erwähnten Zollerngeschlechtes, nach seiner Einäscherung im späten Mittelalter um die Mitte des vorigen Jahrhunderts völlig neu errichtet wurde; neben einem Hohenzollernmuseum kann man hier auch die Särge Friedrichs des Großen und Friedrich Wilhelms I. besichtigen. Die eigentliche Grablege der Hohenzollern befindet sich freilich in Sigmaringen, dessen hoch über der Donau gelegenes Schloß nicht vergessen läßt, daß die ehemalige Residenzstadt ab dem Jahre 1848 der preußischen Krone unterstand. Und in der ehemaligen freien Reichsstadt Schwäbisch Gmünd, dessen Johanneskir-

che einen ebenso bewundernswerten wie rätselhaften, suggestiven Figurenschmuck aufzuweisen hat, mag man sich mit dem Werk des Hans Baldung Grien beschäftigen, der hier geboren wurde. Als sinnenfroher, sozusagen antischwäbischer Kontrast dazu die Schlösser Rosenstein, Solitude und Ludwigsburg mit ihren barokken Parkanlagen und ausländischen Vorbildern nachgeahmten Lustgärten; und die Hochburgen schwäbischer Tüftelei, denn Tüftler seien unter den Schwaben besonders verbreitet, diese „Brettlesbohrer", also Menschen, die irgendwelche komplizierten Sachen mit unzulänglichen Hilfsmitteln schaffen und dazu ein Übermaß an Hartnäckigkeit aufbringen, weil sie nach Ausbildung, Stand und Absicht dazu gar nicht prädestiniert sind, wie das Hans Dieter Heck einmal ausdrückte. Zahlreiche schwäbische Tüftler, meint er, ließen sich anführen, die besessen in Hinterhöfen und Verschlägen ihre Ideen realisierten, etwa Gottlieb Daimler, der Gardeoffizier Graf Zeppelin und der Kapital-Sozialist Robert Bosch.
Schwäbische Idyllen vor ernstem Hintergrund; oder auch der unaufhörlich von neuem erbrachte Beweis dafür, daß man am schwäbischen Wesen tatsächlich den Charakter der Deutschen messen und erkennen könne. Ein eigenwilliger Kosmos, darin das Widersprüchliche dominiert, obgleich in kaum einem anderen deutschen Bundesland, Bayern vielleicht ausgenommen, das bürgerlich Behagliche, das Überschaubare und Korrekte und dadurch insgesamt eine vermeintlich heile Welt so umfassend bestaunt werden können. Wer freilich ein Gespür hat für das Doppelbödige, Janusköpfige dieser heilen Welt, wird es hinter den Kulissen rumoren hören, wird rasch begreifen, daß diese pietistischen, manchmal sogar selbstgefälligen, durchaus liebenswerten, gelegentlich freilich schwer zugänglichen Tüftler und Häuslebauer das irdische Jammertal, dem sie in früheren Jahrhunderten ausgeliefert waren, noch immer nicht verlassen haben. Es hat sich nur der Anlaß verändert, es wechselte lediglich der Schwerpunkt. Denn die Zahl der Beschäftigten, die Zuwachsraten im Wohnbau, das erfreuliche Wirtschaftswachstum, das gesunde soziale Klima: das alles sagt noch nichts aus über das „Frieren in der

Seele", wie das einmal ein Student in Tübingen formulierte; und seelisch gefroren, so fürchte ich, wird in diesem reichsten oder heilsten Bundesland der Deutschen immer noch zuviel.

Die heimliche Hauptstadt: München

Das war viele Jahre hindurch stets dieselbe aufregende Erfahrung, von der ich niemals glauben mochte, daß es sich vielleicht doch nur um eine Einbildung gehandelt haben könnte: Ankunft am Hauptbahnhof in München oder, hereinkommend über die Autobahn und die Rosenheimer Straße, in dieser günstig gelegenen Tiefgarage einige hundert Meter vor der Isar, auf die ich dann, schon unterwegs zum Viktualienmarkt, in die Pinakothek und hinaus nach Nymphenburg, einen zutraulichen Blick werfen würde; und immer, gleichviel ob vom eher häßlichen Hauptbahnhof hinaustretend auf die Plätze, von denen die Straßen wegführen in die verheißungsvollste, aufregendste, liebenswerteste Stadtlandschaft Deutschlands, oder über die Isar eindringend in das Innere der Stadt mit Rathaus, Hofbräuhaus und Frauenkirche, und immer also dieses befreiende und unglaublich animierende Gefühl, jetzt das Besondere zu erleben, intimen Umgang zu haben mit der heimlichen Hauptstadt eines sonderbaren Landes, eine köstliche Affäre mit einer Stadt erleben zu dürfen, wie man sie sonst im Überschwang des Gefühls nur mit einem lieb- und vertrautgewordenen Menschen haben kann. Ricarda Huchs Darstellung, auch wenn sie aus dem Jahre 1932 stammt, wird einem dabei auf eine selbstverständliche Weise geläufig: „Weder Münchens Lage noch sein baulicher Charakter ist eigentlich schön zu nennen, noch umgibt es der unbeschreibliche Hauch altertümlicher Überlieferung, denn in der Hauptsache hat es seinen Stil erst durch die Könige Ludwig I. und Maximilian II. bekommen; dennoch ist es eine Stadt, an der das Herz hängt und an der das Auge seine Lust hat. Die Universität mit dem Springbrunnen, das Hofbräuhaus, die Theatinerkirche mit ihrer grünen Kuppel, die Frauenkirche in ihrer Kraft, der Hofgarten, der Bahnhof, die Oktoberwiese, Nymphenburg mit seinem Park und seinen Schlössern, wer fühlte sich nicht darin heimisch und sehnt sich danach zurück, wo er auch sei?"
Gottfried Keller fällt einem ein und das von ihm beschriebene

Glühen griechischer Giebelfelder und gotischer Türme im letzten Abendschein. Ein Nonplusultra aller denkbaren Kulturgüter sei München, eine Art Gesamtkunstwerk, meinte Martin Morlock. Und Ernst Hoferichter sprach, alles Vorzügliche exemplarisch zusammenfassend, kurzerhand von einer Stadt der Lebensfreude. Selbst Ricarda Huchs gedämpftes Lob ist noch überbietbar durch Ulrich Klever, der notierte: „Außerdem liegt diese Stadt vor und in einer einmaligen Kulisse von Seen, Bergen, Klöstern und Schlössern."

Allem Lob möchte man unaufhörlich zustimmen. Und selbst noch den etwas differenzierteren Beschreibungen Lob spenden. Trotz klassizistischer Fluchten von Arkaden und Kolonnaden bleibe München entschieden barock, urteilte Gabrielle Wittkop-Ménardeau, und man entsann sich immer wieder von neuem zustimmend dieses barocken Dschungels mit seinen grün- und rosaverfärbten Himmeln, der barocken Gesichter, des barocken Dialektes, der allgemeinen Üppigkeit und verführerischen Bizarrerie. München liebe leuchtende Namen, erfuhr man anteilnehmend, und schon entsann man sich mancher ausladenden Geste, die einem nach allzuviel germanischer Nüchternheit ungemein zugesagt hatte; ganz zu schweigen von den phantasievollen, einschmeichelnden, verführerischen Schaufenstern in Münchens Nobelstraßen: „Viel italienische Seide, viel erstklassige Antiquitäten. Schmucksachen in hervorragendem Stil. Und auch das Barock hat seine pantagruelische Logik; das Natürliche ist ihm nicht fremd." (G. Wittkop-Ménardeau) – Erinnerungen prasseln herab, zerplatzen mit winzigen Detonationen, erzeugen ein Bild oder ein Panorama von einprägsamer Vielfalt. Ein blaßblauer Morgenhimmel über Schwabing; einige weißliche Fransen hinter klassizistischen Fassaden; dann der dünne, fast zerbrechlich anmutende Widerschein der aufgehenden Sonne, rötlich zuerst, später weißgolden, zuletzt untertauchend in einem Meer aus heftiger Helligkeit; und die klassizistischen Fassaden geraten in eine leise Schwingung, so daß es aussieht, als ob die Straßen unter der Sonne tanzten. München wirkt plötzlich nicht mehr wie eine Stadt nördlich der Alpen, ist nicht mehr bloß Deutschlands südlichste Großstadt, sondern tritt jetzt in eine aufregende Konkurrenz zu den großen Städten des mediterranen Nordens. Levante und Mitteleuropa, meint man im Überschwang des eigenen Gefühls, begegnen hier einander. Selbst in der eher derben, beinah plumpen Bavaria auf dem Oktoberfeld vermeint man eine mittelmeerländische Sieges- oder Fruchtbarkeitsgöttin zu erkennen. Widerspruch gegen diesen Enthusiasmus rührt sich anfangs nur undeutlich; Auflehnung gegen die Verzauberung durch München und die Art, wie man hier das Leben handhabt, lässig, fast spielerisch leicht, kokett, auch unbekümmert, kommt nur bruchstückweise auf. „Diese Münchner Art, so locker, so leicht, so vollkommen ohne Knirschen in den Gelenken, so ganz ohne Blei an den Füßen einherzugehen – mich verstört das", meint Horst Krüger. „Die haben hier eine Art, mit dem Leben fertig zu werden, die man nicht ganz ohne Neid registrieren kann. Den ganzen Tag glücklich und immer zufrieden: mit sich, mit den anderen, mit der Welt und mit München natürlich." – Und das Dumpfe, Heimtückische, Verschlagene; das Schwerfällige, Plumpe, diese abstoßende Gemütlichkeit, die das Rohe dahinter nur unzulänglich verbirgt? Diese lärmende Geselligkeit, dieses Anbiedern, das immer etwas Feindseliges, Bedrohliches hat? Und die dumme Maßlosigkeit, mit der man sich in dieser Stadt manchmal selbst überschätzt? In München liege bei allem, was an Alltäglichem geschieht, der Glanz einer geschickten Inszenierung darüber; und das Leben biete sich dar wie ein immerwährendes Fest. „Aber vielleicht täuscht auch das Ganze", meint Horst Krüger skeptisch. „Vielleicht ist es nur eine Attrappe? Saß ich dem schönen Schein auf, und München ist vielleicht wie alle anderen Städte?"

Wie alle anderen Städte in der Bundesrepublik, in der DDR ist München zweifellos nicht. Das zumindest nicht. Denn es verführt ja zu liebevoller Anteilnahme und zugleich auch zu skeptischer Ablehnung; es beschäftigt, beunruhigt weit mehr als etwa Leipzig oder Köln, Bremen oder Stuttgart; eigentlich wäre es, was die Emotionen angeht, die diese Stadt hervorruft, noch am ehesten mit Berlin vergleichbar, mit West- und auch mit Ost-Berlin, weil es merkwürdigerweise viel von beiden Teilen angenommen hat; oder weil München auf eine recht sonderbare, verwirrende Art mit beiden Teilen Berlins vergleichbar ist; oder weil man sich allen Ernstes einbildet, in München auf Blickpunkte, Empfindungen, Gerüche zu stoßen, wie man sie nur diesseits und jenseits des Brandenburger Tores kennengelernt hat. Auch das enthält Schönes, Begeisterndes, Hinreißendes und Abstoßendes, Befremdliches, manchmal sogar Ekelhaftes. Der schlagfertige, intelligente Witz, den man den Menschen in beiden Städten nachsagt, hat weder an der Spree noch an der Isar diese elegante Lockerheit, dieses Tändelnde, dieses Hintergründige, wie man es aus der romanischen Welt in Erinnerung hat. Dennoch ist man sowohl in Berlin als auch in München immer wieder versucht, sich Mediterranes einzubilden; und beschwört beide Male eine Lebensart, von der man anzunehmen bereit ist, daß man ihr erst wieder unter einem südlicheren Himmel begegnen würde. Trotzdem weiß man dann instinktiv, erfährt man es aus zahllosen winzigen Niederlagen und Enttäuschungen, daß Berlin und München zutiefst germanisch oder eigentlich teutonisch sind, preußisch in bestimmten Bereichen, unmenschlich dort, wo man Sentimentalität mit echtem Gefühl nicht mehr verwechseln kann, und fremd, auch abstoßend oder zurückweisend immer dann, wenn man sich gerade erst einzubilden begonnen hat, so etwas wie ein Zugehörigkeitsgefühl entwickeln zu können.

Dabei kennt und beherrscht man in München zweifellos das, was man ganz allgemein die feine Lebensart nennt. Das Alltägliche erstrahlt hier tatsächlich unterm Glanz einer geschickten Inszenierung. Aber immer wieder entdeckt man, daß dieser Glanz spröde, stumpf wird, daß letztlich unansehnlich bleibt, was von Haus aus den Charakter einer derben Hinterhofkomödie, einer rustikalen Vorstadtinszenierung besitzt; und daß Münchens Charme, dem man so gern erliegt, den man zu genießen bereit ist wie etwas sehr Kostbares und auch Unwiederholbares, im Grunde ungemein alltäglich bis enervierend sein kann; und daß manches, was kostbar anmutet, tatsächlich bloß billig ist. Talmiglanz, der verführt. Hochmut, der mit zeitlicher Verzögerung immer vor den Fall kommt.

Eine Weltstadt sei München niemals gewesen, befindet Herbert Rosendorfer. Denn dazu sei fast alles, was es hier gibt, eine Spur zu provinziell, mit Ausnahme vielleicht der spärlichen Zeugnisse aus der kurfürstlichen Zeit, der eigentlichen, einzigen großen Zeit Münchens, der Zeit, in der München, wenn auch nur drei Jahre lang, Kaiserstadt war. Seither, so Rosendorfer, sei tatsächlich alles eine Spur provinziell; und er nennt Beispiele: „Die imitierte Königskrone in der Schatzkammer, die falsche Feldherrnhalle, die offizielle Literatur eines Paul Heyse, die Opernfestspiele, die Küche." – Und dann: „Das bayerische Selbstverständnis beruht auf der Eigenanschauung als Deppen." – Rosendorfer zitiert in diesem Zusammenhang Georg Lohmeier, der einmal gesagt hat: „Die Bayern sind erst dann glücklich, wenn jeder, aber auch wirklich jeder weiß, daß wir die größten Trottel sind, die es gibt." – Und Rosendorfer fragt: „Wer veranlaßt den Bayern, sich selbst genüßlich als Oberidioten darzustellen? Die Bescheidenheit ist es wohl nicht, auch nicht die Einsicht. Es ist der Grant. Der Grant ist eine spezielle, spezifisch bayerische und vor allem münchnerische Seelen- und Gemütslage, die mit dem Ausdruck ‚schlechte Laune' nur unzulänglich übersetzt ist. Der Grant ist ein ständiges Karate gegen die eigene Seele, die sich vor diesem selbstzerstörerischen Bombardement endlich in einen unangreifbaren Felsen von Innenbrutalität zurückzieht und dann als Verkörperung des bayerischen Wesens dasteht."
Das sind natürlich hübsche, auch intelligente und gewiß bedenkenswerte Formulierungen. Aber wie setzt man sie in eine brauchbare Praxis um, wenn man mit München und den Menschen dieser Stadt zu tun hat? Oder wie schottet man die Zuneigung, die man in sich spürt angesichts Münchner Verhältnisse und Augenblicke, erfolgreich ab gegen solche Anmerkungen, von denen man instinktiv ahnt, daß sie der Wahrheit entsprechen könnten? Oder anders gefragt: Wann ist man diesem spezifisch Münchnerischen eher auf der Spur . . . wenn man sich umtut wie ein Tourist in Frauenkirche, Hofbräuhaus und vor dem Rathaus mit seinem klimpernden Glockenspiel; wenn man, womöglich in feines Trachtentuch gehüllt, in Münchens Schlemmerlokalen wie

jemand auftritt, der von dem, was ihm kostspielig vorgesetzt wird, tatsächlich auch etwas versteht; oder in den Kneipen, umgeben von Bierdunst, rustikalem Dialekt und einem Ambiente, dessen Kargheit unüberbietbar ist; oder bei den Griechen, Italienern, Jugoslawen, die als Kellner, Gastwirte, Taxifahrer, Händler auch München erobert haben; und wo man sich vorsichtig zu fragen beginnt, ob der neue Münchner Stil nicht vielleicht doch ein Bastard jener angeblichen Internationalität sei, von der man in der Bundesrepublik neuerdings schwärmt, in diesem auf so erschreckende Weise nördlichen Land, das sich unaufhörlich dem Süden anbiedert? Aber lernt man dabei auch die Seele des Münchners oder wenigstens seinen Charakter oder zumindest das unverfälschte Antlitz der Stadt kennen? „Diese Seelenlage", schreibt Rosendorfer, „der keiner besseren Ausdruck verliehen hat als der trotz allem immer noch weit unterschätzte Karl Valentin, dieser Staatsgrant, diese Verdrossenheit und Melancholie, legt keinen Wert auf Reklame." –

Aber weshalb fahren einem dann so viele Münchner mit solcher Leidenschaft und in zahlreichen Variationen mit dem Stellwagen ins Gesicht? Warum wird man in keiner anderen deutschen Stadt diesseits und jenseits der verrückten Grenze, die sich die Deutschen nach 1945 angetan haben, so lieblos, so unfreundlich und so herablassend behandelt wie gerade hier, wo die Deutschen hilfsbereiter, zuvorkommender sind als anderswo? Und weshalb hat man so viele Erklärungen, die sich immer wie Ausflüchte anhören, für diesen Staatsgrant: den Föhn; die unzumutbaren Verhältnisse; die lästigen Preußen; die Gastarbeiter; den Verkehr; die Wucherpreise für Wohnungen; die miserable Qualität der Weißwürste, des Leberkäses, der Bretz'n ...? Alles wird aufgeboten, auch das Lächerliche und Absurde, um die penetrante Unhöflichkeit, Unfreundlichkeit, Lieblosigkeit, die man einander antut, zu erklären. Warum? Gehört das auch zum Glanz der Inszenierung? Oder ist es bloß eine sonderbare Abart von bayerischer Koketterie?

Und doch ist die Stadt schön auf eine ganz und gar unnachahmliche Weise, vermag München zu verzaubern, ist der Charme, den die Menschen in dieser Stadt auf eine beinah widerwillige, räsonierende Art besitzen, von jener herzerfrischenden Originalität, die sich immer noch erfolgreich gegen die überall in Deutschland spürbare Nivellierung behauptet. Es mag schon sein, daß München tatsächlich nichts Weltstädtisches hat; aber als Provinzmetropole ist es von allererstem Rang; und wenn immer wieder einmal von einer „unsterblichen Stätte des Geistes", von einer „Residenz der Musen" geschwärmt wird in den zahllosen Beschreibungen, die diese Stadt erfahren und fraglos auch verdient hat, so trifft das gleichfalls zu. Mit Abstrichen; mit skeptischen Einschränkungen; mit einem mürrischen Blick auf Oktoberwiese, Hofbräuhaus, Rathaus sozusagen; aber letztlich trifft es zu, hat man hier ungleich mehr und begründeteren Anlaß zum Schwärmen als in irgendeiner anderen deutschen Stadt, was sowohl mit den Baudenkmälern als auch mit dem bemerkenswerten Personal zu tun hat, das diese Kulisse über die Jahrhunderte hinweg mit teils exzentrischem, teils beispielhaftem Leben erfüllte. Alte Pinakothek, Alter Hof – einst Kaiserresidenz Ludwig des Bayern und im übrigen das einzige fast zur Gänze erhaltene mittelalterliche Bauwerk Münchens –, Altes Rathaus, Asamkirche, die Kolossalstatue der Bavaria auf der Theresienhöhe, Englischer Garten, Feldherrnhalle – die zwar das Vorbild, nach welchem sie um die Mitte des 19. Jahrhunderts errichtet wurde, nämlich die Florentiner Loggia dei Lanzi, nicht im entferntesten erreicht, aber doch eine Ahnung mediterraner Baukunst an die Ufer der Isar verpflanzte –, dann die klassizistische Vierflügelanlage der Glyptothek mit den sehenswerten Antikensammlungen, Hofgarten und Mariensäule, die Residenz der Wittelsbacher mit Antiquarium, Grottenhof und reich dekorierter Kapelle, Nymphenburg natürlich mit seinen Schlössern, künstlichen Ruinen und Parkanlagen, Heiliggeistkirche, Theatinerkirche und Frauenkirche, Schloß Schleißheim mit der berühmten Porzellansammlung, die Stuck-Villa, das Lenbachhaus – pompöse Residenzen ehemaliger Münchner Malerfürsten –, der Viktualienmarkt, Galerien, Theater, Deutschlands häßlichster Hauptbahnhof, wenn man jenen von Frankfurt zu vergessen und den in Leipzig zu übersehen bereit ist; und dann die Namen, die man mit München in Verbindung bringt, beginnend mit dem Moral- und Erbauungsschriftsteller der Gegenreformation, Ägidius Albertinus, oder mit Jakob Bidermann, dem ehemaligen Rhetoriker am Münchner Jesuitenkolleg und Leiter des jesuitischen Theaters, der wie Albertinus die musischen, literarischen, philosophischen Neigungen der Münchner auf eine so nachhaltige katholische oder eigentlich pietistische oder vielleicht auch bloß heimtückische Art beeinflußt hatte, daß sie sich später nie wieder diesem besonderen süddeutschen Katholizismus zu entziehen vermochten, der ihrer ausgeprägten Lebenslust energisch entgegenwirkt und vielleicht mit eine Ursache für den legendären Grant sein kann, mit dem sie wie mit einem liebgewordenen Leiden umgehen ... Görres, Geibel, Heyse, Keyserling, Ganghofer, Wedekind, Bierbaum, Ludwig Thoma, Morgenstern, Wolfskehl, Annette Kolb und Thomas Mann, Feuchtwanger, Ringelnatz, Oskar Maria Graf: Es sind nur Andeutungen möglich, nur bruchstückhafte Hinweise auf die Fülle der Biographien, die mit München in eine mehr oder minder innige Verbindung zu bringen sind. Bedeutende Kirchenmänner, große Maler, berühmte Komponisten, Wissenschafter, Tänzerinnen, Originale, einige Fürsten und Könige, derer sich liebevoll die Legende bemächtigt hat, ein prachtvolles Pandämonium des Außergewöhnlichen wie des Banalen, eine Enzyklopädie deutscher Kultur, die einen leichten Herzens vergessen läßt, daß München in den letzten Jahren eine Art schöpferischer Pause durchzumachen scheint.

Nachdenkliche Bestandsaufnahme

Etwas Erdschweres hafte den Nürnbergern an; ein auf karger Scholle angesiedelter Menschenschlag sei das; und man brauche sich im Museum bloß den Christophorus aus dem Jahre 1447 genauer zu betrachten, das Werk eines unbekannten Meisters, das einst den Westchor von St. Sebald schmückte, um das Schwergliedrige und Schwerblütige zu begreifen, das für diese Stadt so ungemein charakteristisch sei. Und die Juden, die im Mittelalter ohnedies nur am rechten Pegnitzufer siedeln durften, in einer sumpfigen Senke zwischen Burg und Fluß, unzumutbar für die Christen, die Juden habe man 1348 aus der Stadt vertrieben; man habe sie ausgeschafft, wie man das damals nannte, Feuer in ihr Ghetto gelegt und dann frommes Bauwerk auf der Brandstätte hochgezogen. Und wer Nürnberg erfassen wolle, müsse sich vor allem der letzten drei Jahrzehnte des 15. Jahrhunderts entsinnen, als sich hier jene Kräfte sammelten, welche die alte fränkische Stadt zum Symbol höchster Leistung machten: Veit Stoß, Peter Vischer und Adam Krafft. Dann, schon im 16. Jahrhundert, der große Porträtgestalter Albrecht Dürer. Und Beckmesser. Hans Sachs. Und Peter Henlein. Und der Nürnberger Trichter. Und „Fachwerk, Blumenkästen und Erker, Fanfaren, Behagen, Beschränktheit, Bratenduft, Hakenkreuze, Idyll und Muff" (Reinhard Baumgart). Während ich im überfüllten Zug durch das schneeverwehte, nächtliche Bayern nordwärts fuhr, memorierte ich verwirrt das Material, das ich mir über Nürnberg zusammengetragen hatte und das mir eine Stadt versprach, in der es trokken, nüchtern, solide zugehen mußte. Zwei Hauptkirchen, St. Sebald und St. Lorenz, ein Hauptmarkt, eine Insel in der Pegnitz, die große Ähnlichkeit mit einem schmalen Schiff haben mußte, rostrotes und beigefarbenes Mauerwerk, wuchtige Türme, und dann natürlich: „Nürnberger Lebkuchen, Prozesse, Spielwaren, Nürnberger Reichstage, Parteitage, Bratwürste, Nürnberger Gotik, Trichter und Meistersinger" (R. Baumgart), tatsächlich ein Universum, das mich aber, wie ich unbehaglich ahnte, gänzlich

kalt lassen würde. Im übrigen fehlte mir ein Name bei dieser Aufzählung Nürnberger Spezialitäten. Hartnäckig war er mir unterschlagen worden, wenn ich die Biographie dieses „Schatzkästleins des Reiches" durchstöberte. Diskretion verbarg ihn; oder schlechtes Gewissen; oder diese gnädige Vergeßlichkeit, mit der die Deutschen so vortrefflich umzugehen gelernt haben, wenn sie ihre jeweilige Vergangenheit bewältigen. Der Name eines Volksschullehrers: Julius Streicher. Ein heftiger Antisemit, der es zum Millionär brachte, nachdem die von ihm gegründete Zeitung „Der Stürmer" – die erste Ausgabe erschien bereits im August 1923 – eine wöchentliche Auflage von einer halben Million erreichte. In Nürnberg, wo man die Juden schon im Mittelalter kurzerhand ausgeschafft hatte, begann durch Streichers tatkräftige Mithilfe dann das, was 1935 auf einem sogenannten Reichsparteitag mit den Nürnberger Gesetzen verabschiedet wurde: die planmäßige Ausrottung einer Minderheit. Und der Untergang Deutschlands. Und dieses Übermaß an Schuld, an dem anscheinend nur jene noch zu leiden haben, die den Deutschen wohlgesonnen sind.
Aber kein Wort davon in den ausführlichen Darstellungen, die einem in die Hände geraten, wenn man sich auf Nürnberg vorbereiten will. Diese Stadt sei ganz eindeutig ein Dreitafelbild ihrer Geschichte, meint Horst Krüger: links die Altstadt, die strenge Gliederung des Ursprungs; in der Mitte das breite und ziemlich wirre Bild des Zentrums; und südlich des Hauptbahnhofes die häßliche und erschreckende Ungegliedertheit und Unaufgeräumtheit ganz Deutschlands zwischen 1870 und 1945. Man müsse wohl auch, meint Alexander Freiherr von Reitzenstein, auf die Stile hinweisen, die Nürnberg geprägt haben; auf den spätgotischen böhmischen, auf den spätgotischen burgundischen, „Stile voll Wuchtgebärde, die sich der Wirklichkeit näherten".
Ich fuhr durch eine chaotische bayerische Winternacht und ängstigte mich vor Nürnberg; und dachte ans Zeppelinfeld, wo im Jahre 1909 Graf Zeppelin mit einem seiner Luftschiffe gelandet war. Und wo ich anderntags, dünnen Schneefall im Genick, ein Deutschland kennenlernen wollte, das in den touristischen Hand-

büchern und poetischen Darstellungen so gut wie nicht vorkommt.
Anderntags: anhaltender Schneefall; dünn, strähnig, als rieselte weißlicher Regen vom dichtverhängten Himmel; der Blick vom Hotelzimmer auf den gegenüberliegenden Hauptbahnhof, auf Bahnhofsplatz, Sterntor und Frauentor, ernüchternd, fast deprimierend. Straßenbahnen legen sich knirschend in die Geleise; Schneefahnen stieben über den Platz; die wenigen Autos fahren im Schritt. Ich nehme mir ein Taxi zum Zeppelinfeld hinaus; die Chauffeuse, eine dicke, ungemein gemütliche fränkische Person, deren Dialekt ich nur mühsam verstehe, lacht mit breitem Mund; ob ich Hitler anschauen möchte, fragt sie, oder so ähnlich. Und: Mit Hitler habe man doch nichts mehr im Sinn. Und sie lacht wieder, als wir hinausrutschen in die Vorstädte und dabei an einem Hochhauskomplex vorbeikommen, darin man, wie sie sagt, die Arbeitslosen Deutschlands zähle; ein Bombenattentat habe es auch schon gegeben, wahrscheinlich ein wütender Arbeitsloser, der nicht einzusehen vermochte, weshalb ausgerechnet in einem solchen Palast und mit solchen Kosten die Arbeitslosen erfaßt werden müßten; diese Leute sollten etwas Klügeres tun, sagt die Frau und lacht; sie sagt, was ich schon oft zu hören bekommen hatte, daß es das unter Hitler nicht gegeben hätte; dann fragt sie vorwurfsvoll, weshalb ich ausgerechnet auf das Zeppelinfeld fixiert sei; und warum nicht auf den Christkindlmarkt in der schönen, stimmungsvollen Vorweihnachtszeit; und warum nicht auf die Spielwarenmesse; und warum nicht auf Nürnberg dort, wo es schön, interessant und belehrend sei. Warum bloß dieses Halbfertige, diese alten Trümmer? Und ich frage erstaunt zurück: Wieso belehrend? Und sie sagt und lacht dabei, daß Nürnberg eine Stadt sei, in der man vieles zu lernen imstande sei, belehrend eben; sie habe das von einem Fahrgast erfahren, den sie chauffiert habe von Kirche zu Kirche und von Museum zu Museum.
Später im Hotel würde ich, die leise Ermahnung oder Anregung der dicken Chauffeuse noch im Ohr, sogleich nachlesen, was über Nürnberg seit Generationen schon und auch heute noch unver-

drossen ausgesagt wird; von Hans Christian Andersen etwa, der die Stadt mit einem rüstigen Greis verglich, „in dem die Jugend sich noch regt, dessen Gedanken beweglich genug sind, um sich den Ideen der Jugend anzuschließen", und der, man schrieb gerade das Jahr 1840, hinlänglich beeindruckt war von der Eisenbahn, die Nürnberg mit Fürth verband, „die erste, die man in Deutschland baute". Zuvor hatte bereits Wilhelm Heinrich Wackenroder schwärmend befunden, daß er die Stadt „nicht genug mit Verwunderung" ansehen könne; „weil man kein einziges neues Gebäude findet, so wird man ganz ins Altertum versetzt und erwartet immer, einem Ritter oder einem Mönch oder einem Bürger in alter Tracht zu begegnen". Und Alexander Freiherr von Reitzenstein bewundert in seinem Buch über Franken vor allem die Chorwalme der beiden Hauptkirchen, denn „sie dürfen an das erinnern, was von der dem nürnbergischen Wesen so eigentümlichen Schwere gesagt wurde." Weiter heißt es da: „Die Prägung Alt-Nürnbergs war eine mittelalterliche. Aber es war doch erstaunlich, wie geordnet seine Straßen und noch seine Gassen waren, nämlich immer sehr geschlossen bewandet." – Und ein wenig ratlos würde ich die Waffensammlung des Germanischen Nationalmuseums betrachten, mich in der Kaiserburg fröstelnd umsehen – der ehedem größten Befestigungsanlage Europas, Nachfolgerin einer aus dem Jahre 1050 stammenden salischen Königsburg –, mich um St. Egidien, St. Elisabeth und St. Jakob kümmern, ohne eigentlich zu begreifen, was ich in diesen mittelalterlichen, zum Teil während des Krieges zerstörten und natürlich kunstvoll restaurierten Kirchen eigentlich zu suchen hätte, wo ich doch etwas gänzlich anderem, Aufregenderem, Bedeutungsvollerem auf der Spur war. Aber ich würde mich, das Lachen der dicken Chauffeuse im Ohr, gehorsam in die Pflicht nehmen und so tun, als sei ich wirklich als neugieriger, bildungshungriger Tourist unterwegs; und es würde mir nicht immer leichtfallen, das Andere, Bedeutungsvollere und Aufregendere zu vergessen. Dennoch würde ich Nürnberger Bratwürste bestellen, mit Sauerkraut natürlich, und dazu das unvermeidliche Bier trinken, umgeben von dieser unheimlichen, dumpfen Gemütlichkeit, der man in deutschen Kneipen fast niemals entgeht und die mich immer frösteln macht, die einen gemütlich und gemütvoll sein läßt, während kleine, bösartige Rülpser hochkommen und im Mund ein Geschmack nistet, der nur schwer zu definieren, aber in jedem Fall streng und bitter ist. Ich würde gehorsam alles glauben, was an Lob, an Enthusiasmus, an romantischer Poesie diesem unvergleichlichen Nürnberg zu danken ist, was mit den schönen Künsten zu tun hat, mit diesem Geistigen, dem man in Deutschland so große Bedeutung beimißt und gegen das man doch unaufhörlich verstößt. Und ich würde nicht auf die zynische Idee kommen, daß die ehrbaren und aufrichtig ergriffenen Sänger, denen Nürnbergs Schönheit und Bedeutung ein wackerer Anlaß waren zur blumigen Huldigung, eigentlich die Urheber dafür waren, daß im 20. Jahrhundert der Volksschullehrer Streicher und der österreichische Malergeselle Hitler aus Nürnberg die Stadt der Reichsparteitage und der Rassengesetze machen konnten.

Ich würde, wie man so sagt, pfleglich umgehen mit dieser Stadt, darin einst die kostbaren Kleinodien des Reiches aufbewahrt wurden; und mich daran zu erinnern versuchen, daß man hier eigentlich immer rot gewählt hatte, sozialdemokratisch bis ins Jahr 1932; und noch 1933, im Jahr der Machtergreifung, waren ein Drittel aller abgegebenen Stimmen dem roten Lager zugedacht, gab es mehr Sozialdemokraten und Kommunisten in der alten Arbeiterstadt als Nationalsozialisten, und das trotz Streichers geifernder Hetztiraden und ungeachtet der schwierigen sozialen Situation. Das würde ich mir durch den Kopf gehen lassen. Daran würde ich denken, während ich mich auf dem Zeppelinfeld umtat, den Geruch des Massenwahns und des Verbrechens unverlierbar im Gedächtnis und freilich auch die Wut unausrottbar, diese kalte, heimtückische, rachsüchtige Wut, daß in einer Stadt, die den Poeten Metaphern über spätgotische böhmische und spätgotische burgundische Stile entlockt, genau das alles so trefflich, so perfekt vorbereitet werden konnte, was später die Deutschen zu eifriger Vergeßlichkeit animieren würde. Ich, so nahm ich mir vor, würde diszipliniert bleiben; würde mich beherrschen und auf dem Zeppelinfeld mehr an die Reichstage als an die Reichsparteitage denken; und sogar die alte Turnhalle in einem abgelegenen Hintertrakt des Nürnberger Gefängnisses, wo am 16. Oktober 1946 zehn abgeurteilte Potentaten und Bonzen des nationalsozialistischen Regimes am Galgen endeten, würde ich vergessen. Angeblich ist diese ehemalige Turnhalle, die in einer Baracke untergebracht war, ohnedies schon abgerissen worden; oder sie wird demnächst abgerissen. Ich weiß es nicht genau. Ich bin nicht hingegangen. Ich wollte damit nichts mehr zu tun haben. Denn manchmal ekelt es einen vor der Geschichte, die der deutschen Wirklichkeit zugrunde liegt.

Und dann stand ich mitten auf dem riesigen, jetzt schneebedeckten Gelände des Zeppelinfeldes, besser bekannt als ehemaliges Reichsparteitagsgelände. Meine dicke, gemütliche, unaufhörlich lachende Chauffeuse hatte mich aufgeklärt, daß alljährlich vor den Marmortribünen irgendein wichtiges Autorennen gestartet werde; und daß ich nicht vergessen dürfe, wie unfertig, wie bruchstückhaft das alles sei, fast unordentlich, weil Hitler nicht mehr die Zeit gehabt hätte, das alles ordentlich fertigzustellen. Ich hatte nur mit einem Kopfnicken geantwortet, bevor ich aus dem Wagen gestiegen war und einige zögernde Schritte gemacht hatte, das Wehen des Schnees im Gesicht und eine dünne Reihe strähniger Bäume im Blick, dahinter eine eisbedeckte Fläche lag, ein Teich oder ein kleiner künstlicher See; und wieder dahinter die dunkle Silhouette des sogenannten Kolosseums, der einstigen Kongreßhalle Hitlers, auch dieser merkwürdig phantasielos anmutende Rundbau nur ein Torso. Aber darum kümmerte ich mich im Augenblick nicht, weil ich wie ein Schlafwandler oder einfach unfähig war, irgendeinen brauchbaren Gedanken zu fassen, weil ich bloß ungenau, wie beiläufig dachte; und das also sollte alles sein, das also war der Schauplatz für die perfekteste Organisation, die einer Diktatur jemals eingefallen war, für die Zurschaustellung gnadenlos ausgenützter Gläubigkeit und schriller Hysterie, eine Bühne wie für Titanen, eine Kulisse wie aus einem Zeichentrickfilm ... Ich stand und schaute. Ich ging umher, blickte beinahe gedankenlos, beinahe gefühllos auf diese

Bauwerke aus Klinker, Beton und Granit, die aussahen wie abgeschliffene, stumpfgewordene Riesenzähne, wie Backenzähne eines Monsters, gelblich, fahlfarben, braungetönt unterm rieselnden Schnee. Und hier also das wehende Fahnenmeer. Und die dichtgestaffelten Reihen der Zehntausende. Und in den verschwundenen Feuerschalen die flackernde Flamme. Und des Führers Stimme. Und Kommandoschreie. Und das peitschende Geräusch zusammenklappender Absätze. Und das Licht der Scheinwerfer. Und die Faszination, der sich niemand zu entziehen vermochte. Und der Applaus. Und ... ich stand und schaute. Ich begriff nichts, spürte nichts, empfand nichts. Geschichte kann, wenn sie in Deutschland passiert, manchmal unglaublich naiv sein. Oder wie ein Märchen, das böse endet.
Später dann die nüchternen Informationen: 600 Hektar, was beinah das Vierfache der Nürnberger Altstadt ausmacht, also rechtsseitiges und linksseitiges Pegnitzufer, wo sich das alles entwickelt hatte, was Nürnberg zum vielgepriesenen Schatzkästlein des Reiches gemacht hatte, 600 Hektar, rund gerechnet, brauchte man für die nationalsozialistischen Kult- und Tempelanlagen. Luitpoldhain, Alter Tiergarten, Dutzendteich, Zeppelinfeld, ein ehemaliges Sportstadion sowie beachtliche Wald- und Heideflächen wurden kurzerhand zum Parteitagsgelände umfunktioniert. Bereits im Herbst 1933, also nur wenige Monate nach der nationalsozialistischen Machtübernahme, strömten 400.000 Parteigenossen nach Nürnberg, um die vorerst noch eher dürftige Kulisse mit gespenstischem Leben zu füllen. Als Bauherr trat übrigens der sogenannte „Zweckverband Reichsparteitage“ auf, der von der NSDAP, dem Deutschen Reich, vor allem aber vom Land Bayern und der Stadt Nürnberg finanziert wurde. Dabei dürfte es mit der Finanzierung Schwierigkeiten gegeben haben. Versprochene Bürgschaften in Millionenhöhe blieben aus, das Land Bayern kam nur zögernd seinen finanziellen Verpflichtungen nach, das Projekt scheiterte schon in seinen Anfängen beinahe an seiner eigenen Gigantomanie. Allein für die Kongreßhalle mußten 1400 Bauarbeiter abgestellt werden; und für das riesige Aufmarschgelände des Militärs, der SA- und SS-Einheiten arbeiteten

mehr als 130 Firmen. Man baute für eine ergriffene Nachwelt, spekulierte mit dem Ruhm der Ewigkeit und hinterließ doch nur Torsi, unvollendete Riesenbauten, unbeholfen anmutende Bauklötze, die sich nach 1945 jeder Sprengung widersetzten, die gleichsam auf demokratische Weise nicht zerstörbar waren, so daß die Stadt Nürnberg, zerbombt und verarmt, aus der Not eine Tugend machte und das gewaltige Kongreßhaus untervermietete, an die Nürnberger Philharmoniker und an den Zivilschutz, während man auf dem Parteitagsgelände selbst eine mehr als fünfzehn Meter tiefe Baugrube, eine der vielen merkwürdigen Hinterlassenschaften der Hitlerära, allmählich mit dem Schutt der durch alliierte Bombenangriffe weitgehend zerstörten Nürnberger Altstadt füllte. Die Katze biß sich gleichsam in den Schwanz; oder die Deutschen bewiesen wieder einmal ihren Instinkt fürs Nützliche. Vor dem ehemaligen Kongreßhaus feiern die Nürnberger heute ihr fröhliches Volksfest; und dort, wo beim letzten Parteitag im Jahre 1938 mehr als anderthalb Millionen Menschen dem hysterischen Geschrei Hitlers ergriffen lauschten und das Licht von 150 Scheinwerfern einen überirdisch anmutenden Lichtdom erzeugte, findet jetzt alljährlich das Noris-Rundstrekkenrennen statt; im Stadion, unter Hitler zweckentfremdet für pompöse Aufzüge und spektakuläre Massenveranstaltungen, wird wieder Fußball gespielt; und in einem anderen Winkel des riesigen Parteitagsgeländes entstand ein Konzerthaus, die „Meistersingerhalle", sowie ein modernes Messezentrum. Man hat in Deutschland gelernt, mit seiner ruhmlosen Vergangenheit brauchbar umzugehen. Nürnberg ist ein überzeugendes Beispiel dafür.

Nürnberg sei auf Sand gebaut, warnen alle Autoren, die sich mit der Stadt näher beschäftigen, meist wohlwollend, häufig enthusiasmiert, gelegentlich auch auf eine mäßigende, behutsame Weise kritisch. Auf Sand gebaut also; bloß der Granit, der Klinker, der Beton – das sinkt nicht ein draußen auf dem Zeppelinfeld, das sackt nicht ab in die Tiefe des fränkischen Bodens. Auf Sand gebaut: Gerade das habe die Nürnberger schon früh dazu gebracht, fleißig zu sein, erfindungsreich, regsam, tüchtig. Auf

Sand gebaut: Aber wenn man über die verschneite Altstadt blickt, das Gewirr der schräg abfallenden Dächer im Aug', auf denen, als wäre es Zuckerwatte, der frisch gefallene Schnee putzig und kokett liegt, gegenüber die dunkle Kontur der Burg, darunter die grünbeschlagenen Kirchtürme und ein paar schmale Einschnitte, Hauptmarkt wahrscheinlich, Theresienstraße, Innere Lauffer Gasse oder auch Obstmarkt und die Vordere Insel Schütt mitten in der schwärzlichen Pegnitz, die wie ein dicker Faden die Stadt in zwei regelmäßige Hälften teilt, aber wenn man das also geruhsam betrachtet, was so harmlos und zudem sehenswert wirkt – belehrend sei die Stadt, hatte die dicke Chauffeuse gesagt –, dann ist das Parteitagsgelände nur noch ein wüster Traum. Oder nicht einmal das. Nur noch eine billige, abgenützte Metapher im Katalog der Sehenswürdigkeiten Nürnbergs. Oder nicht einmal das. Nur ein bleicher Schatten, durch den Schnee stöbert und der allmählich zurückfällt in das, was die Deutschen so gern die längste Nacht ihrer Geschichte nennen.

DÄNEMARK
Ostsee
Nordsee
Husum
Friedrich-
stadt
Kiel
Rostock
Schleswig-
Holstein
Hamburg
DDR
POLEN
Oder
Elbe
Bremen
NIEDERLANDE
Oranienburg
Niedersachsen
Berlin
(West)
Berlin
(Ost)
Potsdam
BRD
Weser
Hannover
Braunschweig
Magdeburg
Oder
Nordrhein-
Münster
Recklinghausen
Duisburg
Dortmund
Bochum
Westfalen
Düsseldorf
Leipzig
Neiße
Dresden
Köln
Erfurt
Weimar
Saale
Aachen
Karl-Marx-Stadt
Bonn
Hessen
BELGIEN
Fulda
Frankfurt
Rhein
Main
Rheinland-
Pfalz
Mainz
Main
Bayreuth
TSCHECHO-
SLOWAKEI
LUXEM-
BURG
Trier
Würzburg
Saarland
Heidelberg
Nürnberg
Saarbrücken
Baden-
Eichstätt
Schwäbisch-
Gmünd
Stuttgart
Göppingen
Donau
Bayern
Donau
Tübingen
Ulm
Augsburg
FRANKREICH
Rhein
Württemberg
München
Donau
Friedrichshafen
Konstanz
Berchtesgaden
SCHWEIZ
ÖSTERREICH

Register